Zeit für Indien

27 Traumziele zum Wohlfühlen

BRUCKMANN

Inhalt

1 Ein Elefant hilft aufschließen: Schlüssel in Jaipurs »Rajvilas«. **2** Silhouette des Taj Mahal **3** Türrelief in Jaipurs Stadtpalast: der Flöte spielende Gott Krishna hat den badenden Mädchen die Kleider gestohlen. **4** Kostbar duftende Badessenzen findet man in vielen komfortablen Hotels in Indien. **5** In Udaipur hat man die Wahl: ein Bad im fürstlichen Pool-Gelände oder eine Bootsfahrt über den Pichola-See.

Aufzug zur Elefantenparade
beim Pooram-Fest in Thrissur, Kerala

Willkommen in Indien –
und entdecken Sie Indien auf eine ganz neue Art

Dieses Buch ist eine Einladung. Und zugleich eine Gebrauchsanleitung: für das Entdecken eines Landes, das wunderschön und gleichzeitig oft auch erschreckend ist – und auf jeden Fall unvorstellbar größer, viel widersprüchlicher, viel reicher an Sprachen und Kulturen, als dass man es in einem einzigen Leben ganz kennenlernen könnte. Wie kann man ein Land wie Indien bereisen, ohne von einer Stresssituation in die nächste zu stürzen? Es ist eine Frage der Auswahl, eine Frage des Reiseziels und ein wenig auch der Reisekasse. Und natürlich auch abhängig von der persönlichen Einstellung.

Doch selbst für Indienkenner ist es nicht leicht, aus der Fülle der verlockenden Ziele auszusuchen und die Reise so zu gestalten, dass sie zu einem unvergesslichen Erlebnis wird. Wir haben darum das nächstliegende getan: Wir haben 27 Destinationen ausgewählt , die wir in 27 Kapiteln vorstellen. Mit diesem Buch wenden wir uns an die Lebensgenießer, an diejenigen, die Stress vermeiden wollen und zugleich Erholung und Erfrischung für Körper und Seele suchen. Um Missverständnisse auszuschließen: Kreative Anstrengungen, also auch das Reisen als beobachtendes, wahrnehmendes Unterwegssein, gleich ob in einem indischen Eisenbahnabteil der besseren Klasse, in einem Hausboot in Kerala oder auf Indiens Straßen, doch immer mit offenen Sinnen, zählen wir eher zu den Reisefreuden als zum Stress, auch wenn es manchmal ein wenig Kraft kostet.

Traumhaftes bietet sich in Indien überall – von den Palmenküsten Keralas im tiefen Süden bis zu den Waldgebirgen Sikkims im Norden. Dort kann man zum Beispiel den Tag mit einem Blick auf Indiens höchsten Gipfel beginnen, den Kanchenjunga. Oder man wandert durch Sikkims herrliche Bergwälder und lernt die bunten Klöster der gastfreundlichen tibetischen Buddhisten kennen.

Die Fülle der Eindrücke ist, gerade dann, wenn die Ziele sorgfältig ausgewählt sind, überwältigend. Zur Erholung empfehlen wir geruhsame Aufenthalte in verwöhnenden Hotelquartieren. Denn je fremdartiger das Land ist, desto mehr braucht man ein Hotel, in dem man sich wirklich wohlfühlt.

Unser allerwichtigster Rat für Indienbesucher: Nehmen Sie sich Zeit! Zeit für den einzelnen Ort und seine Landschaft, Zeit dafür, auch zu Fuß statt nur mit Bus oder Wagen unterwegs zu sein, und

Zeit dafür, die Begegnung mit Menschen zu suchen – es wird einem in Indien leicht gemacht. Und darum kann dieses Buch keinen besseren Titel haben als ebendiesen: Zeit für Indien.

Freilich, es gibt Vorbehalte, Unsicherheiten. Wie kann man in ein Land reisen, in dem es so viele Arme, so viele Krankheiten gibt? Vorurteile bauen Mauern auf, und die Medien sind nicht unbeteiligt am Wachstum dieser Mauern. Denn jahrelang sind die Nachrichten, die von Zeitungen und Fernsehen über Indien verbreitet wurden, fast ausnahmslos schwarze Nachrichten gewesen. Vom Zugunglück mit Hunderten von Toten bis zur Überschwemmung mit möglicherweise Zehntausenden Opfern, von der Dürrekatastrophe bis zur Witwenverbrennung (die seit 1829 verboten ist und außerhalb extrem traditionalistischer Kreise mit Empörung kommentiert wird, wenn es doch noch wieder dazu kommt). Sehr tief hat sich die Vorstellung »Katastrophe Indien« in das Bewusstsein zahlloser Menschen gegraben. So tief, dass auch positive Erfahrungen von Indienreisenden, begeisterte Urlaubsgrüße von nahen Freunden am Gesamtbild nichts ändern.

Nur muss gesagt werden: Dieses katastrophenbestimmte Gesamtbild ist kein Gesamtbild. Es zeigt Indien nicht in seiner immensen Vielfalt. Und unsere europäischen Worte und Begriffe haben in Indien nicht immer die gleiche Bedeutung.

Zum Beispiel Armut. Nach seinem auf Dollarbasis umgerechneten Einkommen beurteilt, lebt rund ein Drittel der indischen Menschen-Milliarde unter dem Existenzminimum. Doch nicht überall ist Armut mit Elend identisch, einfache Lebensbedingungen auf dem Land können bei gleichem Nominaleinkommen erträglicher sein als Slum-Existenzen in Megastädten.

Auch die viel beschworene Rückständigkeit der indischen Gesellschaft muss man differenzierter sehen. Tatsächlich gibt es hier schmerzliche Entwicklungsdefizite. Das betrifft so wichtige Lebensbereiche wie die Schulbildung, vor allem die Grundschulen auf dem Land; die Fähigkeit, zu schreiben und zu lesen, haben noch immer weniger als 70 Prozent. Aber vor 25 Jahren waren es erst 40 Prozent.

Indien tritt nicht auf der Stelle. Eine neue Ära hat begonnen. Zu einem Schlüsseldatum wurde der 21. Juni 1991. Dies war der Tag, an dem die Regierung in Neu-Delhi die Wirtschaft liberalisierte. Damit wurde ausländischem Kapital die Möglichkeit zu Anlagen in Indien eröffnet, und indische Staatsunternehmen wurden privatisiert. Das alles geschah mit Vorsicht, nur Schritt für Schritt und sehr zum Wohl der Nation – so blieben Indien in den späteren Neunzigerjahren Finanzturbulenzen wie in den Staaten Ost- und Südostasiens erspart. Nein, wer Indien zur permanenten Katastrophe erklärt, liegt ebenso falsch wie jeder, der es zum Traum- und Wunderland verklärt.

Heute werden vom Luftverkehr bis zum Straßenbau, von der Informationstechnologie bis zur Pharmazeutik und Biotechnologie neue Projekte ins Werk gesetzt. Das Wachstum des Bruttosozialprodukts konnte in der ersten Dekade des 21. Jahrhunderts in mehreren Jahren jährlich um acht bis neun Prozent gesteigert werden.

Mit den Palasthotels der Maharajas lockt Indien schon seit bald einem Jahrhundert. Heute öffnet eine neue Generation von Luxushotels ihre Empfangshallen, und zwar im Zeichen von Aktivurlaub, Wellness und Gesundheit, alles in edlem Ambiente. Ayurveda? Gewiss! Es wird heute auch schon an vielen Orten als »holistische Medizin« angeboten, also mit therapeutischen Konzepten, die westliche und östliche Medizin zusammenführen. Im Übrigen wollen die Hoteliers keine Kliniken eröffnen, sie bieten Ayurveda-Zentren vor allem zur Auffrischung der Lebenskräfte und damit auch zur Verjüngung an.

1 Die besseren Hotels haben ihre gut sortierte Bar, die »Wine Shops« im Stadtgedränge zumindest eine kleine Auswahl – die meisten Inder kommen jedoch mit Bier aus. **2** Farbig gehen sie gern aus dem Haus, die indischen Frauen lieben das intensive Rot – und wer fragt, ob er sie fotografieren darf, bekommt oft ein herzliches Lächeln.

In den folgenden Kapiteln der ausgewählten 27 Wohlfühl-Ziele stellen wir etliche der schönsten Hotels Indiens vor, nennen aber auch immer eine preisgünstige Adresse, wenn der Luxus, zumal bei einem längeren, gar mehrwöchigen Aufenthalt, doch für viele Reisende unbezahlbar wird. Ein Wohlfühl-Urlaub in Indien muss kein Vermögen kosten.

Wichtig für jeden Indienreisenden ist es, sich nicht gleich zu Beginn vom Chaos und dem für europäische Ohren ungeheuren Lärm der gigantischen Metropolen abschrecken zu lassen, in denen die meisten Gäste aus Europa ankommen – oft mitten in der Nacht. Unser Rat lautet: Fahren Sie nach einer erholsamen Hotelübernachtung am nächsten Tage weiter. Die aufregenden Großstadtrundgänge können Sie sich für das Ende der Reise oder für die nächste aufsparen – bis dahin werden Sie gelernt haben, dem Stress mit indischer Gelassenheit zu begegnen.

Die einstige Hauptstadt des Hindureichs Vijayanagara
ist heute Weltkulturerbestätte

Der Süden

Wohlfühlen unter Palmen
Chowara: Keralas Traumstrand bei Kovalam

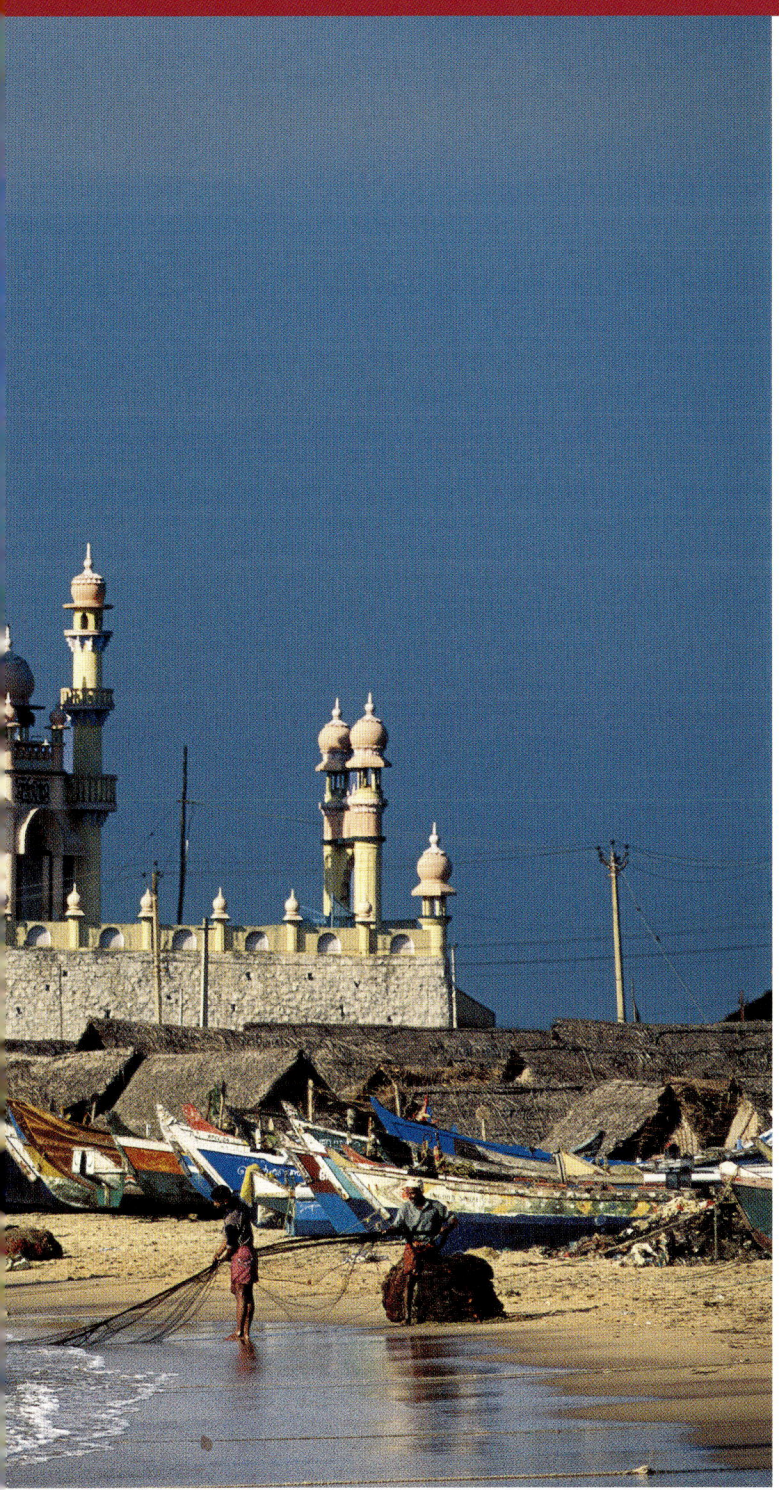

Indiens tiefer Süden gilt als das Reiseziel mit dem raschesten Wachstum – doch noch locken unberührte Palmenstrände und Resorts abseits aller Hektik.

Hier ist noch nie etwas gewachsen, geben Sie's lieber gleich auf!«, bekam Klaus Schleusener auf seiner Baustelle an Keralas Küste zu hören. Das war Mitte der Siebzigerjahre des 20. Jahrhunderts. Rund 600 Kilometer sonnige, palmenbestandene Traumstrände säumen die Küste Keralas – aber auch felsige Hänge, wildromantisch und unbegehbar. Solch einen Ort hatte der deutsche Literaturdozent gesucht, um einen Waldpark und Gärten samt Resort-Hotel zu errichten. Etwa zehn Jahre dauerte es, bis die Anlage samt Gärten und original-keralesischen Gästebungalows – manche wurden an anderen Orten abgebaut und hier wieder zusammengefügt – bezugsfertig war.

Inzwischen ist der »Surya Samudra Beach Garden« zur Top-Adresse avanciert, erst jüngst von den neuen indischen Eignern generalrenoviert. Weniger als eine halbe Autostunde von Keralas Hauptstadt entfernt, ist er auch für Fernreisende gut zu erreichen. Kann man in Indiens tiefem Süden irgendwo schöner Urlaub machen als gerade hier, wo sich felsige Kaps und breite, feinsandige, noch nicht überfüllte Strände abwechseln, und der weißgelbe Sand vor dem Palmgürtel weiter als das Auge reicht? Auf den Terrassen des »Surya Samudra« oder von »Nikki's Nest« lassen sich ganze Tage verträumen und sternenfunkelnde Nächte erleben, hier kann man mal in den Pool, mal in die Brandungswellen tauchen und durch Palmwipfel den schmalen Booten der Fischer nachschauen … Leicht möglich sind auch lohnende Abstecher ins städtische Leben von Thiruvananthapuram, Exkursionen in die Berge der Western Ghats und bis an die Südspitze des Subkontinents.

»Chowara Beach« oder »Pulinkudi« heißt bei den Einheimischen der Strand beim »Surya Samudra«. Die in der Nähe gelegene »Kovalam Beach« ist weltberühmt; schon in den Dreißigerjahren des 20. Jahrhunderts, lange vor den ersten Interkontinentalflügen, waren Besucher von diesem Strandjuwel der südindischen Malabarküste fasziniert. An diese Zeit erinnern heute noch einige alte Hotels.

1 Unter Palmwipfeln versteckt im »Surya Samudra Beach Garden«: die Gästebungalows. **2** Ein Jeep-Besitzer, der Elefanten liebt … **3** Das Vivekananda-Memorial am Südkap Indiens: Der Erneuerer der Hindu-Religion und Gründer der Ramakrishna-Mission meditierte auf diesem Felsen, bevor er in Chicago 1893 beim Weltparlament der Religionen weithin bekannt wurde. **4** Überaus prächtig ist die Moschee in Kovalam.

Doch ist der Charme der verlockenden Landschaft der Hügel und langen Strände seit den Neunzigerjahren stark beschädigt: Billige, vor allem britische Charterflüge ließen die Zahl der Touristen und damit auch die der Hotels dramatisch wachsen.

»God's own Country« nennt sich Kerala gern, vom Himmel verwöhnt mit freundlichem, auch in den europäischen Sommermonaten nicht überheißem Klima, mit fruchtbaren Böden und tropischer Blütenfülle. Kerala ist »Indien für Anfänger«, frei von Dürre, Überbevölkerung und brutaler Verarmung, ein Muster- und Ausnahmestaat, ein Reiseland, das Hoffnung für andere Entwicklungsregionen schöpfen lässt. Zum Beispiel kann in Kerala fast jeder und jede lesen und schreiben; auch Geburtenrate und Kindersterblichkeit sind mit den Zahlen in Europa vergleichbar. Für Erziehung und Gesundheit gibt der Staat fast die Hälfte seines Budgets aus. Zwischen den drei großen Religionen – Hindus (58 Prozent), Christen und Muslime (je 21 Prozent) – kommt es zwar mitunter zu Spannungen, doch ihre Koexistenz in Kerala ist von jahrhundertelanger Duldsamkeit geprägt. Und Keralas Frauen setzen mehr und mehr ihre Rechte durch, wählen ihren Beruf und verwalten ihr eigenes Vermögen. Die Schatten im immergrünen Paradies? Das Durchschnittseinkommen ist niedrig, und zu viele qualifizierte Keralesen finden keine Arbeit in ihrer dicht besiedelten Heimat (laut Statistik leben etwa 750 Menschen auf einem Quadratkilometer, fast dreimal so viel wie im indischen Durchschnitt – und zweieinhalb mal so viel wie zum Beispiel in Baden-Württemberg). Bis zu einer halben Million jährlich sucht Arbeitsplätze im Ausland, in den Golfstaaten, in Myanmar und Singapur, in Europa und USA.

Keralesen schauen über den Tellerrand ihres Landes hinaus, sind weltoffen und neugierig. Auch darum heißen sie Gäste aus aller Welt in Kerala willkommen. »Für mich«, schreibt der nordamerikanische Reiseautor und Sozio-Ökologe Bill McKibben, »ist diese Offenheit für die Welt eine der besten Eigenheiten der Region. Keralesen begegnen einem mehr oder weniger von gleich zu gleich, ohne die Unterwürfigkeit und ohne die Aggressivität, auf die man so oft in der Dritten Welt trifft.« Nicht zuletzt dieser offenen, freundlichen Atmosphäre ist es zu verdanken, dass immer mehr Touristen nach Kerala kommen: Die Zahl der Kerala-Besucher hat sich binnen eines Jahrzehnts deutlich vermehrt, ohne jedoch wie in Goa zum Touristengedränge auszuufern. Da wird bislang die Mindestdistanz zum Meer respektiert.

So schön die privaten Wohlfühl-Paradiese der Strandhotels auch sind – es lohnt sich, Exkursionen landeinwärts ins wirkliche Leben zu wagen, beispielsweise in die nahe 850 000-Einwohner-Hauptstadt Keralas. Ihr alter Name Thiruvananthapuram wurde vor einigen Jahren wieder eingeführt, unter britischer Herrschaft war er auf »Trivandnum« verkürzt worden. Neugierig auf buntes Gewimmel in den Gassen der Basare nahe des siebenstöckigen Gopuram (Tempelturm) des Sri-Padmanabhaswami-Tempels? Mit einem Abstecher in eine »Gym«, ein Fitness-Studio, wo junge Inder die Kampfkunst Kalaripayattu trainieren? Die Frauen, indische und europäische, die zu den Kunden des Studios gehören, sind im Gegensatz zu den nur mit einem Hüfttuch bedeckten jungen Männern auch bei tropischen Temperaturen voll bekleidet.

Auch Kunstliebhaber kommen in Trivandrum nicht zu kurz: Der bizarre Bau des Arts and Crafts Museum von 1872 in einem Park im Norden der Stadt beherbergt eine Sammlung von Bronzeskulpturen aus tausendjähriger Hindu-Kunsttradition, die von hinreißender Schönheit, Vitalität und Harmonie sind. Nebenan im Zoo – leider mit zu vielen, zu engen Gitterkäfigen – glänzen die feuchten grünbräunlichen Panzer der Krokodile. Und im nahe gelegenen Neyyar-Schutzgebiet kann man die Tiere sogar in freier Natur beobachten. Etwa eine Autostunde südlich, aber bereits in Tamil Nadu, gibt es ein wahres Juwel zu besichtigen: den Palast mit dem poetischen

1 Christen-Kirchen sind nicht fremd im Süden, im Stil der Neugotik steht diese in Kanyakumari, der Hindu-Pilgerstadt am indischen Südkap. **2** Wie in deutschen Bauernhaus-Museen: »Surya Samudra«-Bungalows wurden als originale Kerala-Architektur anderswo ab- und hier wieder aufgebaut, aber auch bewohnt! **3** Das in vielen Blautönen schimmernde Meer, sandige Buchten, Kokospalmen und breite Felstafeln: Die tropische Küste beim »Surya Samudra« ist ein paradiesischer Ort. **4** Am Strand weiter nördlich, beim Kovalam-Leuchtturm. **5** Gepflegt speisen – im »Surya Samudra«-Restaurant über dem Meer.

Namen Padmanabhapuram, »Stadt der Lotosblüte aus dem Nabel des Gottes Vishnu«. Von 1590 bis 1790 herrschten hier die Rajas über die damalige Region Travancore, bevor sie ihre Residenz nach Thiruvananthapuram verlegten. Bewunderungswürdig und wohl das beste Beispiel der Holzarchitektur und Holzskulptur Südindiens ist das Schnitzwerk der Säulen und Decken, lang gestreckten Hallen und kühlen Galerien. Nur ausnahmsweise gezeigt werden die kostbaren Wandmalereien indischer Mythologie im obersten Stockwerk, dem Gebetsraum des königlichen Quartiers (Upparika Malika), der über extrem steile, schmale Stiegen zu erreichen ist.

Zurückgekehrt ins »Surya Samudra« entdeckt man dann überrascht: Da sind doch Ähnlichkeiten? Das dunkle Holz, die Veranden, der

Schnitt der Fenster sind eindeutig von der Architektur des Palasts beeinflusst. Auch »Nikki's Nest«, das nächstgelegene, nur 15 Gehminuten entfernte »Sea Side Resort«, trumpft mit einem originalen alten Kerala-Haus am Hang auf. Grandios ist der Ausblick über Küste, Meer und die grün umwachsenen Rundbauten dieses freundlichen Resorts mit vielen Stammgästen. Um die allseitig offene Speisehalle des Restaurants, um die Kerala-Architektur des authentischen Heritage-Gebäudes auf der Höhe und die Gastquartiere den Hang hinab prunkt Blütenfülle, sorgen die Gärtner der Familie für bezaubernd schöne Orchideen.

Kerala ist zukunftsorientiert, aber Keralesen hängen auch an ihren Traditionen, verteidigen und erneuern sie. Dem Tourismus ist das förderlich – ob historische Holzarchitektur oder Hausboote, ob Schlangenbootrennen oder der alljährlich im Januar prächtig zelebrierte Elefantenmarsch von Thrissur nach Thiruvananthapuram.

Wer das wahre Kerala entdecken will, hat die Möglichkeit, ein paar Tage mit einer keralesischen Familie zu verbringen: etwa im »Ambadi Guest House« am dörflichen Rand Thiruvananthapurams. Morgens unter den Händen des Masseurs blickt man durch die Dachöffnung einer Ayurveda-Hütte ins Palmengrün, und zum Frühstück schmeckt köstlich der frische Ananassaft. Hausherr Krishna

1 Pool des »Poovar Resort« südlich von Kovalam. 2 Am gleichen Ort ein Blick in die Flechtwerk-Konstruktion des Dachs, das von den traditionellen Kerala-Hausbooten inspiriert ist. 3 Das jüngere Wohngelände zu Nikki's Nest liegt ruhig im Palmenwald, in ländlichem Ambiente. 4 Hier wird der Traum vom tropischen Urlaubsparadies am Meer wahr.

Moorthy hat eine Fülle von Tipps für das Tagesprogramm, vom Vormittagsspaziergang an Bauminseln und Dorfgehöften vorbei den Bach entlang bis zur abendlichen Lichterzeremonie im Shiva-Tempelchen am Fluss. Man kann sich auch mit einem »Threewheeler«, dem ortsüblichen Mini-Taxi, in die Stadt fahren lassen. Zweiwöchige Radtouren sind eine neue Attraktion.

Hat man Glück, ist man gerade zur rechten Zeit gekommen, um vier Künstlern zuzusehen, wie sie auf dem Asphaltboden des Guest House den Schlangenbaum malen. Starkfarbig und groß wird er, dem Schlangengott zu Ehren. Schlangen spielen eine große Rolle, mit Milch und Flötenmusik machen Keralesen sie sich zu Freunden. Für Gäste, die sich vom Koch des Hauses in die Geheimnisse der südindischen Kochkunst einweihen lassen wollen, stehen Töpfe und Zutaten bereit.

Zeit für Kovalam und Chowara

Anreise und Reisezeit

Flug: Flughafen Thiruvananthapuram, Prepaid-Taxi.
Bahn: Thiruvananthapuram ist mit allen Zentren verbunden.
Beste Reisezeit: September bis Mai, ab Februar sehr heiß.

Unterkunft

/* Surya Samudra – Bungalow Hotel & Ayurveda Spa (H1). Heritage Hotel. 7 Kerala-Häuser und 7 traditionelle Steinbauten, Meerblick, Telefon, Kühlschrank, Gartenbad. Sehr gutes Restaurant, Pool. Buchung: Kovalam, Pulinkudi, Mullur P.O., Trivandrum-695 521, Tel. 471-2267333,Fax: 471-2267124, E-Mail: suryasamudra@vsnl.com, Website: www.suryasamudra.com
/ Nikki's Nest (H2). 3 traditionelle Kerala-Häuser und 12 »ethnische Bungalows«, an Palmenhang über breitem Strand, Telefon. Sehr gute Küche, Ayurveda, Safe. Vizhinjam, Trivandrum, Chowara Beach, Tel. 471-28592723, E-Mail: nest@sancharnet.in, Website: www.nikkisnest.com. Zugehörig: Nikki's Farm. Blockhütten und Baumhaus-Unterkunft ca. eine Fahrstunde von Thiruvananthapuram in 1000 m Höhe beim Ponmudi-Waldreservat und Kallar-Fluss. Elefantenritte, Trekking, Schwimmen, Bootsfahrten, Angeln. Ayurveda und Meditation. Auskunft über »Nikki's Nest«.
*/** Ambadi Guest House (H3). Abseits vom Meer am Stadtrand, familiär, Massagen in Ayurveda-Hütte. 12 Zi., teils AC, gute Kerala-Küche. Poozhikunnu, Industrial Estate P.O., Thiruvananthapuram - 695 019, Kerala, Tel. 471-2497312, Fax: 471-2493713, E-Mail: ambadigh@gmail.com

Sehen und Erleben

Thiruvananthapuram: Kanakakunna-Palast, Padmanabhaswami-Tempel, Arts and Crafts Museum und andere Museen, Kathakali (Tanz und Pantomime-Darbietungen) und Kalaripayattu (Kampfkunst-Vorführungen). Chalai-Basar.

Ziele in der Umgebung

Padmanabhapuram-Palast (65 km südlich). Kanyakumari mit Tempeln und Vivekananda-Memorial (90 km). Varkala (40 km nördlich), Strand unter Steilhang. Neyyar Wildlife Sanctuary (30 km östlich).

Auskunft

KTDC (Kerala Tourism Development Center), Mascot Square, Tel. 0471-31 89 76. Hilfreich auch das Airport-Tourist Office.
Tourist Reception Centre, KTDC Limited, Shanmugham Road, Ernakulam, Kochi - 682 011, Tel. +91-484-2353234, E-Mail: ktdccok@sancharnet.in

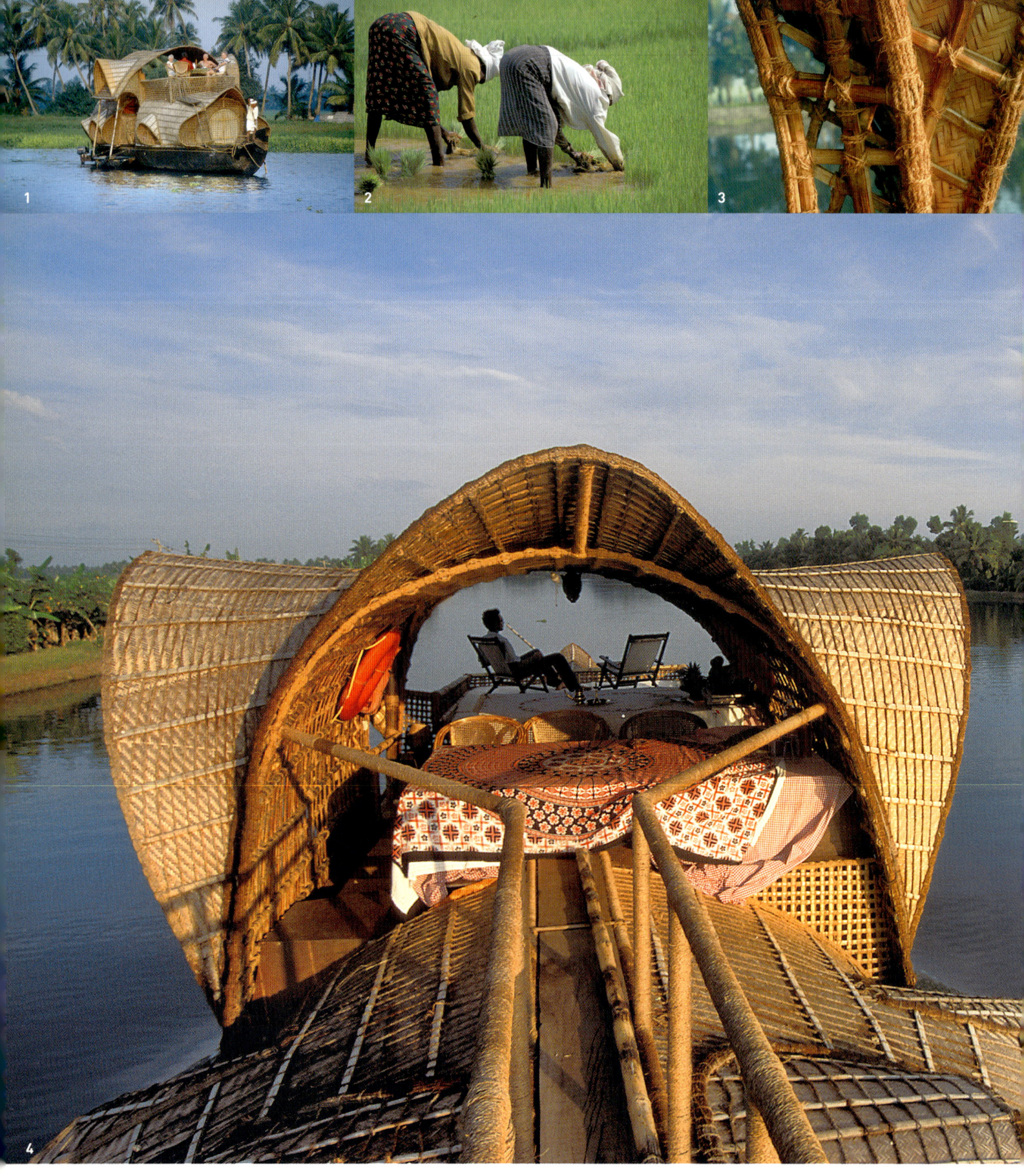

Genusstour auf dem Luxus-Lastkahn
Im Hausboot unterwegs auf Keralas Backwaters

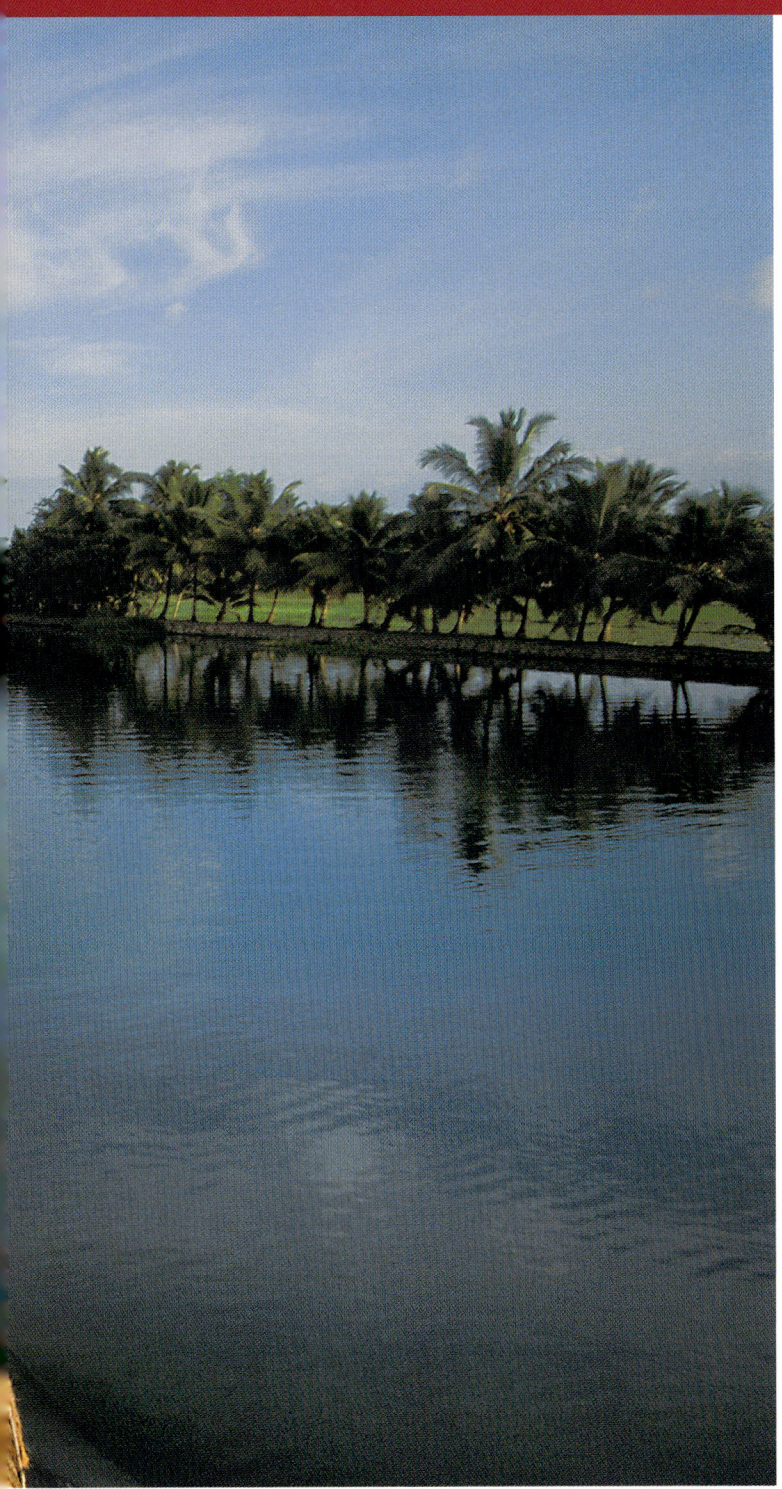

Genießer, die Wärme, tropische Farben und Düfte, Palmen und exotische Delikatessen lieben, erkunden Kerala vom Deck-Liegestuhl aus. Landgänge zu genauerem Hinschauen sind inbegriffen!

Am Ufer wächst Gras, weit entfernt stottert ein kleiner Motor, Palmblätter über uns sirren im leichten Wind, und auf dem Wasser glitzert das Sonnenlicht. Über den Fluss schwimmt gemächlich ein lang gestrecktes, geflochtenes Gebilde. Von Weitem sieht es fast aus wie ein asiatischer Riesen-Strohhut oder ein länglicher Brotkorb im Großformat. Erst als das Geflecht näher kommt und sachte an den Steg stößt, ist zu erkennen, dass es sich um das Hausboot handelt, auf das wir hier zusammen mit anderen Passagieren warten.

Verwirrende Situation: vor wenigen Stunden noch auf dem Flughafen Thiruvananthapuram/Trivandrum, dann ein Taxi – bequem, klimatisiert, mit dem Geruch sehr herber, sehr indischer Gewürze – Ausblick auf fremde Farben, Fahrzeuge und Gesichter. An einer Kreuzung endet plötzlich alle Fortbewegung, über blauen Abgasfahnen steht eine wackelige Ampel, von niemandem beachtet, ein Polizist mit strammen Armbewegungen bewirkt gar nichts. Ochsenkarren, Lastwagen, Fahrräder, Kleinwagen: alle in die Mitte vorgefahren, schrilles Hupen und Pfeifen, nein, wir werden hier für Stunden nicht weiterkommen.

Doch plötzlich löst sich das Kreuzungsgewirr ganz undramatisch – dort setzt jemand wenige Zentimeter zurück, hier wird eine Lücke nach links geschickt ausgenutzt, ein junger Mann stemmt sein Fahrrad balancierend in die Höhe über die Wagendächer hinweg, Fußgänger klettern über Autokühler heraus aus dem Gedränge – und schon kann das Taxi einbiegen in die kleine Straße, die ins Grüne, ans Ufer eines Backwater-Kanals führt.

Wir werden begrüßt, die Gangway aus Planken ist zum Steg heruntergelassen. Nun können wir das Boot genauer betrachten: Das Korbgebilde ist auf einer langen, eleganten schwarzen Bootsform aufgebaut, die in geschwungenem Bug und Heck ausläuft. Eine seitlich offene, überdachte Deckpartie mit Rattansesseln dient als Sitzplatz. Von dort geht es nach links und rechts ins Bootsinnere, unter das übermannshohe dichte Geflecht, das aus Bambusstäben, Bam-

1 Kreuzfahrt auf Keralas Backwaters. **2** Jedes Reispflänzchen wird von Hand ins wässrige Feld gesetzt. **3** Kein Nagel, keine Schraube zur Hand? Auf Keralas authentischen Hausbooten (Kettuvallam), wie sie Babu Varghese als Erster baute, kommt man mit Palmfaserstricken aus. **4** Schwimmender Lebensraum für einen Tag oder eine Woche, für ein Paar oder für eine kleine Gruppe: das luftige, liebenswerte Hausboot.

busstreifen und Palmfaserstricken ohne Nägel und Metall konstruiert ist. Der Raum hinter der Tür aus festem dunklem Holz (mit alten Messingriegeln) ist erstaunlich groß. Doppelbett samt Moskitonetz, Stuhl und Kommode haben gut Platz, die Vorhänge vor den glaslosen Fenstern in der Flechtwand wehen herein. Die Tür im Hintergrund führt in ein richtiges kleines Bad mit Dusche, Waschbecken und WC, alles ist glatt und sauber. Am Heck des Bootes, erreichbar nur auf schmalsten Planken außen am Rumpf: eine winzige Küche. Wasser für alles und alle kommt aus einem Tank, der geschickt über der Bootsmitte im Dach verborgen ist.

Außer den Gästen – je nach Hausbootgröße sind es zwei, oft vier oder bei einigen Konstruktionen sogar bis zu acht – ist ein Guide mit von der Partie, der gut Englisch und auch ein paar Wörter Deutsch spricht und auf alle neugierigen Fragen Auskunft gibt. Außerdem ist da noch der Skipper, der den leise brummenden Motor bedient. Er hat solche Boote schon gelenkt, als sie – noch ohne Geflechtaufbau – Reissäcke und Kokosnüsse transportierten. Schließlich fährt noch ein Koch mit, der uns mit feiner Kerala-Küche verwöhnen wird. Zunächst, zurückgelehnt bei einem erfrischenden Getränk auf der »Veranda«, erfahren wir, dass der Rumpf des Bootes aus dem äußerst festen Holz des Jakfruchtbaumes besteht und dass ein Touristikfachmann namens Babu

Varghese der Vater aller Kerala-Hausboote ist. Der leider 2011 verstorbene Babu Varghese, innovativer Tüftler und Liebhaber beschaulicher Fortbewegung auf den Backwaters, kam Anfang der Neunzigerjahre des 20. Jahrhunderts auf den Gedanken, Hausboote aus den Lastkähnen zu machen, die in der Kerala-Sprache Malayalam »Kettuvallam« genannt werden. Das war kurz bevor diese bis zu 30 Meter langen Boote sämtlich abgewrackt werden sollten, weil neue Transportmittel ihre Aufgaben übernahmen.

Über 1500 Kilometer erstrecken sich die Wasserstraßen der Backwaters in der beispiellosen amphibischen Landschaft von Kerala, in schmalen und breiteren Kanälen, durch Lagunen, Seen und auf 44 Flüssen. Rund 900 Kilometer davon sind für die Hausboot-Kettuvallams befahrbar, auf Tagesausflügen, für zwei oder mehrere Tage. Die Städte Kollam/Quilon, Alappuzha/Aleppey und Kochi/Cochin bilden die meistgenutzten »Tore« zu den Backwaters.

Das Bootsdeck ist Logenplatz. Blick voraus: sonnenüberstrahlte Wasserfläche, Fischernetze, die an langen Balken auf- und niedergezogen werden (ihre Vorbilder, heißt es, wurden vor Jahrhunderten aus China nach Kerala eingeführt). Fährboote, in denen die Menschen stehend von einem Ufer ans andere fahren, gleiten wie Scherenschnitte im Gegenlicht. Blick nach oben: Palmen, nickend

1 Wie ein Kunstwerk anzusehen: eine Kettuvallam-Schiffswand.
2 Kettuvallam-Experte auf der dörflichen Werft. 3 Die 10-PS-Maschine kann das bizarre Boot auf 25 km/Std. bringen, aber Muskelkraft ist manchmal unentbehrlich. 4 Jörg Drechsel, ein Bauherr und Schutzgeist der Heritage-Hotels, entwarf selbst seine moderne »Discovery«. 5 Mehr Tempo legen die Ruderer bei den berühmten Kerala-Bootsrennen vor, zum Beispiel beim »Gandhi Boats Race« von Alappuzha/Aleppey.
6 Gegenverkehr auf dem Kanal: »Good Morning! How are you?«

vor blauem Himmel. Blick zu den Seiten: grüne Pflanzenfülle, leuchtende Reisfelder, Kautschukplantagen, dazwischen idyllisches Dorfleben rund um die Häuser, mit badenden Kindern und Wasserbüffeln, Winken, Rufen, lächelnden Frauen in ihren bodenlangen farbenprächtigen Rüschenkleidern. Die Gelassenheit eines Lebens, das sich nur wenig ändert – eine Szenerie, wie sie Paul Gauguin ähnlich in der Südsee wahrgenommen hat. Morgens putzen sich am Ufer ganze Familien ausdauernd die Zähne.

Ab und zu legt das Boot an, und der Guide gibt Tipps für den Landgang: Man kann zum Beispiel Bananen kaufen oder Kinder fotografieren, die sich extra in Positur stellen. Wir sehen auch Frauen an großen Holzrädern Kokosfasern zu Seilen drehen, Männer beim Schiffsbau ohne alle Maschinen, wir dürfen einen Hindutempel be-

1 »Luxus und Landleben« mag man den Stil aller cghEarth-Resorts, nennen, umweltverantwortlich von den Dominic-Brüdern durchgesetzt. **2** Geräumig und nah dem Meer: die Bungalows des »Marari Beach Resorts«.

suchen und hören im Dorf Champakulam den Hochzeitsgesang in der syrianischen (syrisch-katholischen) Marienkirche, an deren Stelle Christen eine erste Kirche schon 427 n. Chr. erbauten. Wir stoßen auf eine der – heißt es – 5800 (!) Gedächtnisstätten des Sozialreformers Sree Narayana Guru. Lebensgroß sitzt seine bunte Figur in einem Glastempel; er hat, erzählt unser Guide, das Kastensystem in Kerala fast abgeschafft.

Der Fisch, den der Guide direkt aus einem Fischerboot kauft, liegt zehn Minuten später beim Schiffskoch in der Pfanne. Die Mahlzeiten, auf Bananenblättern serviert, sind köstlich, immer mit vier, fünf Gemüsen – indisch gewürzt, auf unseren Wunsch hin »not too spicy« – und mit süßen Desserts. Die Jakfrucht (für Botaniker: *Artocarpus heterophyllus*) lernen wir kennen, eine riesengroße bombenförmige Frucht, aus der man die süßen, festen Umhüllungen der nussgroßen Kerne mit den Fingern herausgräbt. Man speist origineller, doch ebenso gut wie in manchem Luxushotel.

Kommt das Verlangen auf, vor oder nach der Backwater-Tour, inmitten dieser Wasserlandschaft oder am nahen Meeresstrand abseits von lauten Verkehrswegen ein Strandquartier zu beziehen, so bietet sich zum Beispiel das »Coconut Lagoon Heritage Resort« am Vembanad-See östlich von Alappuzha an oder das »Marari Beach Resort«, an einem traumhaft schönen Strand südlich von Kochi gelegen. Beide gehören zur Gruppe der »Casino-Hotels«, die von den sechs Brüdern der alten Kerala-Familie Dominic geführt werden. Ihr gemeinsames Ziel ist es, das Natur- und Kulturerbe ihrer Heimat Kerala zu bewahren – gerade auch angesichts des Tourismusbooms in der Region – und zugleich die Gäste zu verwöhnen. Sie haben eine so gute Hand dabei, dass nationale und internationale Auszeichnungen und Umweltpreise nur so auf die »Casino«-Hotelgruppe herabpurzeln.

Die Quartiere der »Coconut Lagoon« sind alle in traditioneller keralesischer Bauweise errichtet: von Säulenveranden umgebene Holzbauten unter hohen Ziegeldächern, dem Klima optimal angepasst. Viele sind historische Originalbauten und wurden aus entfernten Dörfern, wo sie abgerissen werden sollten, hierher versetzt, renoviert und mit viel Liebe zum Detail und gutem Kunsthandwerk ausgestattet. Die modernen Badezimmer haben in ihren kleinen bepflanzten Höfen eine Palme oder einen Bananenbaum. In die moderne indische Literatur ist das Restaurantgebäude bereits eingegangen: Arundhati Roy nennt es in ihrem Bestseller-Roman *Der Gott der kleinen Dinge* das »Historische Haus«,. . .»Mittelpunkt einer kunstvollen Anlage, die kreuz und quer von Kanälen und Brücken durchzogen war«.

In der »Coconut Lagoon« wie in »Marari Beach« tut es wohl, wie großzügig das Areal jedem Gast seinen persönlichen Raum gibt. Baum- und Rasengrün erstreckt sich zwischen den bequemen mit Elefantengras gedeckten Häusern von »Marari Beach«. Im Schatten von Kokospalmen geht es zum breiten Strand, auch ein Dorf mit prächtig buntem Tempel ist in der Nachbarschaft zu besichtigen. Das luftige Restaurant bietet außer westlichen Gerichten eine Fülle von Kerala-Spezialitäten.

Langeweile kommt hier wie dort nicht auf. Nach Kochi fährt man auf den Spuren der Geschichte oder um Antiquitäten und Gewürze zu kaufen, der Vembanad-See lädt zu Kanutouren und zum Angeln ein, viele Bootsausflüge sind möglich, geführte Spaziergänge im Vogelreservat gleich nebenan. Mancher Gast kehrt ein zweites und drittes Mal wieder, um in den hervorragend ausgestatteten resorteigenen Ayurvedazentren seiner Gesundheit etwas Gutes zu tun.

Zeit für die Backwaters

Anreise und Reisezeit

Flug: Flüge von Mumbai/Bombay nach Kochi/Cochin oder Thiruvananthapuram/Trivandrum, von dort mit dem Auto nach Kollam/Quilon, Kumarakom oder Alappuzha/Aleppey.

Bahn: Verbindungen von Kochi und Thiruvananthapuram nach Kollam, Kottayam und Alappuzha.

Auto: Thiruvananthapuram-Kollam ca. 50 km, Kollam-Kottayam ca. 100 km, Kollam-Alappuzha ca. 100 km, Kochi-Alappuzha ca. 50 km.

Beste Reisezeit: Oktober bis März.

Unterkunft

*** **Coconut Lagoon** (H1) (cghEarth Hotels). Am Vembanad-See, nur per Boot zu erreichen. Traditionelle Kerala-Bauweise, originell, luxuriös, teils AC, großer Pool. »Farm Visit« auf Philipkutty's Farm bei Kumarakom. Fährverbindung zum Festland (Kumarakom, Puthenangadi). 10 km von Kottayam entfernt. 14 einstöckige Häuser, 28 Bungalows, Buchung: Casino Group of Hotels, Willingdon Island, Kochi-682 003, Tel. 484-3011711, 3011712; E-Mail: contact@cghearth.com

*** **Marari-Beach** (H2) (cghEarth Hotels). Weiträumiges Gelände, breiter Sandstrand, kinderfreundlich. Komfortable Villen mit Veranda. 60 km von Kochi, 160 km von Thiruvananthapuram. Buchung wie oben oder über Comtour (siehe Seite 43) Mararikulam-North, Alappuza. Tel 0478-286301.

Sehen und Erleben

Kumarakom-Vogelschutzgebiet, mit Kreuzfahrt über den Vembanad-See. Klassischer Kerala-Tanz und Theater, u.a. Kathakali. Klassische, hochartistische Kampfkunst Kalaripayattu. Ausfahrt mit Fischerbooten.

Ziele in der Umgebung

Altstadt von Kochi, das traditionelle Zentrum des Gewürzhandels, mit Mattancherry-Palast, uralter Synagoge, Antiquitätenviertel. Alappuzha, die Stadt mit den Kanälen, reichem Museum im Krishnapuram-Palast.

Hausbootcharter und Auskunft

Adressen siehe oben bei »Casino Group of Hotels«.

Die Legende lebt
Kochi – auf den Spuren seiner Vergangenheit

In der Doppelstadt Ernakulam-Kochi am Arabischen Meer sind Paläste, Basare und Inselgassen zu entdecken, dazu auch frühe Stätten von Christen und Juden, von Portugiesen und Holländern.

Verlockend und geheimnisvoll – mit solchen Vorstellungen verbinden Europäer seit der Antike die Malabarküste. Schon die Römer kauften hier Gewürze, man hat ihre Münzen gefunden. Man weiß auch, dass indische und alexandrinische Kaufleute mit ihren Schiffen die Kraft des Monsuns nutzten. Erst im 14. Jahrhundert schuf die Natur durch Überflutung den Hafen von Kochi zwischen den Backwaters und dem Arabischen Meer. Bis heute ist Kochi der wichtigste Hafen an Indiens Westküste südlich von Mumbai/Bombay. Vasco da Gama, der erste Europäer, der Indien auf dem Seeweg um das Kap der Guten Hoffnung erreichte, landete 1498 im nördlicheren Kozhikode/Calicut, residierte als Vizekönig aber im reichen Kochi.

Den »schönsten Naturhafen dieses Erdteils« hat man Kochi genannt, mit seinen Inseln vor der Festlandsstadt Ernakulam. Immer sind Boote und Schiffe unterwegs zwischen diesen in Jahrhunderten besiedelten, aufgeschütteten Inseln und Halbinseln. Da ist das moderne Willingdon Island, auf dem der kleine, ältere Flughafen liegt, Bolgatty Island mit dem ehemaligen Sitz des britischen Kolonialresidenten und mächtigen alten Bäumen an seiner südlichen Inselspitze (heute steht dort ein Hotel) und Fort Kochi an der Nordspitze der Halbinsel Mattancherry, an der eine schmale Passage zum offenen Meer führt. Von den Hotelterrassen aus blickt man auf palmengrüne Küsten, man hört die dunklen Töne der Schiffssirenen, Möwenschreie und der Salzduft der See erfüllen die Luft.

In der umtriebigen Festlandsstadt Ernakulam haben sich Hafen- und Industrieanlagen breitgemacht. Um mit Genuss in eine Traumstadt zu gelangen, verlässt man die drangvolle Enge der Autostraßen Ernakulams und besteigt eine Fähre an der »Main Boat Jetty«, der großen Anlegestelle. Unter den Füßen das leichte Schaukeln des Arabischen Meeres, fährt man gegen Sonnenuntergang in die Vergangenheit. Die zauberhaftesten Teile des alten Kochi sind auf der Halbinsel Mattancherry mit Fort Kochi zu finden. Nur: Ein Fort wird man – trotz des Namens – dort vergeblich suchen, lediglich Mauerreste sind von portugiesischen Befestigungen aus dem 16. Jahrhundert übrig geblieben.

1 Das »Muss« für Fotografen: Kochis chinesische Fischernetze im Licht des Sonnenuntergangs. **2** Die aufwendige Schminke gehört zur Kunst: Kathakali-Tänzer. **3** Kinder in der immer lebendigen Altstadt. **4** »The Brunton Boat Yard«, ein Stück altes Kerala wiedererweckt, nostalgisch und zugleich mit allem modernen Komfort.

Die Schiffsfahrt nach Fort Kochi dauert 20 Minuten. Segelboote arabischer Bauart werden umschifft. Die Häuser und Speicher der Gewürzhändler, die von hier aus die Welt mit Pfeffer, Muskat und Kardamom versorgten, liegen im Schatten hoher Bäume. Weit ausgebreitet hängen chinesische Fischernetze an ihren Bambuspfeilern. Vor langer Zeit schon sollen sie durch den Chinahandel aus dem fernen Ostasien an die Malabarküste gekommen sein; jetzt sind sie ein unwiderstehliches Fotomotiv.

Ost und West haben sich immerfort in Fort Kochi getroffen. Hier wuchs die früheste europäische Siedlung Indiens, und die älteste noch erhaltene christliche Kirche Indiens, St. Francis – ursprünglich aus Holz und dem heiligen Antonius geweiht, nach einem Brand um die Mitte des 16. Jahrhunderts in Stein erneuert – ist auch hier zu finden. 1524 bekam der Entdecker Vasco da Gama dort seine Grabstätte, bis seine sterblichen Reste nach Portugal überführt wurden. An ihrem umgrünten Platz wirkt St. Francis wie eine Dorfkirche, sie war schon katholisch, protestantisch und anglikanisch.

Die Kathedrale Santa Cruz einige Straßen weiter ist ein Bau des frühen 20. Jahrhunderts, obwohl ihr Ursprung auch auf das 16. Jahrhundert zurückgeht und der Friedhof voller alter Grabsteine ist. Das ganze Viertel ist europäisch geprägt in seiner feinen alten Architektur; es eignet sich gut zum Spazierengehen, da und dort haben auch Eiscafés und Boutiquen aufgemacht. Zur »Heritage Zone« wurde Fort Kochi erklärt, seine Restaurierung eine Zeit lang mit US-Geldern unterstützt. Als Kontrast zu allen europäischen Einflüssen bietet das »Kerala Kathakali Centre« in der Nähe des Fähranlegers die berühmte epische Tanzkunst des Landes.

Eine Hauptattraktion auf Mattancherry ist der »Mattancherry Palace« von etwa 1557, auch »Dutch Palace« genannt, knapp zwei Kilometer westlich der Kathedrale. Wechselvoll und verwickelt ist die Geschichte des Palastes und seiner portugiesischen, indischen, holländischen und britischen Bauherren und Besitzer. Seine kostbarsten Kunstschätze, die großformatigen Wandgemälde aus dem 16.,18. und 19. Jahrhundert im lang gestreckten, düsteren Krönungssaal und in den Schlafzimmern, haben die Zeiten unterschiedlich gut überstanden, doch viele Szenen des Hindu-Götterhimmels sind vorzüglich erhalten. Zum Beispiel Krishnas erotische Spiele, auch Shiva und seine Gattin Parvati sind in der Figurenfülle auszumachen, und fürstliche Gewänder, Turbane und Sänften mit feinster Elfenbeinmalerei bereichern das luxuriöse Ambiente noch. Portugiesische Kaufleute ließen, heißt es, den Palast für den Raja von Kochi erbauen und sicherten sich im Gegenzug Handelsprivilegien.

1 Keralas Reichtum seit eh und je: Gewürzspeicher. **2** Beim Antiquitätenhändler gibt's am Ende alles, was die Zeit wertvoll gemacht hat. **3** Vor Jahrhunderten schon lernten Keralas Fischer auf luftigen Gestellen mit den chinesischen Fischernetzen umzugehen. **4** Auch die Synagoge ist alt, ihre Gemeinde ist heute freilich sehr klein geworden. **5** Schon immer hielten Kinder und Katzen Siesta, **6** und uralt sind die Rezepte für die Farben für die Kathakali-Masken.

Gleich südlich vom Palast und der »Mattancherry Jetty« (Anlegestelle) liegt – eine Seltenheit in Südasien – ein altes jüdisches Viertel. Legenden von jüdischer Ansiedlung schon zu König Salomons Zeiten sind wohl ein Zeichen dafür, dass jüdische Handelstätigkeit auf sehr frühe Zeit zurückgeht. Schriftliche Zeugnisse für jüdische Zuwanderung im 1. Jahrhundert n. Chr., nach der Zerstörung Jerusalems, sind nicht überliefert, doch um das Jahr 1000 n. Chr. wurden Juden an der Küste Keralas ansässig, in einer Siedlung namens Cranganore, die unter dem Schutz des lokalen Rajas stand. Möglich, dass seit 1492 aus Spanien vertriebene Juden in Cranganore zu ihren Glaubensbrüdern stießen.

Wahrscheinlich bei der portugiesischen Eroberung im 16. Jahrhundert ging Cranganore zugrunde, der Aufbau der jüdischen Ansied-

1 Auf der Speisekarte stehen köstliche Meeresfrüchte und Fische des »Terrace Grill«, im History-Restaurant erlebt man die typische Kerala-Küche mit ihren Gewürzen. **2** Stiller Ort am Vembanad-See: Jörg Drechsels »Privacy« bietet die Wahl zwischen einem Heritage- und einem modernen Bungalow. Exkursionen zu Land oder Wasser sind allemal möglich. Am Ufer: das Schiff »Discovery«.

lung in Kochi fällt in diese Zeit. Jüdische Flüchtlinge, die anderswo entlang der indischen Westküste von den Portugiesen verfolgt wurden, fanden Zuflucht.

1568 wurde die Synagoge gebaut und 1664 nach einer Zerstörung durch die portugiesische Kolonialmacht wiederhergestellt. Ihre heutige Gestalt erhielt sie 1760, in einer Blütezeit des Gewürzhandels. Damals ließ ein reicher Förderer, Ezekiel Rahabi, das Gotteshaus mit handgemalten blau-weißen chinesischen Kacheln ausschmücken. In dem festlich hellen Synagogenraum mit seinem holzgeschnitzten Inventar und den glitzernden Kristalllüstern hält man sich gern auf.

Leider werden Kochis jüdische Gemeinden immer kleiner, weil viele Familien nach Israel ausgewandert sind, und zwar sowohl die »weißen« (die von Juden aus dem Nahen Osten und Europa abstammten,

die Herren dieser Synagoge) als auch die »schwarzen« und »braunen«, aus konvertierten oder eingeheirateten Familien.

Fantastische Erlebnisse warten in den Ladengewölben längs der Straße zur Synagoge und ihren Nebengassen. Prunkvoll präsentiert, teils auch altersgrau verstaubt, häufen sich Kunst und Kram, koloniale Möbel und Juwelenschmuck, Bilderdrucke und Bronzefiguren in den Antiquitätengeschäften des jüdischen Viertels. Dies sind wahre Fundgruben für Leute, die Spaß am Entdecken und Handeln haben. Nebenan stapeln sich in schmalen Einfahrten zwischen monsungeschwärzten Wänden die Säcke mit Gewürzen und Basmatireis.

Und wo ist das stimmigste Nobelquartier für eine Reihe entdeckungsreicher Kochi-Tage? Kein Zweifel – an der Wasserfront von Fort Kochi: Dort haben die Brüder Dominic auf dem Gelände einer ehemaligen Bootswerft mit einem neuen Hotel ihrer Casino-Gruppe, »The Brunton Boat Yard«, den frühen Stil portugiesisch-holländischer Kolonialbauten wieder zum Leben erweckt. Und zwar mit dezenter Eleganz und allem Komfort, zum Beispiel mit Badezimmern, in denen man von der Badewanne auf den viel befahrenen Schiffahrtsweg aus dem Hafen hinaus in die offene See schaut. Balkons zum Meer hinaus, luftige Restaurantterrassen, der Swimmingpool, die

Zeit für Kochi

Anreise und beste Reisezeit

Flug: Neuer Flughafen Kochi/Cochin (36 km), Verbindungen mit Mumbai/Bombay, Bangalore, Delhi, Goa. Chennai/Madras, Agatti auf den Lakshadweep-Inseln. Internationale Verbindungen geplant. Prepaid -Taxis.

Bahn: Der Hauptbahnhof Ernakulam liegt an der Strecke Thiruvananthapuram–Bangalore–Chennai.

Leihwagen: Kochi-Trivandrum ca. 310 km, Kochi-Mysore ca. 480 km, Kochi-Periyar-Nationalpark ca.140 km.

Fähren: Tagsüber halbstündig von der Ernakulam Main Jetty nach Mattancherry und Fort Kochi, Fähre zum Bolghatty Island von der nördlicheren High Court Jetty.

Beste Reisezeit: September bis April.

Unterkunft

**** The Malabar House (Casino Group). The Brunton Boat Yard, Cochin, Fort Cochin, Parade Road. 682 001-Kerala, Tel. 484-22 16666 (zentrale Reservierung), Fax: 484 2217777.

*** Bolgatty Palace Hotel. Haupthaus und kleine Parkvillen. Kathakali-Vorführungen. Bolgatty Island, Mulavukadu, Kochi-682 504, Tel. undFax:: 484-2750500, 2750600, E-Mail: palacekochi@ktdc.com

* Old Courtyard. Gutes Preis-Leistungsverhältnis. Fort Kochi, 1/371, Princess Street, Tel. 484-22 63 02, E-Mail: reservations@oldcourtyard.com

Sehen und Erleben

Fort Kochi: Gewürzhändler-Straßen, Hafenlandschaft, Fischmarkt (River Rd.), Kirche St. Francis (Church Rd.) und Kathakali-Dance-Centre. Mattancherry: »Dutch« Palace der Rajas von Kochi aus dem 16./17. Jh., jüdisches Viertel mit Antiquitätenläden, Ausstellung über die Geschichte der Juden Kochis (Synagogue Ln).

Ziele in der Umgebung

Die Backwaters (siehe auch Kapitel 2, S. 16 ff.). Cheruthuruthy, unter Tanzkünstlern berühmt für den Kathakali. Nächtelange Vorführungen im Lehrzentrum »Kerala Kalamandalam«, Tel. 492-62 24 18 (29 km nördlich). Thrissur/Trichur: Tempel und Museen, traditionelles Gold- und Messing-Kunsthandwerk (ca. 80 km nördlich). Kollapuram (ca. 30 km östlich von Thrissur): Landgut mit traditioneller Architektur und Ayurveda. Comindia, Thiruvananthapuram, Tel. 4 71-31 04 65, Fax: 32 28 99, E-Mail: comindia@md2.vsnl.net.in.

Extra: Flug auf die Lakshadweep mit Komfort-Hotel: *** Bangaram Island Resort (Casino Group). Permit erforderlich, Buchung siehe »The Brunton Boat Yard«.

Auskunft

Tourist Desk an der Main Boat Jetty in Ernakulam, Tel. 484-37 17 61; gut informiert, Karten, Fahrpläne, Bootstouren, Kathakali-Vorführungen.

Gov. of India Tourist Office neben Malabar-Hotel, Willingdon Island, Tel. 484-66 83 52.

gepflegten Gartenhöfe und Blumenanlagen machen es den Gästen draußen angenehm.

Drinnen kommen vor weißen Wänden die zum Teil antiken Möbel aus edlen Hölzern zu bester Wirkung, pflegen drei Restaurants die portugiesisch und holländisch beeinflussten Traditionen der südindischen Küche. Von allen Zimmern bieten sich herrliche Aussichten auf die Inselwelt und den Hafen! Und statt individueller Trinkgelder gibt es dafür eine kollektive Sammelbox.

Auf eine geradezu märchenhafte Möglichkeit, für einige Tage weit im Meer auf einer Insel unter Palmen zu wohnen, sei noch hingewiesen: Vom Flughafen Kochi aus kann man auf die Lakshadweep (Lakkadiven bedeutet »Hunderttausend Inseln«) fliegen.

Kristallklares Wasser und traumhafter Sandstrand unter Palmen locken auf der Lakkadiven-Insel Bangaram, naturnahe, palmblattgedeckte Hütten mit fließendem Wasser und Elektrizität, aber ohne Fernseher, Telefon und Klimaanlage – der ideale Ort für ruhebedürftige Besucher. Die Küche ist delikat, europäisch und heimisch. Höchstens 60 Gäste lassen es sich gleichzeitig auf Bangaram wohl sein. Es fühlen sich zwar viel mehr Menschen »reif für die Insel«, aber die fragile Natur verdient äußersten Schutz, andernfalls würde sie auch wenigen keine Erholung mehr bieten können.

Gewürzgärten und Elefantenwald
Abstecher zum Periyar-Nationalpark

Ein See inmitten von tropischem Wald, Exkursionen in einen der schönsten Nationalparks, dazu noch die Gewürzgärten Keralas und verlockende Hotels – bringen Sie Zeit mit!

Auf unserem Weg von der Kokospalmenküste bei Kochi zu den Cardamom Hills sind wir angekommen im Land, wo der Pfeffer und die weißen Knollen der Tapioka, Kautschuk und Tee wachsen und die Häuser der Waldbewohner sich unter riesigen Bananenstauden ducken. Wasserfälle rauschen herab von den Höhen der Ghats, der Gebirgsketten. Mit ihren schmalen, langen Blättern stehen im Hochwaldschatten übermannshoch die Kardamombüsche, kilometerweit – wie viel Kuchen und Weihnachtsgebäck könnte man mit ihren Kapseln würzen!

Christen sind in manchem Dorf in der Mehrheit. Die Busgesellschaften heißen »St. Mary's« und »St. Joseph's«, und nicht weit voneinander stehen Hindu-Tempel und weiß gestrichene, gepflegte Kirchen, diese fallen mehr ins Auge. Keralas Christen stellen auch haushohe, verglaste Schaukästen auf, schmal wie Türme und mit bunten frommen Figuren darin: Christus und Maria, der heilige Franz oder der heilige Georg.

Über diese sattgrüne Landschaft lassen alljährlich schon Ende Mai, Anfang Juni die Wolken des Südwest-Monsuns ihre Regenmassen niederstürzen. Die Cardamom Hills sind viel reicher an Wasser als manche Regionen im östlich benachbarten Tamil Nadu. Darum entwarf ein britischer Ingenieur, Colonel J. Pennycuick, vor über hundert Jahren den Plan, den Periyar-Fluss an der Wasserscheide aufzustauen und durch einen 180 Meter langen Tunnel Wasser vom Weg in das Arabische Meer nach Osten umzuleiten, zur Versorgung der Tempelstadt Madurai. 1895 wurde der Damm gebaut, der 55 Quadratkilometer Waldland unter dem Periyar-See versinken ließ. Noch heute ragen geschwärzte Baumstämme aus der Wasserfläche heraus. Waldschutz zugunsten seines Jagdvergnügens verordnete der Maharaja von Travancore. Daraus entstand – in zwei Schritten, 1934 und 1950 – der heutige Nationalpark, und 1973 im Rahmen des »Project Tiger« Südindiens eines der wichtigsten Tiger-Schutzgebiete. Mit insgesamt 777 Quadratkilometern ist der Periyar-Park

1 »Logenplätze« gibt es viele auf dem Oberdeck der Ausflugsboote.
2 Hibiskusblüte, auch »Chinesische Rose« genannt. 3 Blick aus dem eleganten »Taj Garden Retreat« – erst vor wenigen Jahren eröffnet – in die grüne Landschaft um Thekkady. 4 Meistens gelingt es den Wildhütern, ihren Gästen einige von den rund 900 Elefanten im Periyar-Park zu zeigen.

auch einer der größten Indiens. Zum Vergleich: Der bayerische Nationalpark Berchtesgaden umfasst 210 Quadratkilometer.

Die Chance, einen von den derzeit vermutlich etwa 35 Tigern zu Gesicht zu bekommen, ist gering, denn die Raubkatzen halten sich die meiste Zeit in der für Touristen nicht zugänglichen Kernzone des Parks auf. Doch umso bessere Aussicht hat der Besucher auf eine Begegnung mit Elefanten, rund 900 zählt man noch. In kaum einem anderen Park kann man Elefantenfamilien so ungestört vom Boot aus beim Bad, bei ihren exzessiven Blättermahlzeiten und beim Schwimmen beobachten. Dazu Bisons, Sambars (die grössten indischen Hirsche), Wildschweine, Fischotter, 112 Schmetterlingsarten und im Periyar-See 36 Fischarten. Unter den rund 300 Vogelarten nimmt man oft die leuchtend farbigen Kingfisher und die geduldigen Kormorane wahr, die auf den Spitzen der alten Bäume im See hocken und Besucherboote nah an sich herankommen lassen.

Im Periyar fliegen auch Tiere, von denen man es nicht erwartet: das Flughörnchen zum Beispiel, ein Nachttier mit Gleitflughaut zwischen den Gliedmaßen. Auch die schwarzgelb gemusterten »Fliegenden Schlangen« mit roten Rosetten sind keine Vögel, aber in den Bäumen lassen sie sich im Gleitflug von höheren Ästen herabfallen, unterstützt durch die Fähigkeit, ihren Schlangenkörper flach zu machen. Ebenso wenig brauchen »Fliegende Frösche« Flügel, man kann am besten in der Regenzeit beobachten, wie sie mit ausgespannten Zehen-Schwimmhäuten durch die Luft gleiten.

Deutlich mehr als eine Viertelmillion Besucher kommt jährlich in den Periyar-Park. Doch der kleine, in lauter Grün eingebettete Ort Kumily mit dem benachbarten Thekkady im Eingangsbereich des Parks ist die meiste Zeit frei von Hektik und Gedränge, bewahrt trotz dieses Ansturms Geruhsamkeit und ist seiner Höhenlage wegen auch klimatisch angenehm.

Viele fahren nur mit einem der bunten kleinen Ausflugsschiffe über den See. Das lohnt sich, weil man an den freien Ufern fast immer Tiere entdeckt (Tipp: Die besseren Hotels reservieren Plätze auf dem Aussichtsdeck der Boote, mit optimalen Fotochancen). Wer schon mit dem ersten Boot um 7 Uhr unterwegs ist, erlebt traumhafte Morgenstille, während Frühnebel über dem See aufsteigt. Ein anderes, unvergessliches Erlebnis verdient man sich gleichfalls mit frühem Aufstehen: eine Wanderung durch den hügeligen Dschungel um den See, über offene Grasflächen und zu Höhen mit weitem Rundblick. Täglich um halb acht versammeln sich Deutsche, Italiener, Nord- und Südamerikaner, Japaner und Koreaner um die Parkführer – in Kleingruppen, um die Tiere nicht zu verscheuchen.

1 Die inmitten tropischer Fülle kahl aus dem Periyar-See ragenden Baumstämme erinnern noch daran, dass der 55 Quadratkilometer große See vor mehr als hundert Jahren aufgestaut wurde. **2** Von den rund 300 Vogelarten des Nationalparks sind Kormorane besonders oft zu beobachten. **3** Bei Rundfahrten auf dem See bekommt man fast immer Wild vors Auge und auf den Film. **4** Und im grünen Areal des cghEarth-Spice Village kann man hohe Bambusstämme fotografieren. **5** Der Segen der Kerala-Erde, Kerala-Sonne und des Kerala-Wassers: die Gewürze und Gemüse. **6** Beim Sortieren der Kardamomernte. Ganze Wälder in Kerala wie in Tamil Nadu sind voller Kardamompflanzen, davon hat das Gebirge seinen Namen: Cardamom Hills.

Es ist kein gewöhnlicher Waldspaziergang: Man muss Ausschau halten, darf nicht gegen Äste stoßen und muss zugleich auf seine Füße achten, dass sie nicht auf knackendes Holz oder raschelndes Laub treten! Mancher Waldläufer tut sich ein wenig schwer, und die Makaken und Languren hoch in den 30-Meter-Bäumen scheinen sich darüber zu amüsieren. Wussten Sie, dass Languren zu den Schlankaffen gehören und Makaken zu den Hundskopfaffen, wie die Rhesusaffen? Doch so interessant und witzig die Affen auch sind – alle Besucher sind auf Elefanten aus, durchsteigen geduldig Talgrunddickichte, überqueren kleine Bäche. Plötzlich winkt der Führer

1 So wird mancher Gast begrüßt: messingglänzende Öllampe und in der geflochtenen kleinen Schale Kerala-Bananen und Gebackenes. **2** Die Truhe ist gefüllt mit ayurvedischen Präparaten.

zum Anhalten, zur absoluten Ruhe – hat er den heiß ersehnten Elefanten im Blick? Eine Dickhäuter-Familie sogar: Zwei Elefantenmütter und zwei Elefantenkälber sind am Rand der Lichtung beim Frühstück. Alltäglich und doch unvergesslich – zumindest für diejenigen, die so etwas zum ersten Mal nur 20, 30 Meter entfernt im Busch sehen.

Nachher bei der Rast auf einer Hügelkuppe im Baumschatten beantwortet der junge Führer unsere Fragen – zum Glück spricht er ein wenig Englisch. Er gehört zum Stamm der Mananen, wie die benachbarten Ooralis sogenannte Adivasis, Ureinwohner am Rand der Hindu-Gesellschaft. Die Mananen sind hervorragende Kletterer, manche sammeln den Honig der Wildbienen ein, hoch in den riesigen Bombaxbäumen – nachts, weil das Risiko, von den großen »Hügelbienen« gestochen zu werden, dann am geringsten ist.

Szenenwechsel – ein anderer Führer, ein anderer Wald an einem anderen Berghang. Für unkundige Augen ist nicht zu erkennen, dass

er eine Pfefferplantage birgt. »Die Pfeffersträucher brauchen Schatten«, erklärt der Guide, im Hauptberuf Pfefferhändler, und zeigt uns die schmalen Trauben der Pfeffersamen. Lichtgrün sind sie, und könnten, so geerntet und getrocknet oder konserviert, als grüner Pfeffer gehandelt werden. Bleiben sie noch länger am Strauch, werden sie dunkelbraun, nach dem Trocknen schrumpft die Hülle schwarz um den harten Samen: schwarzer Pfeffer. Weißen Pfeffer herzustellen, ist ein komplizierteres Verfahren, das hier nicht angewendet wird. Ein Stück weiter zeigt man uns die Pflanzen mit etwa 20 bis 30 Zentimeter langen Blättern, die zu Füßen der Bäume wachsen: Ihre spitzen Fruchtkapseln enthalten Kardamomsamen. Kaffeesträucher lassen ihre roten Beeren aus dem kräftigen Blattgrün leuchten, auch Betelnussbäume mit ihrem für Palmen seltsam wuschelig-ungeordneten Blätterwerk stehen am Weg. Ein Genuss ist die herrliche Berg-und-Tal-Waldlandschaft mit ihren kleinen Siedlungen. Touristen sind hier nicht alltäglich. Macht man halt, kommen bald Bauernfamilien aus ihren Häusern, lächelnd und in bunten Gewändern. Weiter zum flachen Land hin sieht man auch Zimt-, Nelken- und Muskatbäume sowie Ingwerpflanzungen.

Stimmig zur Landschaft und ihren Dörfern haben die Architekten der cghEARTH Group das »Spice Village« in Kumily entworfen, ein

Anreise und Reisezeit

Flug: Nächster Flughafen Kochi/Cochin (ca. 185 km).
Bus: Kumily/Periyar ist Busstation an der Strecke Ernakulam–Madurai. Etwa 6 Std. von Ernakulam entfernt.
Leihwagen: Von Kochi (Ernakulam) etwa 4 Std.
Beste Reisezeit: Hauptsaison ist von Dezember bis April, doch Wildtiere sind auch im Mai gut zu beobachten.

Unterkunft

*** Spice Village (cghEARTH Group). Im Gewürz- und Baumgarten, mit Pool, Ayurveda, Nationalpark-Touren. 52 Zi., buchen über CGH Earth, Casino Building, Willingdon Island, Cochin, Kerala - 682 003, Tel. 484-3011711, 3011712, E-Mail: contact@cghearth.com, www.cghearth.com

/* Shalimar Spice Garden (Unit of Angela Tourism Pvt.Ltd.) 20 erholsame Cottages im romantischen Waldtal, mit modernem Design und grüner Natur in behutsamer Mischung. Multi-Cuisine-Restaurant, Swimmingpool und Yoga. Murikkady P.O. Kumily-685535, Idukki Dist., nördlich von Thekkady. Tel.486-222132, 223232,Fax: 486-223022, E-Mail: reservations@amritara.co.in, www.shalimarkerala.com und www.amritara.co.in

*** Lake Palace (KTDC). Im Periyar National Park, erbaut 1899 für die Jagdgäste des Maharajas von Travancore. Kühle Noblesse, das Sechs-Zimmer-Schlösschen in bester Gartenlage über dem See ist nur per Boot (20 Min.) erreichbar. Buchung über KTDC (Kerala Tourism Development Corporation) in Thiruvananthapuram (siehe S. 17) oder unter Tel. 486-223887, 223888, E-Mail: lakepalace-thekkady@ktdc.com, siehe auch KTDC-Adresse im Kapitel: Wohlfühlen unter Palmen.

*/** Hotel Aranyanivas (KTDC). Beim Ableger zu den Schiffsrundfahrten gelegen, geräumiges Kolonialgebäude, mit Pool und Restaurant, manchmal zu betriebsam. 26 Zi., Tel. 486-222023, 321930, 222283, 486-250111, Fax: 4869-222282, E-Mail: aranyanivasthekkady@ktdc.com

Sehen und Erleben

Periyar-Nationalpark: Bootsfahrten und geführte Wanderungen. Attraktive Kunsthandwerk-, Juwelier-, Textil- und Gewürzläden in Kumily.

Ziele in der Umgebung

Mangaladevi-Tempelruine (auf rauher Jeep-Route 14 km östlich). »High Range Tea Factory« abseits der Straße nach Madurai 19 km nördlich).

Auskunft

Tourist Office, District Forest Department (Boat Cruises), Tel. 486-32 20 23, und am Thekkady-Abzweig nach Kumily, Tel. 32 26 20.
Wildlife Information Centre, Thekkady, Tel. 32 20 28.

Wohlfühl-Hotel inmitten von reichem Gartengrün, das gepflegt und doch ursprünglich wirkt und auch etliche Gewürzpflanzen enthält. Schmale Pfade im Baumschatten führen zu den Gästehäusern im Kerala-Stil, aus dunklem Holz mit Veranden, unter Elefantengras gedeckten Dächern. Drinnen ist für angenehm helle Beleuchtung und eine einfache Ausstattung in schönem Design gesorgt. Zu langen Abenden draußen in samtiger Nachtschwärze verführt die Restaurantterrasse über dem Swimmingpool, exzellente Musiker bieten Klassisches à l'Indienne. Oder lässt man sich vom Küchenchef zu einem Kochkurs einladen?

Wer Eleganz und eine Portion Grandeur in Architektur und Mobiliar mehr schätzt als gepflegtes Öko-Ambiente, kehrt im benachbarten »Taj Garden Retreat« ein, bei ähnlichem Preisniveau. Erst Ende der Neunzigerjahre eröffnet, bietet es seinen Gästen zwischen Bäumen einer ehemaligen Kaffeeplantage schönste Ausblicke auf den Kranz der bis zu 1800 Meter hohen Periyar-Berge.

Im Nationalpark selbst gibt es weitere Unterkünfte – vom elitären »Lake Palace«, dem einstigen für die Gäste nur per Boot erreichbaren Jagdhaus der Maharajas, bis zu Unterkünften und »Watchtowers« der Forstverwaltung. Die sind schlicht, verheißen aber die besten Chancen der Wildbeobachtung.

Lieben Sie Tee?
Erkundungen im grünen Hochland bei Munnar

Hier gibt es keine Sehenswürdigkeiten, Tempel und Paläste, dafür ein angenehm frisches Klima, Wälder und Seen – ein Ort, um zur Ruhe zu kommen und alle Hektik der Welt hinter sich zu lassen.

Nach Darjeeling reist man in den Himalaya, nach Ooty in die Nilgiri-Berge. Wir kennen beide schon, haben in Darjeeling wie Ooty Tee getrunken, zählen zu den Liebhabern der grandiosen Gipfellandschaft um Darjeeling und lieben auch die grünen Höhen um Ooty. Doch Darjeeling ist eine Großstadt geworden, Ooty (unter dem neuen Namen Udhagamandalam) in seinem Talgrund leider ein leicht chaotisches Gewirr von ärmlichen Hütten an einem verschmutzten Fluss. »Man trinkt Tee, damit man den Lärm der Welt vergisst«, wusste ein chinesischer Weiser. Gibt es keinen Ort, wo das Grün der Teekulturen noch so friedlich wie in den Erzählungen der Teepflanzer von einst zu erleben ist?

Wir empfehlen Munnar. Den Namen kannten bis vor Kurzem außerhalb der Teebranche – Munnar ist Keralas wichtigstes Tee-Zentrum – nur wenige Menschen in Europa. Munnar selbst besticht nicht durch besondere Schönheit, hier sucht man vergeblich nach Tempeln und Palästen. Die dicken Mauern der bald hundertjährigen Kirche inmitten des Ortes, die mit farbigen Fenstern und historischem Gestühl aufwartet, sind von der Zeit geschwärzt. Die zu eng aneinander gebauten Hotels stehlen sich gegenseitig die Schau und die Gäste. Doch der Ort geht so rasch ins Grüne, Ländliche über, dass seine Ränder und höheren Lagen ihren eigenen Reiz haben, den Urlaubsreiz einer noch nicht von Lärm und Betonwucherung ruinierten »Hill Station«.

Hier erholen sich »Honeymooners« gern von den Anstrengungen eines indischen Hochzeitsfestes. Munnars Höhenlage – um 1500 Meter – erspart Hitzestress. Selbst Munnars heftige Regengüsse, die bei den Teepflanzen beliebter sind als bei Touristen, können die Freude an dem grandios schönen gebirgigen Umland nicht wirklich beeinträchtigen. Denn tagelang regnet es in aller Regel erst in der Monsunzeit, von Juni an. Gießt es im Februar einmal wie aus Eimern, glänzt das grüne Hügelland schon am nächsten Morgen wieder unter blankblauem Himmel.

1 Tee wird von Hand gepflückt, und zwar zumeist von Frauen, **2** doch auch Teepflücker arbeiten in den Hügeln. **3** Die Nilgiri-Bergziegen (Nilgiri Tahr) sind zutraulich, lassen sich im Eravikulam-Rajamalai-Nationalpark beobachten und fotografieren. **4** Das KTDC (Kerala Tourism Development Corporation) hat mit dem »Tea County Hotel« eine attraktive Unterkunft hoch über dem Talgrund und der Stadt geschaffen.

An den Straßen, die auf die Hügel hinaufführen, liegen der »High Ranch Club« und der »KDH«-Club der Tata-Manager und Mitarbeiter, beide in Gebäuden mit kolonialem Ambiente. Auf Empfehlung haben auch Nicht-Mitglieder Zutritt, und im Tata-Club spielt man an einem sehr schönen Tisch Billard.

Seit der Jahrtausendwende gibt es das Hotel »Tea County« in einem Baumareal mit Ausblick in zwei Talbreiten und auf das Panorama des Kardamom-Gebirges. Bauherr war die »Kerala Tourism Development Corporation«, und sie hat mit ihrem Architekten eine gute Wahl getroffen. Ein ansprechend gegliederter Bau, Gartengrün unter den Wipfeln, freundliche Zimmer, viel Naturholz und vor allem die hohe rustikale Empfangshalle zeigen, dass man in Kerala noch Wohl-fühl-Hotels ohne Fünf-Sterne-Aufwand zu bauen versteht. Spazier-wege in der Nähe des »Tea County« führen auch hinaus zu den mit Abertausenden von Teebüschen grün gepolsterten Hängen der Tee-plantagen. Durch eine idyllische Dörferlandschaft ist der Mattupetty-See zu erwandern, waldumkränzt – ein guter Platz für ein Picknick. Am besten mietet man in dieser Region mit ihren Naturparks, Seen und Wasserfällen ein Auto oder ein Rad. Bei so vielen Zielen fällt die Wahl schwer. Eines der schönsten Täler verläuft von der Passhöhe bei Munnar nordwärts, auf guter Straße durch Teegärten und ansehn-liche Dörfer. Etwa zwei Stunden fährt man mit großartigen Gebirgs-blicken zum Städtchen Marayur. Auf einem Hügel im Stadtbereich Unerwartetes: antike Steinsärge aus dem Fels herausgeschlagen, abseits im dichten Waldgelände Höhlen mit Malereien der mittleren Steinzeit. Munnar, das heißt rundum Teeland, Berg- und Seenland, eine blühende Fülle. Der Abschied fällt jedem Naturfreund schwer. Man kann etwa Bergziegen beobachten – eine fast ausgestorbene Art, die »Nilgiri Tahr«: zutrauliche Tiere mit kurzem, flachem Gehörn, die Böcke prunken mit starker Mähne. Nirgends auf der Erde leben so viele Tahr-Ziegen wie im Nationalpark Eravikulam-Rajamalai. An-dere Parkbewohner sind Makaken-Affen, Hirschwild und Elefanten. Für einen mehrtägigen Aufenthalt ist das schlichte »Forest Rest House« eine gute Wahl. Eine alpine Herausforderung im Eravikulam-Park stellt das Anamudi-Massiv dar, mit 2695 Metern Südindiens höchster Berg – nicht leicht zu erklimmen. Noch eine Rarität: Nur alle acht bis zwölf Jahre blüht die Neelakurinji-Pflanze (Strobilan-thes), dann aber überzieht sie alle Hänge mit einer rosa-violetten Farbenpracht.

Teeland, Waldland, Berg- und Seenland, starke Granitrücken, dra-matische Steilhänge, Talweiten, eine blühende Fülle – der Abschied von Munnar fällt jedem Naturfreund schwer.

Zeit für Munnar

Anreise und Reisezeit

Flug: Flughäfen in Kochi (130 km) und Coimbatore (156 km).
Bus: zahlreiche Verbindungen, z.B. von Kochi (4,5 Std.), Madurai (5 Std.), Coimbatore (6 Std.).
Beste Reisezeit: Oktober bis April/Mai (von Juni bis September starke Regenfälle).

Unterkunft

** **Tea County** (H1). Mit Garten und guter Aussicht. 43 Zi., Tel. 48 65-53 09 69, Fax: 53 09 70, teacountymunnar@ktdc.com
** **Windermere** (H2). Nicht luxuriös, aber exklusiv oberhalb des Orts, sehr ruhig in schöner Lage. 8 Zi., Tel. 48 65-230512, E-Mail: teacountymunnar@ktdc.com, www.windermere.munnar.com

Sehen und Erleben

Teeplantagen und die Teefabrik des Tata-Konzerns stehen für Besichtigungen offen. Trekking, Erinnerungen an die Raj-Ära der britischen Kolonialzeit (z.B. Kirche, Clubgebäude).

Ziele in der Umgebung

Mattupetty-See, Devikulam, Eravikulam-Rajamalai-Nationalpark mit Nilgiri-Tahr-Ziegen, Aufstieg zum Anamudi, Südindiens höchstem Berg (2695 m), Chinnar-Wildschutzgebiet.

Auskunft

Tourist Information Service, Main Bazar, beim Bus-Halt, Tel. 486-53 06 79, auch boating
KTDC Office (Kerala Tourism Development Corporation), im Old Munnar Bazar, Tel. 48 6-53 06 79, mit Fahrradverleih. www.munnar.com, www.keralatourism.org www.teacountymunnar.com

1 Munnars »Mount Carmel«-Kirche. **2** Weite grüne Wellen tragen Zehntausende von Teebüschen – fast nah dem Anamudi, der mit 2695 Metern Südindiens höchster Gipfel ist. **3** Noch immer hat der »Ambassador« seine Liebhaber, unbequem ist er, aber robust.

1

2

3

4

… und sonntags leuchtet der Palast
Mysore – immer noch Maharaja-Stadt

Die Stadt des Sandelholzes, des Sandelöls und der Seidenstoffe, der Räucherstäbchen und riesiger Banyanbäume trumpft mit einem der bizarrsten Paläste Indiens auf – und wird auch vom Klima verwöhnt.

Breite Straßen, die von stattlichen weißen Bauten gesäumt sind, klassische Statuen und springende Fontänen inmitten heftigen Kreisverkehrs, Bäume mit ausladend breiten Kronen selbst in der Innenstadt, eine Fülle des Angebots in den Ladenvierteln, für die der Name »Basar« nur im übertragenen Sinn gilt, da es kaum enge Budenstraßen gibt: All das und nicht zuletzt das für südindische Verhältnisse moderate Klima zeigt, dass diese rund 800 Meter hoch gelegene Stadt von bald 870 000 Einwohnern eine Ausnahme unter den indischen Städten ist, die im Allgemeinen so wenig »genießbar« sind. Mysores Uhren gehen bedächtiger als die in Karnatakas Software-Kapitale Bangalore.

Mysore kann man noch zu Fuß durchstreifen, kann in den Abendstunden Vögel in den Parks singen hören, findet Restaurantgärten, in denen nicht nur Touristen, sondern die Einheimischen beim Bier zusammensitzen. Im allabendlich gut besetzten »Park Lane Restaurant« blinkten rote Tischlämpchen auf – so werden hier die Kellner gerufen, wenn sie einen neuen Drink bringen oder eine Bestellung annehmen sollen.

Lärmenden Verkehr und Menschenmengen muss man auch in Mysore ertragen. Aber das architektonische Erbe der fürstlichen Zeiten, als Mysore die Hauptstadt des gleichnamigen Staates war (der rund ein Drittel des heutigen Karnataka umfasste), ist nicht dem Verfall überlassen worden. Als Prunkstück überdauert der »City Palace« (Amber Vilas) der Wodeyar-Herrscher. Seine indo-sarazenische Architektur, die europäische, voran neogotische Elemente mit indischer Formensprache überblendet, steht an zuckrigen Zutaten dem deutschen Neuschwanstein nicht nach und ist auch kaum eine Generation jünger als das bayerische Märchenschloss.

Dieser Stadtpalast, nach dem Brand des Vorgängerbaus von dem britischen Architekten Henry Irwin 1912 vollendet, ist immer eine Attraktion. Zum Höhepunkt seiner Wirkung kommt er jedoch sonn-

1 Langschnäbler im Vogelschutzgebiet bei Srirangapatnam. **2** Goldkuppel eines Pavillons bei Mysores »City Palace«. **3** Blick aus Sultan Tipus' Sommerpalast auf der Insel Srirangapatnam. **4** Zigtausende Glühbirnen lassen jeden Sonntagabend Mysores Stadtpalast erstrahlen – sein britischer Architekt mischte Weltausstellungsarchitektur des Fin de Siècle mit Indischem.

tag- oder festtagabends, wenn die Umrisse der Arkaden, Türme, Türmchen, Kuppeln und Galerien nach Festzeltart von schätzungsweise 10 000 Glühbirnen illuminiert werden und Disneyland so nahe ist wie nur sehr selten in Indien.

Innen taucht gedämpftes Licht die Ausstattungspracht – man könnte auch sagen: das Imponierdesign nach westlichen Vorbildern – in geheimnisvolle Atmosphäre, Juwelen und Silber glänzen auf. Im Kalyana Mandap, dem königlichen Hochzeitssaal, prunken die Kristalllüster (böhmisches Glas), die Glasbilder und Mosaiken der Kuppel (aus Belgien) und Bodenfliesen mit Pfauenmotiv (aus England), in Nebenräumen schwere Sessel aus Silber und Kristall. Im ersten Stock haben indische Künstler die 13 Meter hohe Durbar-Halle (für Beratungen und Audienzen des Herrschers) mit Gemälden, die Silbertüren mit Reliefs geschmückt. Die Motive stammen aus der Hindu-Mythologie. Die Säulen wurden nicht nur bemalt, sondern auch reich vergoldet. Weißer Marmor ist im Mogul-Stil mit Halbedelstein-Einlagen verziert.

Lang wie die Warteschlangen der Palastbesucher sind auch die der Pilgerströme – droben auf dem Chamundi Hill, 1062 Meter über dem Meer. Pilger wissen, dass sie die tausend Stufen steigen sollten, Touristen benutzen ihren Leihwagen oder den Bus. Um die

Stände mit frisch gepresstem Ananassaft – »Pineapple! Pineapple!« – drängen sich alle. Der Chamundeswari-Tempel auf der Höhe ist der Göttin Chamundi (oder Durga) geweiht, der Schutzgöttin der Wodeyar-Maharajas. Genau hier soll sie den büffelköpfigen Dämon Mahishasura besiegt haben, von dem sich auch der Name »Mysore« herleitet. Dieser Kampfmythos vom Sieg des weiblichen Elements über das Böse ist sehr populär. Riesengroß und bunt steht die Statue des wilden, augenrollenden Dämons draußen vor dem Haupttempel. Der ist rund 700 Jahre alt, durch hohe Silbertüren mit hinreißend schönen Reliefs darf man eintreten vor das goldene Göttinnenbild. Das Innere vieler Tempel in Südindien ist für Nicht-Hindus ja nicht zugänglich, Mysore gibt sich liberaler.

Beim 40 Meter hohen, dicht an dicht mit einer Fülle von Figuren besetzten Gopuram (Tempelturm) ist man die ganze Zeit von bettelnden, fragenden, Souvenirs anbietenden Menschen umgeben. Das ist normal an Indiens heiligen Plätzen. In der Regel braucht man sich nicht wirklich bedrängt zu fühlen, muss nur immer wieder freundlich-entschieden »No, thank you« wiederholen. Oder man sucht sich einen anderen Platz.

Auf dem Weg bergab wartet Nandi, der Stier des Gottes Shiva. Weit und breit gibt es keine so imposante Granitskulptur, rund fünf Meter

1 In Parkgrün gebettet wie ein Rokokoschloss: »Daria Daulat Bagh«, erbaut 1784, zur Zeit der Kämpfe gegen die britischen Eroberer. **2** Srirangapatnam hat manche Plätze von ländlicher Ruhe bei geheiligten alten Steinen. **3** Beim Palast von Mysore, einer Stadt von rund 800 000 Einwohnern, die trotz ihrer Größe nicht hektisch wirkt und von viel Grün durchwirkt und umgeben ist. **4** Nandi, der steinerne Stier Shivas, als viel besuchtes Pilgerziel auf dem Chamundi-Hügel über Mysore. **5** Filigranes Mauerwerk um die Grabstätte der Volkshelden Haider Ali und Tipu Sultan. **6** Händler mit prächtigen Stofffarben am City Palace von Mysores.

lang, vor bald vier Jahrhunderten aus einem einzigen Granitblock kunstvoll gemeißelt. Wie auf dem ölschimmernden schwarzen Stein – er wird täglich gesalbt – das intensive Orangegelb der Blütengirlanden leuchtet! Auch dieser Ort ist sehr beliebt; die Menschen kommen, um dem Nandi »Prasad«, kleine Nahrungsopfer, zu bringen, und ein Sadhu mit grauen Haarflechten hat sich in einer Höhle wohnlich eingerichtet. Weit öffnet sich der Blick über das umliegende Land. Leicht einen halben Tag kann man auf dem Chamundi-Hügel verbringen, leicht eine halbe Woche und länger immer wieder zur nahen Flussinsel Srirangapatnam hinausfahren, oder dort ein einfaches Quartier beziehen.

1 Spektakulärer Speisesaal des »Lalitha Palace«, in der Ära der Maharajas als Gästehaus erbaut – mit seinem halben Hundert Zimmern und Suiten nicht gerade klein. **2** Richtig groß ist der Stadtpalast, heute eine Schatzkammer voller Kostbarkeiten und Raritäten.

Der Fluss Kaveri/Cauveri umarmt hier auf seinem langen Weg von den Westghats zum Golf von Bengalen für wenige Kilometer die lang gestreckte Insel, schenkt ihr den Charme schöner, friedlicher Natur. Am Westende überdauert das Städtchen Srirangapatnam, einst Hauptstadt der Wodeyar-Dynastie, auf dem übrigen Areal trifft man im Felder- und Wäldergrün immer wieder auf Ruinen, Schlösser und Friedhöfe der Geschichte. Ruhigen Spaziergängen kommt die verkehrsarme Insellage zugute, die subtropische Flusslandschaft (Vorsicht: Krokodilwarnung!) ist im Wechsel von grüner Wildnis und sorgsam restaurierten Monumenten aus jener Zeit zu erleben, als Inder von Srirangapatnam aus die letzte starke Gegenwehr gegen die Expansion der britischen Herrschaft leisteten.

Hier nur einige Schlüsseldaten: 1761 nahm Sultan Haider Ali die stark befestigte Insel den Wodeyars weg. Verwegen mutig und taktisch geschickt forderten Haider Ali und sein Sohn Tipu Sultan von ihrer Insel-Hauptstadt aus die Briten lange erfolgreich heraus, besiegten sie 1780 in großem Stil. Bis heute werden sie deshalb als Helden gefeiert. Doch 1799 belagerte und zerstörte der junge Offizier Wellesley Srirangapatnam – derselbe Wellesley, der 1815 als Herzog von Wellington gemeinsam mit dem preußischen General Blücher bei Waterloo Napoleon besiegte. Tipu starb im Kampf. Am Platz seines Todes hat man einen Gedenkstein errichtet, in seinem original erhaltenen, inmitten einer großen Gartenanlage gelegenen zierlichen Sommerschlösschen »Daria Daulat Bagh« ist eine hochinteressante Sammlung von Bildern und Dokumenten seines dramatischen Lebens ausgestellt. Gartenidyllen und Gruseleffekte: Restauriert wurden auch Tipus unterirdische Gefängnisse für britische Offiziere, die stehend an den Felsen angekettet wurden.

Feierlich und monumental ist das drei Kilometer entfernte Grabmal Haider Alis und Tipus: das hoch überkuppelte Gumbaz-Mausoleum von 1784. Es strahlt eine friedliche Atmosphäre aus – trotz der Schilde und Speere Tipus und seines kämpferischen Tiger-Emblems. Der vor den Ruinen des Mysore-Gates unterhalb des Fort View Resorts gelegene alte Garnisonsfriedhof der Briten mag mit seinen verwitterten Steinen romantisch anmuten, er zeigt die private, sehr melancholische Seite der Kolonialherrschaft in Indien.

Anreise und Reisezeit

Flug: Internationaler Flughafen Bangalore (ca. 160 km).
Bahn: Verbindungen u.a. mit Chennai, Bangalore, Mumbai.
Bus: Verbindungen u.a. mit Chennai, Bangalore, Mumbai, Goa, Hyderabad.
Beste Reisezeit: Oktober bis März, auch im April mildere Temperaturen als in den Ebenen und an den Küsten.

Unterkunft

/* Lalitha Mahal Palace Hotel (H1) (ITDC). Einst für Maharaja-Gäste, frisch renoviertes Hotel im Luxus-Dekor am Stadtrand, elegante Restauranthalle, Bar mit Billard, Pool. 54 Zi. und Suiten, Narasipur Rd., Mysore-570 011 Karnataka, Tel. Tel. 821-2526100, Fax: 821-2470555, E-Mail: www.lalithamahalpalace.in
*** Hotel Kings Court (H2). Modernes, gut gehaltenes Haus in zentraler Lage, im Restaurant beliebte lokale Spezialitäten. JLB Road, Mysore-570 011, Tel. 8 21-42 11 42, Fax: 821-2422384, E-Mail: sales@vivekhotels.com, www.vivekhotels.com
* Hotel Mayura Riverview (H3) (KSTDC). Am Fluss gelegen, umgeben von romantischer Waldlandschaft. Restaurant, Garten, Bootfahren und Angeln, TV, 10 einfache, geräumige Zi., Padaki Tours and Travels, No.81, 6th Main, 18th Cross, Malleswaram Bangalore, Bangalore 560056, Tel. 080-40921235, E-Mail: bookings@karnatakatourism.com Srirangapatnam, Tel. 82 36-5 21 14.

Sehen und Erleben

City Palace (Amber Vilas) mit Ausstellung von Kostbarkeiten und Kuriositäten, sonntags Illumination. Chamundi Hill mit Tempel der Göttin Chamundeswari und Granitstatue des Nandi-Bullen. Museen u.a. Jaganmohan Palace (Gemälde, Miniaturen, Keramik, Elfenbein, Sandelholz), Folklore-Museum der Universität (seltene Volkskunst). Einkaufen: Seide und Schneiderläden am KR-Circle und Umgebung, dort nordwestlich auch der malerische Devaraja Market. Kunsthandwerk: Cauvery Arts and Crafts Emporium, Sayaji Rao Rd. Zehntägiges Dussehra-Fest im September/ Oktober mit Elefanten-Prozession und viel Musik, angeführt vom Maharaja.

Ziele in der Umgebung

Srirangapatnam, Flussinsel im Kaveri, historisch hochinteressant, schöne Natur (15 km nördlich). Somnathpur, figurenreicher Tempel aus der Hoysala-Epoche (35 km östlich). Brindavan Gardens, ornamentale Gärten beim Krishnarajasagar-Damm, in der Saison illuminiert (19 km nördlich). Nationalparks: Bandipur Tiger Reserve (80 km südlich) und der besonders artenreiche Nagarhole National Park (Übernachtung frühzeitig reservieren. Ca. 90 km südwestlich).

Auskunft

KSTDC Tourist Office, bei Hotel Kings Court, JLB Road, Tel. 821-26 35 52.
Tourist Office, Old Exhibition Buildings, Irwin Rd., Tel. 821-24 22 096, Fax: 44 18 33.

Nach all der kriegerischen Historie kann man sich seitab des Briten-Friedhofs am Ufer des Kaveri-Flusses ausruhen und dort in einem der originellen Rundboote auf dem im zeitigen Frühjahr sehr zahmen Fluss fahren – das Steuern will geübt sein!

Am Stadtrand von Mysore wohnt man in einem Maharaja-Palast, wenn man es sich leisten will: Der »Lalitha Palace«, einst Gästepalast der Wodeyars, seit Langem schon Hotel, prangt nach der jüngsten Renovierung als ein traumhaftes Luxusquartier. Der Palast ist eine Augenweide: das Treppenhaus aus Marmor, der festlich hohe Speisesaal ist in der Farbstimmung à la Wedgewood-Porzellan dekoriert, in manchen Zimmern stehen Himmelbetten, in der sehr gemütlichen Bar ein königlicher Billardtisch, und draußen im Park wartet ein großer Pool. Auch das Restaurant ist vorzüglich und bietet gutes indisches und westliches Essen; die Desserts treten mit so poetischen Namen wie »Midnight Kiss« auf. Hier kann man sich prächtig nach dem Mysore-Tag ausruhen oder auch ganze Tage leben wie Shiva in Karnataka oder Gott in Frankreich.

Als nicht ganz so opulente Bleibe, die aber den westlichen Komfortansprüchen angenehm genügt, sei das »King's Kourt Hotel« genannt, das geräumige Zimmer ebenso freundlich wie verkehrsgünstig inmitten der Stadt bietet.

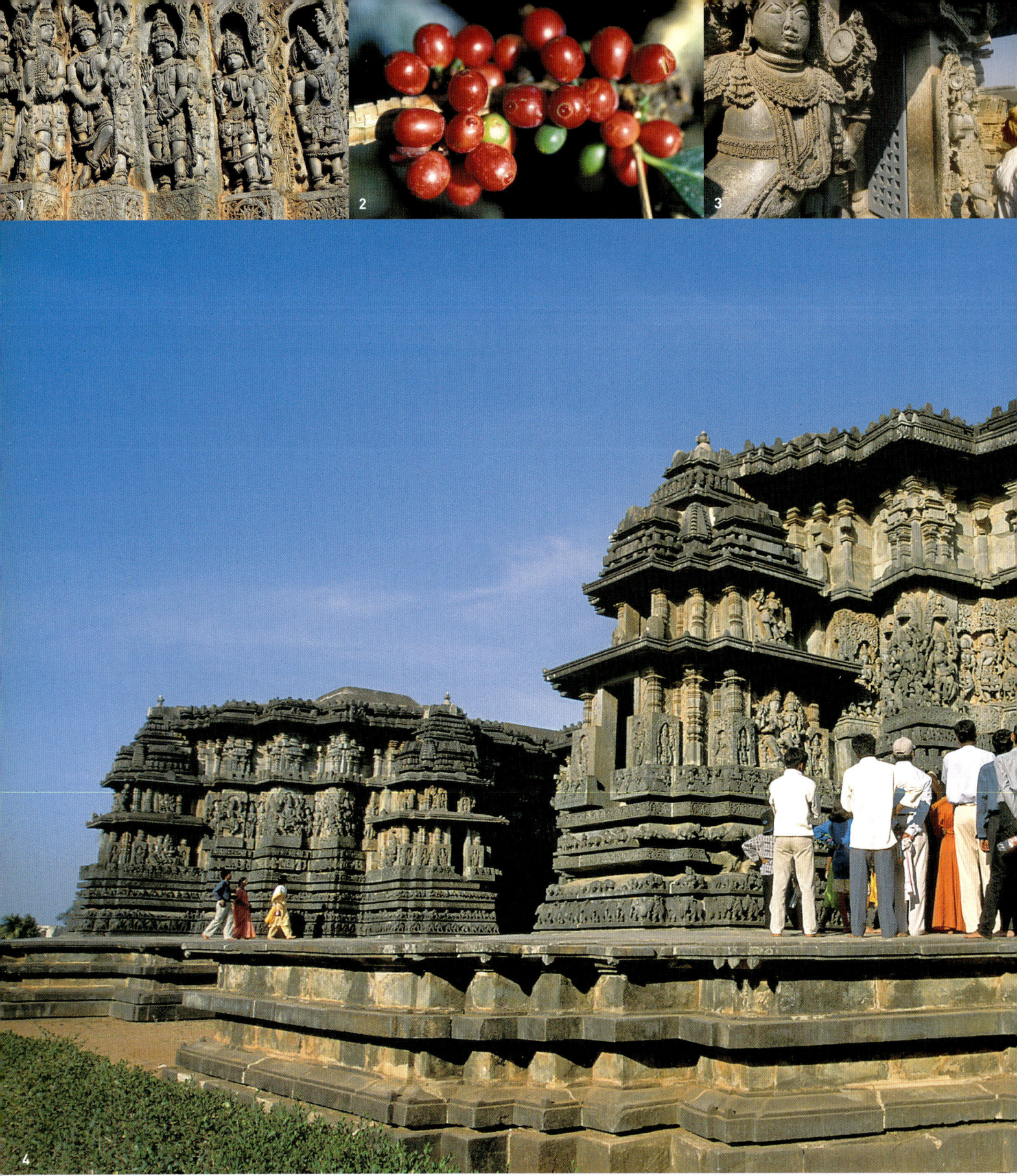

Tempelpracht und ein Gigant
Die Hoysala-Highlights um Belur und Halebid

Begnadete Künstler schufen in hundertjähriger Arbeit Tempelfassaden von einzigartiger Feinheit und Figurenfülle. Heute erwartet im ländlichen Umfeld ein elegantes Hotel seine Gäste.

Auf dem Hotelparkplatz in Hassan hat uns ein junger Zauberer zum Zuschauen eingeladen, hat Feuer und dutzendweise rostige Nägel verschluckt. Dann Aufbruch: Die Reise nach Westen führt über unbegradigte, naturbelassene Flussläufe, am Straßenrand lassen Windstöße die Luftwurzeln der Banyanbäume wie fragile Vorhänge wehen. Eine junge Frau tritt vor ihre Hütte, in fußlangem goldglänzendem Kleid, sie putzt sich die Zähne. Unser Fahrer überholt Ochsenkarren, die mit leuchtend bunten Götterbildern bemalt sind. Abseits der Straße mühen sich Bauern, ihr Ochsengespann vorm Pflug durch den Schlamm des Reisfelds zu führen.

Immer wieder kreuzen, überlagern sich dem Indienreisenden die Zeiten. Die Banyanbäume, die Bauernhütten, die Reisfelder waren vor rund 900 Jahren, zur Zeit der Hoysala-Könige, ebenso oder nicht viel anders als heute anzusehen. Noch sehr fremd im ländlichen Karnataka, wenden sich da und dort Satellitenschüsseln zum Himmelblau. Wir sind unterwegs zu den Tempeln dieser kriegerischen Hoysalas, zu ihrer einstigen Hauptstadt Belur und dem benachbarten Halebid. Die Städte sind verschwunden, wie vor einem Wunder steht man in der dörflichen Umgebung unvermittelt vor den Tempeln und ihrer immensen Fülle feinster Relieffriese und monumentaler Skulpturen. Als diese steinernen Meisterwerke in der Residenzstadt der Hoysalas entstanden, im 12. Jahrhundert, baute Europa seine romanischen Kaiserdome und die ersten gotischen Kathedralen, die ersten Universitäten lehrten, die Minnesänger dichteten Liebeslyrik, die Kreuzritter zogen in den Orient.

Südindien war damals keineswegs nur ein Land der Reisbauern, Waldleute und Fischer. Seit dem 11. Jahrhundert schon liefen Warenströme vom Kalifat der Abbasiden in Bagdad und dem Persischen Golf im Seehandel über Südindien nach China. Die »südindische Chola-Dynastie und die mit ihr im Bund stehenden großen südindischen Händlerdynastien stiegen in großem Maß in dieses Geschäft

1 Siebenfach, achtfach an den Tempelwänden gereiht: die herrlichen steinernen Figurenfriese des Hoysaleshvara-Tempels in Halebid. **2** Kaffeebohnen reifen in den Hügeln um die Tempel von Belur und Halebid, im »Kaffeeland«. **3** Inderinnen und Inder kommen zu Hunderten und Tausenden, als fromme Pilger und auch als Besucher, angezogen von der Schönheit der Skulpturen. **4** Aus dem frühen 12. Jahrhundert überdauert die Steinkunst des Chennakeshava-Tempels.

ein«, liest man in Dietmar Rothermunds Indien-Handbuch. Noch
weitaus älter sind die Handelsbeziehungen Südindiens zu Rom. In
einer tausendjährigen Architektur-Tradition Südindiens entstanden
unter der Pallava-Dynastie (6.–9. Jahrhundert) südlich von Chen-
nai/Madras die weltberühmten Hindu-Tempel von Kanchipuram und
Mamallapuram/Mahabalipuram.

Die kunstvolle Architektur des Chennakeshava-Tempels von Belur
ist das Ergebnis der Erfahrungen vieler Generationen. Ein Jahrhundert lang soll seit 1116 an diesem Haupttempel gearbeitet worden
sein. Das auf hohem, sternförmigem Sockel stehende, heute nur
einstöckige Gebäude dominiert auch ohne Turmaufbau die groß-
räumigen Hofflächen inmitten des Mauergevierts mit seinen kleineren Schreinen. Ein Gopuram (Tempelturm) ragt über dem
Zugang auf. Legt man an einem sonnigen Tag dort die Schuhe ab,
behält man die Strümpfe besser an, denn auf den erhitzten Steinplatten verbrennt man sich barfuß leicht die Sohlen. Sogar noch
heißer heizen sich die flachen, gleichfalls zugänglichen Dächer
auf.

Aber nicht die Dächer und auch nicht das geheimnisvoll dunkle Innere ziehen einen zuerst an, sondern die Fassaden. Sie sind in
immer neuer Variation der Sternform reich gegliedert mit unzähligen

5

Nischen. Dadurch verdoppelt und verdreifacht sich die Fläche der Außenwände. Mit unglaublicher Geduld haben Belurs Bildhauer diese aus Nischen und Vorsprüngen komponierten Flächen mit Figuren und Relieffriesen überzogen – lückenlos. Zugute kam ihnen dabei das beim Abbau weiche Steatitmaterial, das an der Luft allmählich härtet und eine dunkle, metallisch glatte, glänzende Oberfläche annimmt.

Rund 650 Elefanten, alle individuell gestaltet, symbolisieren auf den Friesen die Macht der Hoysala-Herrscher. Der Überlieferung nach stifteten die Hoysalas den Chennakeshava-Tempel dem Gott-Helden Krishna – einer Inkarnation des Gottes Vishnu – zum Dank für ihren Sieg über die Armee der jahrhundertealten Chola-Dynastie.

Krishna genießt großen Ruhm als Überwinder von Feinden und Dämonen aller Art, aber auch als flötenspielender göttlicher Liebhaber: Von nicht weniger als 84 000 Geliebten wird erzählt. Die Belur-Bildhauer zögerten nicht, Frauenschönheit und erotische Spiele in vielerlei Variation darzustellen, umspielt von pflanzlichen Ornamenten und Perlengirlanden: Frauen mit Spiegel, Papagei oder Tamburin, oft als Tänzerinnen, den verführerischen Leib in graziöser Pose und oft nur mit ihrem Schmuck bekleidet. Nacktheit war augenscheinlich in jener Ära kein Tabu. Auch König Narasimha und

1 Der Chennakeshava-Tempel in Belur ist heute niedriger als ursprünglich: Der Turmaufbau wurde abgetragen. **2** Priester des Gomateshwara mit geheiligtem Wasser und baren Opfergaben. **3** Mit ihrem gigantischen Ausmaß überragt dagegen in Shravanabelagola die Statue des Jain-»Furtbereiters« Gomateshwara den Säulenhof seines Tempels. **4** Junge Frauen, in Festkleidung und blütengeschmückt, an den Steinschranken vorm Gomateshwara. **5** Im Chennakeshava-Tempel, Belur.

die vollbusige Königin an seiner Seite sind mit nicht viel mehr als mit Schwert, Armbändern, Ohrringen und Halsketten angetan.

Nicht erstarrt oder museal, sondern bis heute – rund 900 Jahre später! – voller Leben, kann diese mythisch-historische Bilderwelt die Augen stundenlang fesseln. Man darf in das Tempelinnere eintreten, in eine dunkle Säulenhalle mit überreichem Steinschnitzwerk. Auch die Säulen sind meisterhaft geschnitzt, die Säule des Königs Narasimha mit über hundert Götterdarstellungen. Kunstwerke zu signieren war damals nicht üblich, doch wenn man sich von einem Führer den Tempel erklären lässt, kann er im Stein die Namen der Künstler zeigen.

Und es gibt noch mehr zu sehen: Im Hof die große Skulptur des geflügelten Garuda, des Sonnenadlers, der Vishnus Symboltier und

1 Wenn das Reiseprogramm nur wenig Zeit lässt, bietet sich das »Hassan Ashok« zur Übernachtung an – halbwegs zwischen Belur-Halebid und Shravanabelagola. **2** Im »Taj Chikmagalur« ist abseits der gleichnamigen Stadt wunderbar weite Landschaft, Stille und jener erlesene Komfort zu genießen, der internationalen Standard in indischem Ambiente bietet.

»Fahrzeug« ist, eine drei Meter hohe, schwarze Krishna-Statue im Tempel, ein vergoldeter Wagen für das Tempelfest, abgestellt in den Räumen um den Tempelhof.

Den Hoysaleshvara-Tempel im 16 Kilometer entfernten Halebid schmücken bis zu neun umlaufende Relieffriese, mit Figuren, die teils nicht einmal fingergroß, teils meterhoch sind; auch hier erhebt sich der kostbare Tempelbau auf sternförmiger Plattform. Halebid bekam seinen Namen »Tote Stadt« (Hale-bidu) erst nach dem Sturm der muslimischen Truppen des Delhi-Sultanats im Jahr 1311, von dem sich die Hoysala-Dynastie nicht mehr erholte. Doch im 16. Jahrhundert bauten die Jains ihren Vijayanatha-Tempel mit polierten Säulen und einem hohen, unbekleideten Standbild des »Furtbereiters« Shantinatha. Klein, aber fein und unbedingt sehenswert ist die Skulpturensammlung des Archäologischen Museums.

Wie auch immer man seine Reiseziele im Dreieck Bangalore, Mysore, Chikmagalur wählt – zur Jain-Skulptur auf dem Indragiri-Berg bei Shravanabelagola sollte man hinaufsteigen, wie es die Pilger seit über tausend Jahren tun. Mehr als 600 schattenlose Stufen sind zu bewältigen, 17 Meter hoch ragt der aus dem Felsgipfel skulptierte Monolith auf, eine stämmige Aktfigur des asketischen »Furtbereiters« Gomateshwara. Um seine Glieder ranken sich Reben, Zeichen seiner tiefen Meditation, die ihn entrückt. Seine Biografie symbolisiert die Jain-Lehre von Ahimsa (Gewaltlosigkeit): Der Königssohn Gomateshwara (oder Bahubali) rivalierte mit seinem Bruder, besiegte ihn, erkannte aber die Vergeblichkeit von Gier und Gewalt und überließ dem Besiegten das Reich. Alle zwölf Jahre wird das Mahamastakabhisheka-Fest mit einer Übergießung des Heiligen gefeiert; 1993 ließ ein Hubschrauber 20 Kilo Blattgold, 200 Liter Milch, Blüten, Edelsteine und Farbpulver herabregnen. Übrigens lohnt auch der gegenüberliegende, kaum besuchte Chandragiri-Hügel den Aufstieg, mit vielen bis ins 10. Jahrhundert zurückreichenden Tempelschreinen.

Und wo findet man sein Quartier? Es gibt eine erfreuliche, fast ideale Alternative zum »Ashok« in der wenig reizvollen Stadt Hassan und zu den KTDC-Quartieren in Belur und Halebid. Das »Taj Chikmaga-

Zeit für Belur und Halebid

Anreise und Reisezeit

Flug: Nächste Flughäfen für Belur und Halebid sind Mangalore (170 km) und Bangalore (225 km).

Bahn: Von Bangalore nach Kadur, von dort halbstündige Fahrt nach Chikmagalur.

Auto: Nach Belur von Mysore 165 km, von Bangalore 225 km, von Hassan 40 km. Auch Busverbindungen. Chikmagalur liegt 16 km nördlich von Belur, Shravanabelagola etwa 50 km östlich von Hassan (nahe der Straße Hassan–Bangalore).

Beste Reisezeit: Oktober bis März.

Unterkunft

** Taj Garden Retreat Chikmagalur (H1). Kleines elegantes Hotel bei Chikmagalur, mit Pool-Terrasse und herrlichem Ausblick, Multi-cuisine-Restaurant, Bar, Ayurveda-Zentrum, Exkursionen. Internet-Zugang. 29 Zi. (davon 19 Deluxe Cottages), AC, K.M. Road gegenüber Pavitravana, opp. Pavitravana, Jyothinagar Post, Chikmagalur, Tel. 82 62-660 66 01, Fax: 8262-66 06 66, gebührenfreie Buchung in Deutschland: 800-1-85 26 15 oder 130-85 24 28, E-Mail: gateway.chikmagalur@tajhotels.com Website: www.tajhotels.com

* Hassan Ashok (H2). Zentrale Lage, Restaurant, Garten. 2000/ 2001 Eigentümerwechsel. 46 Zi., teils AC, BM Rd., opp. Race Course Rd., 500 m vom Busbahnhof, Tel. 81 72-6 87 31, Fax: 6 71 54, Webseite: reservations@hassanashok.com, E-Mail: enquiries@hassanashok.com

Sehen und Erleben

Tempel von Belur und Halebid. In Chikmagalur: Tempel, Moscheen, die St.Joseph-Kathedrale und das Fort. Touren zu Kaffeeplantagen, im März und April blühen die Kaffeebüsche.

Ziele in der Umgebung

Außer Belur und Halebid das Jain-Heiligtum mit 17-m-Statue von Shravanabelagola. Ausflüge ins Gebirge, z.B. zu den Kemmannugundi- und Baba-Budan-Hügeln, mit Picknickplätzen. Kemmannugundi (1280 m) ist eine Hill Station mit Orchidarium (ca. 50 km nördlich).

Auskunft

Shreeshyla Travels, Hassan, Shankar Road Tel. 81 72-25 11 32.

Hassan, www.hassan.nic.in

lur« gehört zu einer noch jungen Generation indischer Ferienhotels: in schöner Landschaft gelegen, mit praktischem Komfort eingerichtet, mit Internet-Zugang, kinderfreundlichem, nämlich teils nur flachem Swimmingpool und aufmerksamem Service, samt einem Restaurant mit wohlschmeckender Küche, dazu ruhig, nicht zu groß und auch nicht zu luxuriös, darum nicht sehr teuer. Ein Auto braucht man freilich, denn die Stadt Chikmagalur (Stadt der jüngeren Tochter) ist sechs Kilometer entfernt. Hätte man keinen Wagen zur Verfügung, vermisste man ihn schnell auch wegen der lockenden Ausflüge. Chikmagalur ist Kaffeezentrum, liegt im »Kaffeeland«, Plantagentouren sind möglich und Wanderungen im Bergland.

Zum Tagesausklang erlebt man von den westwärts offenen Terrassen des »Taj Chikmagalur« aus großartige Sonnenuntergänge: Breite Goldstreifen glänzen im klaren Türkisblau auf, färben sich über der Gebirgskette am Horizont rot, dann purpurn, während ein leichter Wind das Wasser des Swimmingpools kräuselt und schon die ersten fernen Lichter der Stadt leuchten. Feuerrot überglüht noch einmal die Himmelsweite, wird schnell schmaler und schmaler. Kaum eine Viertelstunde, und man kann anfangen, die Sterne in der Nachtschwärze zu zählen. Warm ist es, noch bis tief in die Nacht hinein sitzt man draußen.

Zauber der vergessenen Königsstadt
Karnatakas Weltkulturerbe Vijayanagara (Hampi)

Lange wussten nur Experten, was sich hinter dem Namen Vijaya-nagara verbirgt: einst die glänzende Metropole des Südens, viel größer als das antike Rom. Noch kostet sie etwas Mühe.

Es ist nicht der Ruinenzauber allein, der die lange in Vergessenheit versunkene Stadt Vijayanagara so anziehend macht. Hampi wird sie heute genannt, nach einem der an gleicher Stelle gewachsenen ländlichen Orte. Wer es auf sich nimmt, den engen Pfad auf die Spitze des Matanga-Hügels hinaufzusteigen, blickt auf eine Landschaft von großartigen, fast surreal anmutenden Dimensionen: Wie in einem riesigen Steingarten stehen die grazilen Mantapas, kleine Steinpavillons, zwischen gewaltigen Felsformationen aus goldbraunem Granit. Imposant sind die Mauern, Höfe, Säulen und Türme von Tempeln und Palästen, die über das wellig-weiträumige Gelände verstreut sind, südlich der Schleifen des Tungabhadra-Flusses.

Von »14 geschichtsträchtigen Quadratkilometern Schutt des ›Vergessenen Reiches‹ Vijayanagara« las man noch in den Achtzigerjahren des 20. Jahrhunderts, wenn man eine Landeskunde Indiens aufschlug. Die Archäologen ruhten nicht. Heute sind die Monumente Vijayanagaras auf einer Fläche von 26 Quadratkilometern zu erkunden. Zum Vergleich: Das antike Pompeji hat eine Fläche von knapp einem Quadratkilometer, das Rom der Kaiserzeit brachte es auch nur auf wenig über 12 Quadratkilometer.

Allzu lange hat der Glanz des nordindischen Mogul-Reichs die Augen der Indien-Touristen aus aller Welt so geblendet, dass sie Vijayanagara, die »Stadt des Sieges«, ignorierten. Ein wichtiges Kapitel indischer Geschichte wird erst jetzt aufgeblättert: Die 1336 gegründete Metropole nördlich von Bangalore war die Hauptstadt des letzten Hindu-Großreichs vor der modernen Republik Indien. Wechselnde Dynastien und Usurpatoren beherrschten von Vijayanagara aus von Küste zu Küste große Teile des indischen Südens und Sri Lanka, über zwei Jahrhunderte lang. Das Vijayanagara-Reich überwältigte das benachbarte Sultanat Bahmani und war zeitweise mächtiger als das Delhi-Sultanat im Norden. Beide, das Delhi-Sultanat und das Vijayanagara-Reich, waren einander jedoch ähnlich als Militär-

1 Zum »Schlangenfest« schmückt die Frau den Boden vor ihrem Haus in Hampi mit einem Reispulver-Ornament (»Rangoli«). **2** Mit buntem Stirnschmuck, einer Blütenkrone und geschminkten Lippen ist die junge Frau in Vijayanagara unterwegs. **3** Neben dem Relief öffnet sich der Blick auf den Torbau des Tiruvengalanatha-Tempels. **4** Fremdartig, feierlich, faszinierend ist die Begegnung in den Hampi-Felsen: ein Sadhu, ein frommer Asket, neben einem Götterbild.

feudalstaaten – und beide waren Vorläufer des Mogul-Reichs und des britischen Kolonialregimes.

Als große Herrscherpersönlichkeit der »Siegesstadt« bleibt Krishnadeva Raya in Erinnerung, der ein Dichter drawidischer Sprache, des Telugu, gewesen sein soll und von 1509 bis 1529 regierte, also ein Zeitgenosse des ersten Mogul-Kaisers Babur und des portugiesischen Seefahrers und »Vizekönigs von Indien« Vasco da Gama war. Unter ihm erlebte Vijayanagara seine größte Blütezeit. Ein portugiesischer Reisender, Duarte Barosa, berichtet fasziniert von Krishnadevas Toleranz: »Er gewährt die Freiheit, dass jeder kommen und gehen und seinem Glauben gemäß leben kann, ohne im geringsten belästigt zu werden. Niemand fragt, ob er Christ, Jude, Maure oder Heide sei.«

Voller Staunen erzählt der persische Diplomat Abdu'r Razzaq, der schon früher in Vijayanagara zu Gast war, von den Juwelieren der Stadt und von den »Perlen, Rubinen, Smaragden und Diamanten, die sie öffentlich anbieten«. Razzaq schildert auch das fließende Wasser in Rinnen und Kanälen aus behauenem und poliertem Stein in den »extrem langen und breiten Basaren« und im königlichen Palast: »Nie hat das Auge einen solchen Ort gesehen, und nie ist das Ohr des Verstandes davon informiert worden, dass dergleichen auf der Erde existiert.«

Heute, knapp sieben Jahrhunderte nach der Gründung der Stadt, ist die restaurierte, gereinigte Pracht wieder zu erleben. Ein Modell des gesamten Areals gibt im Hof des kleinen Archäologischen Museums besten Überblick. Im königlichen Palastgelände (»Royal Enclosure«, nicht weit von dem Dorf Kamalapuram) zum Beispiel sind die wunderschönen, gut erhaltenen Relieffriese des Hazara-Rama-Tempels zu bewundern, die das »Ramayana« darstellen, die Taten und Leiden Ramas und seiner Gattin Sita. Oder der großartige Tempelwagen vor dem Vithala-Tempel, nahe beim Fluss, ein Prunkstück der Steinschnitzkunst, aus einem einzigen Granitblock geschaffen. Unversehrt überstanden auch die 56 klingenden Säulen des Vi-thala-Tempels die Plünderung und Zerstörung von Vijayanagara. Jede ist ein Monolith, innen ausgehöhlt, sodass sie beim Beklopfen klingen – zur Verzweiflung der Wärter, die Busladungen von Touristen auf Abstand von den fragilen Monumenten halten müssen. Auch nördlich vom Fluss, in Anegondi, sind Tempel und Befestigungen zu ersteigen, Überfahrt mit einem Putti, einem der kreisrunden Boote aus Korbgeflecht.

Ob das Granit-Kultbild des Narasimha-Avatara, eines machtvollen Dämonentöters und Inkarnation Vishnus, dargestellt als löwenköpfiger Mann, sechs Meter hoch, ob die sogenannten »Bäder der

Königin«, mit einem Steinbecken von 15 Meter Länge, ob die überkuppelten »Elefantenställe« – neben solchen Hauptattraktionen der Besichtigungsrunden entdeckt man noch immer andere Monumente, kann tagelang auf eigene Faust oder mit einem Führer unterwegs sein. Das archäologische Gelände ist sowieso viel zu groß, als dass man es in einem einzigen Tag erwandern könnte, und auch die Hitze macht manchem Besucher auf die Dauer zu schaffen. Ein willkommenes Angebot sind die Leihräder, die den Vijayanagara-Besuchern zur Verfügung stehen.

Wie konnte Vijayanagaras Glanz so tief in Vergessenheit geraten? Erst 1981 begann das »Hampi Resurrection Project«. Fünf Jahre darauf verlieh die UNESCO der Stätte ihr Gütesiegel, und die Ruinenstadt erhielt ihren verdienten Platz in der begehrten Liste des Weltkulturerbes.

Weil Hampi nicht in der Wüste, sondern in einem Flusstal liegt, können Moskitos zur Plage werden, besonders gegen Abend. Schließlich gab es Klagen über Diebstähle im archäologischen Gelände und – schlimmer – über aggressive Diebe, die abendlichen Besuchern der Ruinen Kameras und Bares abnehmen. Die Polizei ist nicht untätig, sie versucht auch die schwarzen Schafe unter den Rucksacktouristen ausfindig zu machen. Doch wenn die Uniformierten

Zeit für Vijayanagara (Hampi)

Anreise und Reisezeit

Flug: Nächste Flughäfen Bangalore (350 km) und Belgaum, derzeit keine Flüge (190 km).

Bahn: Nachtzug von Bangalore nach Hospet (10 Std.).

Bus: Nach Hospet von Bangalore (8 Std.), von Mysore (7–8 Std.), von Panaji/Panjim (Goa) (10 Std., schlechte Straße). Hospet–Hampi (30 Min.).

Beste Reisezeit: Oktober bis März.

Unterkunft

* Malligi (H1). Das Hotel mit bestem Standard 13 km von Hampi, Zimmer im Neubau reservieren! Pool im Garten, gutes Restaurant und Bar, Internet, geführte Hampi-Exkursion. 150 Zi., 4 Suiten, 10/90 Jambunatha Rd., Hospet, Tel. 83 94-228101, Fax: 8394-227038, E-Mail: malligi@hotmail.com

In Hampi gibt es Guest Houses nur für einfache Ansprüche, z.B. Mayura Bhuvaneshwari, 32 ordentliche Zi.,teils AC, hilfreiches Personal, Fahrradverleih. In Kamalapuram, 4 km südlich von Hampi, Tel. 83 94-4 15 74.

Sehen und Erleben

Das archäologische Gelände ist frei zugänglich, mit Wagen, Leihrad oder zu Fuß. Für einzelne Monumente ist Eintritt zu zahlen. Vor allem bei kurzem Aufenthalt empfiehlt sich ein Führer (Vermittlung über Tourist Office). Der Virupaksha-Tempel mit 56 m hohem Gopuram ist traditionelles Pilgerziel. Festivals: im Februar Prozessionswagen-Festival, Anfang November »Hampi Festival« mit klassischer Musik und Tanz.

Ziele in der Umgebung

Gadag (ca. 23 km) mit Trimbakeshwar-Tempel und dem Nandi-Stier; Baumwollmarkt (Termine erfragen). Tungabahdra-Damm (ca. 6 km von Hospet) von 1953, naher Wildpark.

Auskunft

Tourist Information Counter Hampi, Hampi Basar, Tel. 83 94-4 13 39.

Tourist Office Hospet, Old Fire Station, Taluk Office Circle, Tel. 83 94-2 85 37.

Die **Hampi-Bus-Tour der KSTDC** (Kerala State Tourism Development Corporation) kann auch in Bangalore (Badami House, NR Square, Tel. 80-2 21 29 01) gebucht werden, bei Ankunft des Nachtzugs von Bangalore am Bahnhof von Hospet wartet ein Bus.

Hampi Bazar Tourist Information Office, Tel. 83 94-241339, www.karnatakatourism.com, auch ein Büro in Hospet.

1 Welterbe-Besucher winzig vor der Statue des Vishnu-Löwen. 2 Doppelt ummauertes Tempelgelände. 3 Staunend wandert man durch monumentale, zugleich feingliedrige Architektur.

vorsichtshalber den Touristen vor Einbruch der Dunkelheit den Zugang zum Ruinenareal sperren, sind die Diebe damit noch nicht am Kunstklau gehindert.

Die herbste Kritik am lässigen bis illegalen Umgang mit dem architektonischen Erbe und der ungeregelten Vermehrung von Souvenirbuden kam von der UNESCO, samt der offiziellen Warnung, den »Weltkulturerbe«-Status nicht aufs Spiel zu setzen. Daraufhin setzte die Regierung eine »Task Force« ein. Ihre ultimative Maßnahme könnte die Gesamteinzäunung des bisher frei zugänglichen Geländes sein: Vijayanagara als Mega-Freilichtmuseum. Der Romantik und Magie des Ortes wäre dies mehr als abträglich. Doch darf man gespannt sein, wie man die »Siegesstadt« nächstes Mal antrifft. Vielleicht hat das Hotel in Hospet eine gastliche Konkurrenz vor Ort bekommen? Das »Malligi« bietet sehr guten Komfort, vom Pool bis zur Ausstattung der Zimmer, lieber aber wohnte man doch beim Weltkulturerbe.

Goa – Das kleine Land der vielen Gäste
Unter Hunderten Hotels: zwei der attraktivsten

Kleiner als Luxemburg, aber Spitzenplatz des Indien-Tourismus ist die einstige portugiesische Kolonie südlich von Mumbai und Maharashtra. Die meisten Gäste sind Inder, Hunderte von Hotels säumen die Küste.

Grün, weiß und rot begrüßt das Land seine Besucher: sanftes Palmwedel- und Bambusgrün, strahlendes Reisfeldgrün, Sandweiß und Brandungsweiß am Meeresufer und Rot in allen Schattierungen: raues Erdrot, leuchtende Hibiskuspracht und das unglaubliche Feuerrot der Sonnenuntergänge über dem Meer. »Perle des Ostens« nannten die Portugiesen Goa und hielten es 450 Jahre lang kolonial umklammert. Erst seit 1961, nach dem Einmarsch indischer Truppen (die unblutige »Aktion Viyaja«, »Sieg«), gehört das nur 3700 Quadratkilometer große Ländchen zur Republik Indien, seit 1987 ist es Bundesstaat.

Goa ist immer noch anders als das übrige Indien – nicht so übervölkert, ohne große Ballungszentren mit Elendsquartieren. Vor allem aber hat Goa kulturelles Erbe aus zwei Welten vorzuweisen: das alte indische, das selbst durch jahrhundertelange koloniale Unterdrückung nicht verdrängt wurde, und das portugiesisch-mediterrane, das einem noch überall begegnet – in vielen Familiennamen, in den barocken, an europäische Trachten erinnernden Kleidern mit Rüschen und Puffärmeln, in Gestalt vieler Kreuze (fast 30 Prozent der Goaner sind Katholiken), in portugiesischer Villen-Architektur und sahneweiß getünchten alten Kirchen und schließlich bei den Mahlzeiten in Form von Würsten und Gerichten aus Schweine- und Rindfleisch.

Anregende Vielfalt also für den Gast, der hin- und hergerissen ist zwischen stundenlangem Dösen am Strand unter sirrenden Palmblättern und Entdeckungsfahrten in Goas Hinterland, bei denen man die gelassene, heitere Lebensart der Goaner, ihre Küche und ihre Feste kennenlernen kann. Mit knallbunten Prozessionen zum Beispiel wird im Februar/März der goanische Karneval gefeiert.

Vor 60 Jahren kamen die ersten westlichen Touristen – die Generation, die unbürgerlich leben wollte, wenigstens vorübergehend. Die Hippies suchten und fanden Natur, lebten in den Tag hinein, oft hüllenlos und drogenberauscht. Konflikte mit den Einwohnern und ihren dörflichen Traditionen konnten nicht ausbleiben. Die »Blumenkinder«

1 Ochsenkarren sind in den Dörfern an der Küste kein seltener Anblick. **2** Freundlich und wenig scheu sind die Kinder in Goa. **3** Je mehr Sterne das Hotel hat, desto größer der Pool – das »Taj Exotica« bestätigt's einmal mehr. **4** Auslegerboot am Strand. Auf ihren winzigen Booten erweisen sich die Fischer als hervorragende Seeleute.

aus Kalifornien und Europa zogen ungewollt Touristen anderer Art an: Ganze (männliche) Reisegesellschaften fanden sich ein, um mit eigenen Augen textilfreie weißhäutige Frauen zu sehen, notfalls auch mit einem Fernglas. Die Hippies machten Goa im Westen bekannt, und das Verlangen nach Sonne und Meer brachte den anspruchsvolleren europäischen Tourismus in Gang. Behörden schritten gegen Nacktpartys und Drogenhandel ein. Mehr und mehr Hotels wurden gebaut – einige mit ausländischem Geld, was wieder manchen Einheimischen nicht gefiel – und letztlich deutlich mehr, als die natürlichen Ressourcen vertragen. Wassermangel ist mancherorts ein akutes, man kann auch hören: ein enormes Problem, und der Transport mit Tankwagen kann keine dauerhafte Lösung sein.

Goa spürt inzwischen, was in Indien sonst nahezu unbekannt ist: den Massentourismus samt seinen Schattenseiten. Die paradiesischen Hütten unter dem Blätterdach der Palmenwälder, die man immer noch wochenlang für wenig Geld mieten kann, werden häufig aufgebrochen – notfalls räumen die Diebe eine Lage Dachziegel ab, während die Bewohner unter dem Goa-Mond am Meer feiern. Zur Silvesterparty am Strand von Anjuna sind in manchen Jahren bis zu 15 000 Rucksacktouristen zusammengeströmt. Goanische Papagallos belästigen westliche Frauen, und auch der »Ballermann«-

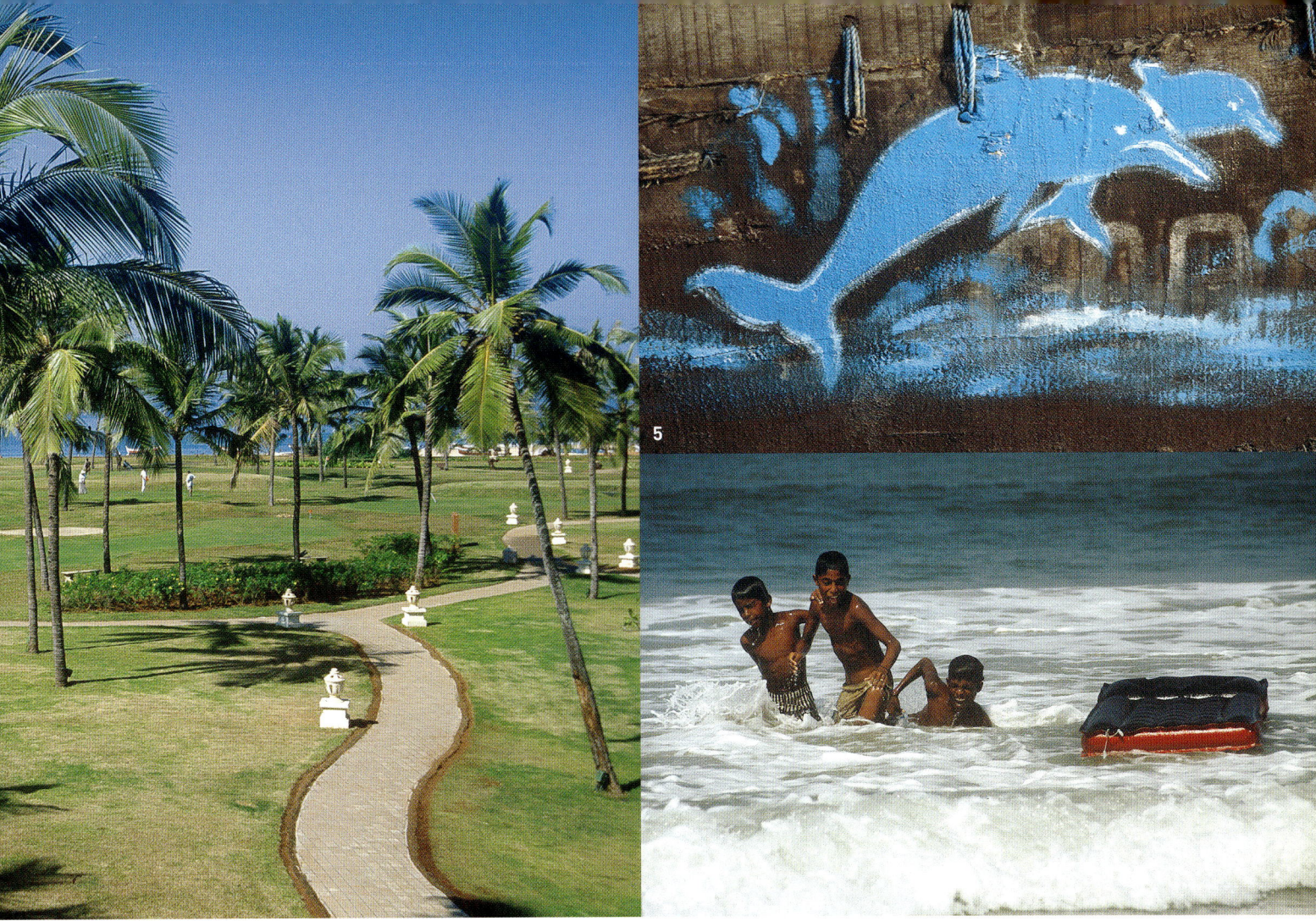

Tourismus macht sich mit dröhnendem Sound von »Goa Trance« breit. Selbst Polizisten wird Schlechtes nachgesagt. Manchem leichtgläubigen Touristen, heißt es, seien schon Drogen untergeschoben worden, sie würden verhaftet und müssten für ihre Freilassung – ohne Gerichtsverhandlung – zahlen. Jüngste Nachricht: ab 23 Uhr ist der Ausschank von Alkohol verboten. Besucher ziehen seither zahlreich die Karibik vor.

Doch Goas Strände sind lang – und breit. Hotels dürfen seit Jahren nicht mehr direkt am Sandstrand, sondern erst in etwa 200 Metern Abstand von der Brandungslinie gebaut werden. Obwohl nach goanischem Recht auch Luxushotels keinen Privatstrand allein für ihre Gäste beanspruchen können, gibt es hier immer noch das Goa-Glück von Meer und Sonne – ohne Strandlärm und Gedränge. Strandwächter schützen die Gäste vor allzu aufdringlichen Händlern. Die Frauen mit ihren Körben voller tropisch bunter Batiktücher arrangieren sich: Aus dem Sonnenschirmschatten kann der Strandurlauber beobachten, wie sie durch den Sand schreiten, wie sie nahe der Brandung die fünf, sechs Meter langen, leichten Stoffbahnen in die sanfte Brise halten, von der Sonne durchleuchtetes Rot, Blau und Goldgelb herzeigen – so schön, dass einer der Gäste sie näher ruft. Schon beginnen die Preisverhandlungen.

1 Sportlich an Goas Stränden: Surfer und Paraglider bei Baga im Norden Goas. **2** Für die Kokosnussernte braucht man Kletterspezialisten. **3** Unter Palmen und das Meer zum Nachbarn: der Golfplatz des »Taj Exotica«. **4** Goanischer Wochenmarkt. **5** Fischer malten sie auf die Bordwand ihres Bootes: Delfinpaar. **6** Wo Goa noch paradiesisch erscheint: Spiel mit den Wellen.

Auch in den schlichten Strandrestaurants auf hohen Pfählen, die nur wenig abseits der großen Hotels stehen, läuft das Geschäft. Noch spät macht sich der eine oder andere Fünf-Sterne-Gast auf den Weg, verzichtet auf Edelgastronomie, stapft durch feinen Sand zur Bretterbar und Palmblatt-Fischbraterei.

Südlich der Hauptstadt Panaji/Panjim erstrecken sich die meisten der berühmten breiten Strände aus feinstem Sand. Colva, Betalbatim, Benaulim, Mobor heißen die Orte, noch weiter südlich nahe der Grenze zu Karnataka Agonda und Palolem.

Bei Benaulim lädt das Hotel »Taj Exotica« an einem 800 Meter langen Strand zum Tropenurlaub in gepflegtester Atmosphäre ein: Ein Atrium mit umlaufenden Arkaden und üppiger Fontäne, lang gestreckte einstöckige Gebäude, die den Gästen weite Ausblicke über Balkons und Terrassen, über palmenbepflanzten Rasenflächen und

1 Goas Strand ist für jeden frei – aber unter ihren Schirmen am Palmengürtel dürfen die Gäste der Luxushotels nicht von den Verkäuferinnen gestört werden. 2 Eleganz und Luxus: Wohnzimmer einer Suite im »Leela Palace« bei Mobor im Süden Goas.

weißen Sand auf das Meer gewährleisten, dazu für Leute, die es noch privater lieben, freistehende Villen mit zwei bis vier Räumen, alles mit Marmor, edlen Hölzern und feinsten Stoffen ausgestattet. Man trifft sich in den Bars und Wellness-Einrichtungen, am Swimmingpool, der sich großzügig zwischen Hotel und Palmengarten streckt, beim Tennis und 9-Loch-Golfplatz in der Nähe.
Das »Taj Exotica« ist noch neu. Die Taj-Gruppe hat jedoch die längste Goa-Erfahrung mit Urlaub der Luxusklasse, sie hat den Luxus nach Goa gebracht: Mit dem »Fort Aguada« bei Panaji und dem Villendorf »Aguada Hermitage« machte Taj vor 20 Jahren das Hippie-Ziel Goa attraktiv für Präsidenten, gekrönte Häupter und die Reichen der Erde.
»Leela« bedeutet »Anmut, Grazie«. Mit seinem ganz eigenen Konzept einer Luxus-Villenkolonie über den Kanälen einer künstlichen Lagune hat sich das »Leela Palace« bei Mobor in zwei Jahrzehnten seit

seiner Gründung den Spitzenplatz gesichert, es wurde 2001 zum »Leading Resort in Asia/Pacific« gewählt. Heute von der Kempinski-Gruppe geführt, beeindruckt und verzaubert das »Leela«: Von imperialer Größe ist seine Empfangshalle, deren Architektur an das alte Hindu-Königtum von Vijayanagara (siehe Seite 51 f.) erinnert, bezaubernd sind die gewundenen Wege, die Brücken, die blühenden Sträucher zwischen den rosafarbenen portugiesisch-mediterran inspirierten Villen, der Orchideengarten und die Badelandschaft des Pools samt Wasserfall neben den Frühstückstischen. Die schöpferische Kraft dahinter ist C. P. Krishnan Nair, genannt Captain, ehemaliger Militär und Textiltycoon. Wie alle originellen, kreativen Unternehmer weckte er Widerstände, erlebte Rückschläge – und war letztlich doch erfolgreich. Unter seinen vielen Auszeichnungen schätzt der Garten- und Naturfreund besonders jene, die ihm für seine Umweltaktivitäten national und international verliehen wurden, vor kurzem auch von den Vereinten Nationen.
Nach seinen Garten- und Landschaftsarchitekten gefragt, antwortete Captain Nair: »Es gab keinen. Wir haben alles selber geplant, meine Frau Leela und ich.« Von Hotelanlagen in Bali und Japan ließen sie sich inspirieren. Mrs. Leelas floristische Hartnäckigkeit überwand auch die Barrieren, die sich ihrer Einfuhr von Pflanzen aus

Anreise und Reisezeit

Flug: Flughafen Dabolim südlich Panaji, Verbindungen mit Mumbai, Bangalore, Kochi, Neu-Delhi.

Bahn: Direkte Verbindung Mumbai-Margao mit der neuen Konkan-Bahn (11–12 Std.). Express-Verbindungen u.a. mit Neu-Delhi (rund 42 Std.), mit Bangalore (rund 16 Std.).

Bus/Auto: Fernverbindungen u.a. mit Mumbai (ca. 580 km), Pune (ca. 500 km), Bangalore (ca. 570 km).

Beste Reisezeit: Oktober bis März.

Unterkunft

**** Taj Exotica Goa (H1) (Taj-Gruppe). Am Strand gelegenes, elegantes Hotel-Resort, alle Zimmer mit Meerblick, 138 Zi. und Suiten. Benaulim, Colwaddo. Tel. 22-60002233, Fax: 2 84 66 83, www.taj-exotica-resort.de, E-Mail: exoticabc.goa@tajhotels.com. Reservierung: 0091-22-66011825, Fax: 22-2771515.

**** The Leela Palace (H2) (Kempinski Hotels & Resorts). Villen an einer Lagune. Abholservice vom Flughafen (ca. 45 Min). 164 Zi. und Suiten. Mobor, Cavelossim-Salcete, Tel. 22-600002233, Fax: 74 63 52. Reservierung: 00800-32375001 oder 005066375774, www.theleela.com, E-Mail: central.reservation@theleela.com

** Majorda Beach Resort (H3). Restaurant, Pool, Tennis. 120 Zi., 10 Cottages, Majorda-Salcete, 15 Min. zu Goas Flughafen, Tel. 832-6681111 / -1113 2-2881124 / -1121, E-Mail: resv@majorda, www.beachresortgoa.com

*/** Longuinhos Beach Resort (H4). Preiswert, direkt am Strand, Garten, gute Küche. 53 Zi., teils Klimaanlage. Am Rand von Colva, Salcete, Tel. 834-73 16 45, Fax: 73 75 88, www.longuinhos-beach-resort.de, Buchungen über Bucher Reisen, Tel. 800-589224098.

Sehen und Erleben

Tennis, Golf, Strandwandern, Baden, Katamaran-Segeln, Wasserski, Paragliding, Ausflüge auf dem Sal-Fluss und Goas Backwaters, Delfin-Beobachten vor der Küste, Fluss- und Hochsee-Angeln. Karneval im Februar/März.

Ziele in der Umgebung

Old Goa mit Kirchen aus dem 16. Jh. (bei Panaji). Hindu-Tempel im Hinterland, u.a. Tambdi-Surla-Tempel bei Ponda, einer der seltenen Brahma-Tempel bei Valpoi. Portugiesische Heritage-Villen, z.B. Villa Menezes Braganca/De Braganca Pereira in Chandor, 20 km östlich von Colva. Dudhsagar-Wasserfälle an den West Ghats. Flohmarkt von Anjuna (mittwochs). Fort Terekol. Flussfahrten auf dem Mandovi-Fluss von Panaji aus.

Auskunft

Goa Tourism Development Corporation Ltd, Trionora Apartments, Panaji, Goa-403001, Tel. 832_2424001

Govt. of India Tourist Office, Church Square, Panaji-403 001, Tel. 832-22 34 12.

Sri Lanka und Hawaii entgegenstellten. »Leela brachte sie selbst in Kartons mit, und die Quarantänebehörde behielt die Pflanzen drei Wochen lang, um sie mit Pestiziden zu behandeln; für das tägliche Gießen mussten wir zahlen. Aber Leela«, verriet Captain Nair, »beschloss nun, keine Kartons mehr zu benutzen. Ich werde sie in Koffer packen, kündigte sie an.« Nach der Blumenfülle um die Leela-Villen zu schließen, sind es viele Koffer gewesen.

Doch nicht nur im Grünen fühlt man sich als Leela-Gast herausgehoben aus dem Alltag, und nicht nur in den fürstlichen Suiten mit zwei Bädern und privatem Pool. Mit Edelkomfort, Kunst und Kunsthandwerk verwöhnen die Zimmer ihre Gäste, von den üppigen Betten bis zu den Möbeln mit feinem Schnitzwerk portugiesischen Stils. Handgewebte Dhurries (Teppiche) in Pastellfarben auf den Fliesenböden, an den Decken zusätzlich zur individuell regelbaren Klimaanlage sanft surrende Ventilatoren. Für den, der Musik und Film nicht missen mag: CD-Player und Kino-Hits auf Video stehen zur Verfügung.

Goa, sagte Captain Nair vor Jahren schon voraus, »wird für Besucher aus Europa wieder die »Perle des Ostens« und Indiens kulturelles Bindeglied mit dem geeinten Europa werden. Heute konkurrieren Kerala und Goa miteinander um diese Rolle.

Das Wahrzeichen von Jaipur: der märchenhafte »Palast der Winde«, dessen Konstruktion aus dem Jahr 1799 besser als jede Klimaanlage stets für angenehme Luftzirkulation sorgt.

Der Westen

Das Leben ist ein langer, ruhiger Fluss
Orchha und Shivpuri – abseits ausgetretener Pfade

Zwei verwunschene Schönheiten abseits der großen Touristen-routen, nahe der Grenze zum Fürsten- und Wüstenstaat Rajas-than in Madhya Pradesh (Pradesh = Mittelstaat), Indiens Herzland, laden zur Entdeckung ein.

Sie wollen dem Leben Indiens ganz nahe kommen? Doch die großen Städte sind Ihnen zu hektisch, in den Dörfern finden Sie kein Quartier und an den berühmten Tempelstätten, in den alten Palästen mehr Touristen als Inder? Schenken Sie sich ein paar Tage in einem Ort wie Orchha am Betwa-Fluss! Orchha ist eine alte Residenzstadt, in manchen Vierteln ziemlich verfallen, aber sehr malerisch. Weil die Chattris, die Totengedenkstätten der Maharajas mit ihren Kuppelsilhouetten, so fotogen über dem Fluss stehen, hat Orchha seinen Platz in vielen Indien-Bildbänden. Seit ein komfortables Hotel namens »Orchha Resort« mit Gartenterrasse am Fluss die schlichten Quartiere der Stadt und auch das freundlich-verschlafene »Sheesh Mahal«-Hotel droben im Fort-Palast aussticht, kommen öfter Gäste, machen ganze Reisegruppen hier Station.

Man kann den Tag sehr schön beginnen, wenn man bald nach Sonnenaufgang zu einem Spaziergang in den grünen Auwäldern des Betwa-Flusses aufbricht. Vom »Orchha Resort« wandert man über die Brücke, geht zwischen Fluss und Straße am Südufer entlang, balanciert vielleicht auch abseits vom Weg über flache Stromschnellen, auf der Suche nach dem besten Kamerablick auf die Chattris. Zur Mittagsstunde ist das Flussufer voller leuchtend bunt gekleideter Menschen – Frauen und Männer vom Dorf –, sie springen von Fels zu Fels, feiern mit den Heranwachsenden ein Fest.

Orchha ist überschaubar. Weil es aber bergauf und bergab geht, braucht man doch entweder eine gute Kondition oder ein Fahrzeug, um vom Fluss nordwärts zum Basarzentrum, vom Basar ostwärts auf den Palasthügel, vom Palasthügel auf den westlich über dem Städtchen gelegenen Lakshminarayan-Tempel zu kommen. Manche Strecke zu Fuß zu bewältigen, hat den Vorteil der Langsamkeit, man hält inne vor indischen Varianten des Tante-Emma-Ladens,

1 Chilischoten – sie geben der indischen, besonders der südindischen Küche die von manchen hochbegehrte höllenheiße Schärfe. **2** Auf solche traumblauen Häuser trifft man bei Rundgängen durch Orchha. **3** Aufspielen für die Gäste, bei Ankunft und Abreise im »Orchha Resort«. **4** Einige der schönsten Steinintarsien-Fassaden Indiens zeigen die Chattris der Scindia-Dynastie in Shivpuri.

nimmt das leuchtende Blau und Grün der Haustüren wahr, blickt in das Familienleben in den Hofräumen, wo es geruhsam, kinderreich und gesprächig zugeht. Heftigem Verkehr braucht nur an wenigen Stellen ausgewichen zu werden.

Leicht ein halber Tag lässt sich auf dem Palasthügel inmitten von alternden Mauern, Höfen, Aussichtsterrassen und grünen Gärten verbringen. Orchha war seit dem 16. Jahrhundert der Sitz der Bundela-Dynastie, die über weite Landschaften in Zentralindien herrschte. Drei Paläste bauten sich die Bundela-Rajas, mit bilderbunt ausgemalten Sälen, Audienzhallen, kühlen unterirdischen Kammern, steinernen Wächter-Elefanten und Brunnen. Den prächtigsten Palast tauften sie auf den Namen des Großmoguls Jahangir (»Eroberer der Welt«), eine diplomatische Verbeugung vor dem islamischen Machtzentrum in Delhi und eine Erinnerung an den Besuch Jahangirs, Sohn des großen Akbar und Vater des Taj-Mahal-Erbauers Shah Jahan, im Jahr 1606 in Orchha.

Die Beziehungen zwischen dem Kleinfürstentum und dem Mogul-Imperium verdüsterten sich später dramatisch. Mit Geschichten von Mord und Verrat würzen die Palastführer den Rundgang. 1783 mussten die Rajas Orchha verlassen.

Seit über zwei Jahrhunderten ist Orchha nicht mehr Residenzstadt,

von dem einstmaligen Glanz ist inzwischen viel verblichen. Unter den Lüstern und dezent rotierenden Ventilatoren der Empfangshalle des Jahangir-Palasts, heute Lounge, Speise- und Konzertsaal des »Sheesh-Mahal-Hotels«, lässt es sich hinter hoher Glasfront umso nostalgischer träumen, während sich hin und wieder zwitschernde Vögel zwischen den Säulenreihen verfliegen. Mancher noble Rest überdauert doch, anspruchsvollen Gästen bietet die Royal Suite eine marmorne Badewanne – so lang und breit wie ein großes Doppelbett.

Angesichts des Blicks von den Palastdächern wunderten wir uns nicht mehr über das mexikanische Ehepaar. Begeistert hatten uns die beiden anvertraut, sie seien schon zehn Tage lang von morgens bis abends unterwegs und hätten noch längst nicht alles gesehen. Die Tage in Orchha haben ihren eigenen Reiz gerade in der Ziellosigkeit.

Ein besonderes Erlebnis ist es, sich auf die Kuppelgalerien des leer geräumten Chaturbuj-Tempels führen zu lassen, vielleicht von dem kleinen Manogi, bei unserem Besuch zehn Jahre alt, aber gewitzt wie ein Großer. Durch das finsterste, steilste Treppenhaus unserer Reise begleitete Manogi uns hinauf zu den Schmuckerkern, wo die Geier ihre Nester anfliegen und wo im Turm nebenan grüne Papageien schreien. Manogi spricht schon locker Englisch, aber zur Schule, nein, zur Schule gehe er nicht jeden Tag, er sorge für seinen kleinen Bruder, erzählt er uns.

Anderntags lassen wir uns noch zur schattenarmen Höhe des Lakshminarayan-Tempels hinausfahren, eines Wunderwerks originell entworfener Architektur: Festungsbastionen umschließen einen Sommerpalast und einen Tempel; drinnen überraschen überwölbte Gänge, schmale Stiegen, luftige Aussichtspavillons im Wechsel, Wandbilder mischen Hindumythen und Porträts steifer, strenger Kolonialherren.

Wieder ganz anders, der Zukunft zugewandt und voll Heiterkeit ist die Szene am »TARAgram Center«, wo Energie aus Biomasse gewonnen, das Bauen mit Lehmziegeln demonstriert wird und Frauen handgeschöpftes Papier herstellen. Wir trafen sie bei der Mittagspause im Gras unter Bäumen, locker und lustig, fanden reizvolles Kunsthandwerk im Laden.

Wie das »TARAgram Center« für das ländliche Orchha und seine Entwicklung, ist das »Orchha Resort« ein Hoffnungszeichen für die touristische Öffnung. Die komfortable, demonstrativ reiche Ausstattung schließt nicht nur Orchhas ersten Hotel-Swimmingpool ein, sondern auch den »Health Club« und die Sauna, nicht

1 Seit mehr als zwei Jahrhunderten nicht mehr Residenz: In Orchha ist die Zeit ein langer ruhiger Fluss, Paläste und Tempel bleiben zumeist noch sich selbst überlassen. **2** Fantastische Kampfszene mit dem Affengott Hanuman (Fresko im Lakshminarayan-Tempel). **3** In lauter Goldglanz: lebensgroße Darstellung des verstorbenen Scindia-Herrschers in Shivpuri. **4** Buntes Fest am kräftig strömenden Betwa-Fluss bei Orchha. **5** Pittoreske Ladenstraße vom massiven Stadttor bis zur Kuh.

nur die Marmorböden, sondern auch Emailmalerei an Türen und Kassettendecken, Tischplatten in Einlegearbeit (Pietra-dura) und Kristalllüster. Die eher kleinen Zimmer haben Klimaanlage, die vegetarische Küche ist vorzüglich – und erlaubt zumindest das Frühstücksei und Joghurt. Versuchen Sie die Cottage-Käse-Steaks mit Honigsauce und gerösteten Sesamsamen. Der Garten wächst noch, dagegen begegnet man steinernen Reliefs, Skulpturen und großen Wandbildern bereits überreichlich. Fast dreist exzellent ist die Lage des Resorts, nämlich nahezu »Tür an Tür« mit den Chattris am Betwa-Fluss, sehr praktisch und angenehm für die Gäste, aber ein schwerer Stein des Anstoßes für jeden Denkmalpfleger. Chattris sind keine Grabmonumente im euro-

1 Exzellentes Speiseangebot im Restaurant des »Orchha Resort«. **2** In der Säulenhalle des Palasts »Sheesh Mahal« über der Stadt Orchha bietet ein schlichtes Restaurant zum Dinner auch Musiker auf.

päischen Sinn. Hindus setzen die Asche ihrer Toten nicht in Urnen bei, sondern streuen sie in den Fluss – wenn möglich in den Ganges. Als dauerhaftes Gedenkzeichen können einfache steinerne Stelen im Wüstensand dienen, aber auch so palastgroße Chattri-Bauten wie in Orchha.

Orchha ist gut in eine große Rundfahrt einzufügen, wenn die Tempel von Khajuraho (siehe Seite 68 f.) mit auf dem Programm stehen. Da kann auf der Fahrt von Jaipur nach Khajuraho der kleine Umweg sehr wohltun. Orchha wie auch das rund 100 Kilometer entfernte Shivpuri sind Inseln der Gelassenheit und überdauernder Schönheit, schenken die erfrischende Atem- und Ruhepause zwischen den Begegnungen mit den Weltkulturerbeschätzen und ihrem fast unvermeidlichen Touristengedränge.

Beide, Orchha wie Shivpuri, sind überschaubare Orte inmitten grüner Landschaft, beide waren Residenzen regierender Familien – Shivpuri die Sommerresidenz der Scindias von Gwalior –, und beide

Orte werden unter Architekturkennern immer genannt, wenn von Chattris die Rede ist.

Kommt man zu den Chattris von Shivpuri, ist das Staunen groß: Wo hat man je einen Platz des Totengedenkens so licht, so festlich heiter im Parkgrün gesehen? Die Pavillons sind an ihren marmorweißen Wänden mit Blumen aus Edelsteinen geschmückt, in der gleichen Pietra-dura-Technik der Einlegearbeit wie am Taj Mahal in Agra, nur ungleich zierlicher, fast verspielt. Die Architekten haben teichgroße Wasserbecken anlegen lassen, um in sommerlicher Hitze für einen Platz erfrischender Kühle zu sorgen. Auf zierlichen, steinernen Stegen kann man über den schimmernden Wasserflächen spazieren.

Dazu kommt man heute am besten zur Monsunzeit. Denn die Wasserversorgung der Becken ist problematisch, seit der Grundwasserspiegel in den Neunzigerjahren stark gesunken ist. Man kann auch eintreten in die Hallen und den verehrten Toten Reverenz erweisen. Abends spielen Musiker klassische »Ragas«, und der Garten wird illuminiert. Shivpuris Chattris sind nicht sehr alt. Der Grundstein des jüngsten Totenschreins wurde erst 1926 von Maharaja Jiwajirao Scindia Alijah Bahadur gelegt, vollendet wurde er im Jahr 1932, wie auf der Inschrift zu lesen ist.

Zeit für Orchha und Shivpuri

Anreise und Reisezeit

Flug: Nächster Flughafen ist Gwalior, Verbindungen nach Delhi, Mumbai, Bhopal, Indore (ca. 130 km von Orchha).

Bahn: Fernzüge Delhi-Mumbai halten in Jhansi, von dort Busverbindung nach Orchha.

Leihwagen: Von Jaipur nach Orchha rund 440 km, von Khajuraho rund 160 km, von Agra rund 240 km (die bessere Straße führt über Shivpuri nach Orchha, 330 km).

Beste Reisezeit: Oktober bis März.

Unterkunft

** Orchha Resort (H1), im Palaststil dekorierte moderne Architektur, direkt bei den königlichen Chattris am Betwa-Fluss, mit vegetarischem Restaurant, Pool, Klimaanlage. 32 Zi., Kanchanghat, Tel. 7680-252222 /23/ 24,Fax: 7680-252667, E-Mail: kalyani@orchharesort.com, buchen: orchha@orchharesort.com

* Sheesh Mahal (H2), romantisches Wohnen in einem Palastgebäude im Orchha-Fort über der Stadt, Achtung: steile Treppe. Nur 7 Zi. und 1 Suite. www.orchhahotels.co.in

* Tourist Village Shivpuri (H3), angenehme Lage außerhalb Shivpuris am Nationalpark über dem See, Restaurant und Garten. 19 Bungalow-Zimmer, teils AC, Jeep-Vermietung. Tel. Nivalink 22-61506363, E-Mail: indiatravelite@vsnl und indiatravelite.com, touristvillage@nivalink.co.in

Sehen und Erleben

Paläste und Chattris, die Hügel der Stadt Orchha und der Chattri-Park in Shivpuri. Naturerlebnisse am Betwa-Fluss und im Shivpuri-Nationalpark (156 qkm, Zugvögel am Sakhya Sagar, viel Rotwild, Wildschweine, Krokodile).

Ziele in der Umgebung

Jhansi, die Stadt der königlichen Rebellin Rani Lakshmi Bai, Fort (ca. 20 km nördlich von Orchha). Deogarh am Betwa Fluss, mit Skulpturen im Dasatavara-Tempel (6. Jh.) und 31 Jain-Tempeln in einem Bergfort (ca. 80 km südlich von Jhansi). Datia, der verlassene Govind-Mandir-Palast aus dem frühen 17. Jh. (ca. 34 km nördlich von Jhansi). Gwalior, Großstadt und ehemalige Residenz der Scindia-Maharajas, reich an Palästen in der Stadt und auf dem Festungsberg. Bis zu 17 m hohe Jain-Skulpturen des 15. Jh. (ca. 110 km nördlich Shivpuri-Jhansi).

Auskunft

In Orchha in den Hotels nachfragen (Orchha Resort und Sheesh Mahal). www.orchhahotels.co.in

Zwei, drei Autostunden nördlich von Shivpuris stillem Totengedenkpark oder eine Stunde mit dem Shatabdi-Express von Jhansi entfernt ist Gwalior zu erkunden, eine Großstadt mit einer Dreiviertelmillion Einwohner. Gwalior fasziniert mit Erinnerungen an seine Geschichte, mit den Spuren der Heiligen, der Dichter, der Heroen. Zum Nationalhelden wurde in Gwalior Madhavji Rao Scindia, der im späten 18. Jahrhundert die Maharaja-Dynastie der Scindia begründete, gegen die schon geschwächte Mogul-Macht. Im Aufstand gegen die Briten starb in Gwaliors Fort 1857 die jung verwitwete Rani von Jhansi in Männerkleidern, mit der Waffe in der Hand. Vom muslimischen Dichter und Sänger Tansen, der am Hof des Mogulkaisers Akbar glänzte, blieb in einem kleinen Park das Grabmal – Schauplatz eines alljährlichen Musikfestivals im November/Dezember.

Einmalig in ganz Indien sind die aus den Felshängen unterhalb des Forts gehauenen Jain-Statuen der »Furtbereiter«, manche bis zu 17 Meter hoch. Das Fort mit seinen fünf Palästen und der Stadtpalast der Scindia-Familie mit seinem Museum sind Highlights in Gwalior. Zu den im Museum dargebotenen Gebrauchsgegenständen der Scindia-Maharajas gehört eine massiv silberne Tischeisenbahn. Die transportierte Likör und Zigarren von Gast zu Gast.

Götter, Tänzerinnen, Liebende
Khajuraho, Hauptort erotischer Tempelkunst

Ein Dorf wie kein anderes, im Herzen Indiens gelegen: Khajurahos tausendjährige Skulpturen von Tänzerinnen und Liebespaaren sind die schönsten weit und breit – und voller Rätsel.

Sexualität in Indien? Im Kino wird kokett geschmachtet und gekost, wie in Europa vor etwa 60 Jahren, und im wirklichen Leben verbieten die rigorosen Regeln des Brahmanen-Patriarchats jegliche voreheliche Zärtlichkeiten. Meist wird die Hochzeit mit aller Pracht gefeiert, mit Hunderten von Gästen und einem verschüchterten, von den Eltern füreinander bestimmten Brautpaar. Ein Fortschritt ist es schon, wenn nicht nur der junge Mann, sondern auch das Mädchen den ausgewählten Partner der »arranged marriage« abschlagen kann. Seufzend sehen sich die Eltern nach einem anderen um. Andere lassen sich von ihrem Nachwuchs sogar die Einwilligung zu einer »love marriage« abringen. Doch selten, sehr selten trifft man in Indien einen jungen Mann und ein Mädchen, die Hand in Hand gehen, fast nie Mann und Frau in einer Umarmung oder bei einem Kuss in der Öffentlichkeit.

Die Tempel von Khajuraho erzählen von anderen, zärtlicheren Zeiten, von unverhohlener Freude am Anblick wohlgewachsener Körper. Auch in anderen Landschaften Indiens, von Orissa bis Karnataka und weiter nach Süden trifft man auf solchen Tempelschmuck. Doch in der Schönheit ihrer Skulpturen finden Khajurahos Bauwerke nicht ihresgleichen, auch in ihrer Fülle unbefangener Darstellungen sind diese steinernen Galerien einzig auf der Erde. Sie zeigen Tänzerinnen, verführerisch üppige Frauen mit überschmaler Taille, stattliche Männer und Liebespaare (Mithunas), die sich lust- und vielleicht auch liebevoll aneinanderschmiegen und vereinigen. Gruppen von Frauen und Männern erproben artistisch bis an die Grenze des physisch Möglichen, was sich im »Kamasutra« beschrieben findet, dem ersten indischen Lehrbuch der Liebeskunst aus dem 4. Jahrhundert n. Chr. Vom Fundament bis zu den Kuppeln und Dachfirsten hinauf füllen dazu noch Figuren von Tänzern, Musikanten, Elefanten, Pferden, auch

1 Shivrati, das große Shiva-Fest, wird in Khajuraho zwei, drei Frühlingstage lang mit dem Bad im Tempelteich, Tempelbesuch, Picknick und Musik bis zum Morgen gefeiert. Die Frauen schmücken sich mit Silberkettchen. 2 Vor tausend Jahren schon feierten die Stifter der Tempel die Freuden der unverhüllten Zärtlichkeit. 3 Ein Lächeln, kaum ein halber Blick … 4 Indien leuchtet in allen Farben: Nach dem Bad breiten die Frauen und Mädchen die Saris im Gras zum Trocknen aus.

1 Vorhalle des Jain-Tempels »Santinatha« im Norden Khajurahos. Bauherren waren in 10. und 11. Jahrhundert die Chandela-Könige. Sie verehrten Shiva, tolerierten aber auch Jains und Buddhisten. **2** Detailansicht des Kandariya-Mahadewa-Tempels: Löwe und Kämpfer sind bekanntes Emblem der Chandela-Könige. **3** Gesamtansicht des Shiva-Tempels Kandariya Mahadeva. **4 und 6** Heftiger Andrang zum Matangeshvara-Tempel, in dem heute noch täglich Hindu-Gläubige zu ihren Göttern beten. **5** Üppige Gestalten und erotische Szenen charakterisieren die Friese des Tempels Khajuraho.

reiches Ornament die Tempelfassaden, seit tausend Jahren ein unerschöpfliches Augenfest.

Schufen die Bildhauer dieses überbordende Werk als Spiegel einer lebensfrohen Hofgesellschaft der Chandela-Könige? Feierten auch die Priester luxuriöse Feste mit Musikanten und Schauspielern? Die Forscher streiten noch, und der Fantasie bleibt viel Raum. In der musealen Parklandschaft ragen die Tempel der berühmten »Westgruppe« wie übergroße, bizarre Skulpturen auf – oder in der Nacht wie mächtige, vom Meer ausgewaschene Felsriffe.

Sicher ist, dass der Hinduismus früh auch das Geschlechtliche religiös begriffen hat. Der nackte Mensch war kein künstlerisches Tabu, und die weibliche »Shakti«-Energie findet bis heute ihren Ausdruck in der Verehrung mächtiger Göttinnen, der Durga oder Kali, der Parvati, der Ganga. In den »tantrischen« Lehren des Mittelalters entwickelten sich Yoga-Techniken, die bewusste geschlechtliche Lust als Weg zur inneren Befreiung (»Moksha«) zeigten: Sexualität als Teilhabe am kosmischen Schöpfungswerk.

Andere nahmen Anstoß daran, von muslimischen Eroberern bis zu britischen Kolonialadministratoren und manchem frommen Hindu des 21. Jahrhunderts. Man weiß, dass die Chandela-Könige im 10. und 11. Jahrhundert als Landesherren Zentralindiens die Heiligtümer erbauen ließen, für Anhänger Shivas wie Vishnus, und dass sie auch Jains und Buddhisten tolerierten. Später, im 13. und frühen 14. Jahrhundert, überwältigte das straff organisierte Sultanat von Delhi die Chandelas, plünderte ihre Schätze, zerstörte nach Wandalen-Art die heilige Königsstadt Khajuraho. Von einst wohl rund 85 Tempeln blieb nur etwa jeder vierte erhalten.

Als der arabische Weltreisende Ibn Battuta 1335 den Weg nach Khajuraho fand, traf er am heiligen See ein ärmliches Dorf und noch eine Schar von Sadhus. Die Tempel, bald vom Dschungel überwachsen, ruhten in Vergessenheit, bis 1839 ein Ingenieur der britischen Armee auf sie stieß.

Noch vor 50 Jahren landete man mit einer Propellermaschine auf der roten Sandpiste eines Feldflughafens. Heute zieht Khajuraho jährlich Hunderttausende von Besuchern an. Erstaunlich sind darum nicht so sehr der aufwendig für Jumbojets ausgelegte Flughafen und das Angebot an Hotels, erstaunlich ist vielmehr, wie dörflich die – neben Varanasi/Benares – wohl berühmteste Tempelstadt Indiens noch immer ist. Die Ziegenhirten, Wäscherinnen und Bauern sind nicht sämtlich zu Taxifahrern und Andenkenhändlern geworden. Doch ein großzügig angelegtes Netz von Asphaltstraßen signalisiert Wachstumserwartung und erleichtert die Wege zur kleinen »Südgruppe« und zum stillen Baumareal der »Ostgruppe« mit ihren kostbaren Jain-Skulpturen und dem fein gearbeiteten, komplizierten Steindekor.

Schon ausgeschildert ist auch die Zufahrt zu dem weit im Süden erst jüngst ausgegrabenen »Bijamandal«, einem zusammengestürzten Tempel-Trümmerhaufen, mit wunderbar erhaltenen Friesen der unteren Bauzone.

Man braucht viel Zeit für Khajuraho. Noch wenig bekannt ist das 1999 eröffnete staatliche Tribal and Folk Arts Museum, nördlich der Tempelstätten. Jeder, der sich für lebendiges Kunsthandwerk und Volkskunst interessiert, wird mit Begeisterung die Fülle der alten

1 Erholung vom Tempelrundgang am Taj-Swimmingpool. 2 Detailansicht des über und über mit sinnlichen Figuren geschmückten Kandariya-Mahadewa-Tempels.

und (überwiegend!) neueren Lebensbäume, Tierbilder, Masken, Ritual- und Gebrauchsgegenstände sehen – und sich auch an der modernen Darbietung freuen, wie wir sie noch in keinem anderen indischen Volkskunstmuseum fanden.

Weiter draußen hat am Fluss die »Ken River Lodge« mit einem Restaurant in einer Baumkrone aufgemacht. Sie lädt zu Bootsfahrten, Jeeptouren und Tierbeobachtung in freier Wildbahn des Panna-Nationalparks ein. Exkursionen ins Hügelland führen ins einstige Jagdgelände der Chandela-Herrscher; spätere Grundherren bauten sich im 19. Jahrhundert einen jetzt verfallenen Rajgarh-Palast, um den die Hotelkette Oberoi, heißt es, ein Hotel entwerfen wird.

Erste Wahl unter den Quartieren in Khajuraho ist das »Jass Trident«, der Oberoi-Gruppe zugehörig: ein weißer, lang gestreckter Bau, der in Rasen-, Baum- und Gartengrün eingebettet ist. Innen finden sich die Gäste von weißem und dunkelgrünem Marmor, von dezentem

Luxus und exzellentem Service umgeben. Angenehm sind das helle Restaurant wie die erlesenen Kunstwerke und breiten Betten, der Swimmingpool im Grünen wie die Nachtstunden am Dinnertisch mit dem glühenden Kohlenbecken zur Seite.

Weiter draußen zum Flughafen hin bietet das Taj-Hotel »Chandela« eine in Ausstattung und Preis etwas niedriger angesetzte Alternative, doch ein noch größeres Gelände. Da schlürft man in der »Nim-Bar« seinen Cocktail in der Hängematte, es ist Platz für ein »Village«, für Tennis, Badminton, Bogenschießen und für einen Dschungel mit Kunsttieren. Exkursionen bis nach Orchha werden angeboten, sehr beliebt sind die Tierbeobachtungen im Panna-Nationalpark.

Zwei große Höhepunkte hat das Khajuraho-Jahr. Zum Shivrati-Fest, dem Shiva-Fest meist Ende Februar/Anfang März, kommen die Einheimischen auf Ochsenkarren und den rumpelnden Anhängern ihrer Traktoren aus allen Dörfern des Umlands. Zum Khajuraho-Tanzfestival fliegen seit schon bald vier Jahrzehnten die Gäste aus aller Welt und Tanzgruppen aus ganz Indien ein – die besten, und immer auch einige noch wenig bekannte. Unter samtschwarzem, sternflimmerndem Nachthimmel wird vor den angestrahlten Tempeltürmen klassische Tanzkunst dargeboten, und auch Folkloristisches. Bravouröse

Zeit für Khajuraho

Anreise und Reisezeit

Flug: Tägliche Flugverbindung mit Delhi, Agra und Varanasi.

Bahn: Nächste Bahnstation an der Strecke Delhi–Mumbai ist Jhansi, von dort Busverbindung (rund 160 km, zeitraubend).

Auto: Von Agra rund 450 km, Übernachtung in Gwalior oder Jhansi. Von Lucknow rund 550 km, Übernachtung im sehr ursprünglichen Pilgerort Chitrakut. Von Jaipur rund 480 km, Übernachtung in Shivpuri oder Orchha.

Beste Reisezeit: Oktober bis März.

Unterkunft

/* **Jass Trident Radisson** (H1) (Oberoi). Moderne Architektur, komfortable, ästhetisch anspruchsvolle Ausstattung, gute Küche (Restaurantterrasse) und großer Garten mit Swimmingpool. 94 Zi., A 74, Sector 7, Dwarka Subcity, By-Pass Rd., Tel. 76 86-4 23 44, Fax: 4 23 45, gebührenfrei in Deutschland: 01 30-8 24 22 2. Abholung vom Flugplatz.

/* **Hotel Taj Chandela** (H2) (Taj). Großzügige Empfangshalle mit verschiedenen Läden, gutes Restaurant, Garten mit Baum-Bar und »Dschungel«, Swimmingpool. Bogenschießen, Tennis. 94 Zi. und Suiten. Dist. Chatapur, Khajuraho 471-606, Airport Rd., Tel. 7686-2723556464, Fax: 76 86-272365 /66, E-Mail: chandela.khajurao@tajhotels.com

* **Khajuraho Ashok** (H3) (ITDC). Preisgünstiger als die vorgenannten Hotels, nahe der westlichen Tempelgruppe. Mit Garten, Pool und Kunsthandwerkladen (auch Schneider). 38 Zi., Tel. 76 86-4 40 24, Fax: 4 22 39.

Sehen und Erleben

Tempel – geöffnet täglich von Sonnenaufgang bis Sonnenuntergang. Tribal and Folk Arts Museum. Archaeological Museum. Khajuraho Dance Festival (Februar/März). Shivrati-Fest (wechselnde Termine, nach Mondkalender).

Ziele in der Umgebung

Panna-Nationalpark um den Ken-Fluss. Der Rajgarh-Palast aus dem 19. Jh. Das Ajaigarh-Fort aus der Chandela-Epoche (80 km entfernt) und das Kalinjar-Fort aus der noch älteren Gupta-Epoche, (25 km entfernt). Die Diamanten-Mine von Majhgawan.

Auskunft

Govt. of India Tourist Office, bei der »Westgruppe« der Tempel, Tel. 0 76 86-7 23 47, Fax: 7 23 48, E-Mail: goito@bom6.vsnl.net.in

MP Tourism, Agoda-Hotel Booking Company, Tel. 76 86-20 47 20 48

Akrobatik zeigen zum Beispiel die Degen-, Speer- und Trommeltänzer aus dem nordostindischen Grenzstaat Manipur: So rasend schnell lässt der Tänzer seine Degen wirbeln, dass er wie in einem Gewand aus silbernen Blitzen springt.

In manchen Jahren fallen das Tanzfestival und das Shiva-Fest in die gleichen Wochen. Unablässig drängen die Gläubigen vom Bad im heiligen See zu den Treppenstufen des Shiva-Tempels. Stricke zwischen Pfosten kanalisieren den Andrang, Ordner öffnen den Zugang wechselweise Männern und Frauen. Ein wildes Rennen zum Shiva-Lingam führen die Männer vor, unter ihnen die Sadhus, nur mit Hüfttuch bekleidet, den Leib mit Schlamm eingerieben. Welcher Farbenzauber der Saris und bunten Tücher dicht an dicht, wenn die Frauen mit ihren Töchtern die Schälchen mit geweihtem Wasser hinauftragen! Die schönsten Bilder gibt es später, wenn die frisch gewaschenen Saris zum Trocknen ins Sonnenlicht ausgespannt und auf den grünen Rasen zwischen den Tempeln gebreitet werden. Wer zu den Khajuraho-Tempeln in Madhya Pradesh (dt. »mittleres Land«), auch noch Nationalparks mit guten Chancen für Tiger-Begegnungen erleben will, reist ostwärts zum Bandhavgarh-Nationalpark, dem einstigen Jagdreservat des Maharaja von Rewa, oder zum Kanha-Nationalpark, der einen der größten Tigerbestände im Land hat.

Blick auf das Symbol einer Liebe
In exklusiver Lage: Hotel »Amarvilas« beim Taj Mahal

Vielen gilt es als das schönste Bauwerk der Welt, das Taj Mahal, entworfen zum Gedenken einer großen Liebe. Seit dem Jahr 2000 können Sie den Marmorglanz von Ihrem Hotelbalkon aus bewundern.

Der Generalgouverneur wollte es entmanteln lassen. Wie bitte? Unvorstellbar, aber wahr: Lord Bentinck, Repräsentant der britischen Krone, wollte das Taj Mahal entmanteln, die Marmorplatten der Fassaden mit ihrem kostbaren Pietra-dura-Schmuck abtragen und in England versteigern lassen. Es war die große Zeit des Raub-Kolonialismus, wenige Jahre zuvor hatte Lord Elgin die Friese der Akropolis nach London abtransportiert. Die Kräne im Park des Taj Mahal waren schon aufgestellt, traten aber nicht in Aktion. Wahr oder nicht, es heißt, nur das schlechte Ergebnis einer Probe-Auktion von Bauteilen des »Roten Forts« habe die Zerstörung des Taj Mahal, den Raub der Marmorplatten, verhindert. Erst etwa 70 Jahre später, um 1900, sorgte Vizekönig Lord George Curzon für Reparatur der Schäden an Indiens berühmtestem Bauwerk.

Weißlich hell, lichtgrau, gelbgolden schimmert die Marmorhaut des glorreichen Grabbaus über dem Yamuna-Fluss, ein kühles Leuchten, das mit jedem Lichtwechsel anders wahrzunehmen ist. Dieser Marmor, der in Steinbrüchen in der Nähe des Dorfes Makrana bei Jodhpur in Rajasthan vor dreieinhalb Jahrhunderten gewonnen wurde, ist in der Nachbarschaft der Großstadt Agra auch heute gefährdet und schutzbedürftig. Derzeit haben Industriebetriebe und Fahrzeuge mit Schadstoffausstoß eine Schutzzone von zwei Kilometern im Umkreis zu respektieren.

Den Taj-Mahal-Besuchern werden Pferdekutschen und Elektromobile angeboten. Der Schlagbaum der Zufahrtsstraße hebt sich nur für privilegierte Benzinkutschen, nämlich jene, mit denen Gäste des neuen Luxushotels »Amarvilas« anreisen. Es entstand an einem der exklusivsten Plätze Indiens: nur wenige 100 Meter entfernt vom Taj Mahal, mit Blick auf die vier Minarette und die Kuppel, unter der Shah Jahan (1592–1666) seine Gattin Mumtaz Mahal in der Krypta bestatten ließ und auch er in seinem Sarkophag ruht.

»Eine Träne von fleckenlosem Glanz an der Wange des Himmels ..., ein Mausoleum, das auf staubiger Erde den Tod zart mit dem Mantel

1 Vor aufgehender Sonne: die Kuppeln des Taj Mahal. 2 Muslimischer Besucher vor Indiens kostbarstem Architektur-Erbe der Mogul-Ära. 3 Die Dame in Grün scheint inmitten von lauter Stufen zu stehen, tatsächlich deckt den Boden ein flaches Steinornament. 4 Mit Gärten und Wasserläufen entworfen als Abbild des verheißenen Paradieses: das Taj Mahal, erbaut 1643 im Auftrag von Shah Jahan.

der Erinnerung überdeckt«, so nannte Indiens erster Nobelpreisträger Rabindranath Tagore den Grabbau. Die Aura einer Liebe über den Tod hinaus umschwebt seine helle, hinreißend harmonische Architektur.

In 19 Ehejahren gebar Mumtaz Mahal (»Die Auserwählte des Palastes«, daraus später »Taj Mahal«) ihrem kaiserlichen Gatten 14 Kinder, von denen sieben überlebten. Ihr Leben war kurz, aber sie verbrachte es nicht eingeschlossen in den Haremsgemächern. Mumtaz Mahal beriet ihren Gatten und begleitete ihn auf seinen Kriegszügen gegen die Hindu-Fürstentümer. Am 17. Juni 1631 starb sie im Feldlager bei Burhanpur nach einer Entbindung vermutlich am Kindbettfieber, erst 37 Jahre alt. Burhanpur ist rund 700 Kilometer von Agra entfernt. Mumtaz Mahal wurde am Ufer des Tapti-Flusses beigesetzt, erst sechs Monate später brachte Shah Jahan die Tote nach Agra und ließ sie am 9. Januar 1632 unter einer rasch errichteten Kuppel bestatten, am Platz des künftigen Mausoleums. Zwei Jahre lang soll der Witwer trauernd in Askese gelebt haben. In seinen späten Jahren von seinem Sohn Aurangzeb entmachtet und in Agras »Rotem Fort« gefangen gesetzt, konnte er flussabwärts zu dem Mausoleum hinüberblicken, acht Jahre lang bis zu seinem Tod.

Doch missverstünde man dieses größte Liebes-Symbol der Erde, nähme man es allein als romantisches Vermächtnis, als persönliches Erinnerungsmonument. Es ist auch imperiale Imponier-Architektur, freilich kein Monument eines lebenden Herrschers wie im Westen das nur 40 Jahre jüngere Schloss von Versailles, sondern ein Totenpalast im Zeichen der Paradies-Erwartung.

Am Haupttor, das einst mit Silberplatten gedeckt war, empfängt die Besucher ein Koranvers: »Der du im Glauben Ruhe gefunden hast! Kehr zufrieden und wohlbehalten zu deinem Herrn zurück! Schließ dich dem Kreis meiner Diener an und geh in mein Paradies ein!« (89. Sure, »Die Morgendämmerung«).

Gemäß den himmlischen Flüssen im Koran, die sich im »Becken der Fülle« treffen, sind auch die Kanäle des Taj-Mahal-Gartens mit einem Wasserbecken im Schnittpunkt angelegt. »Denn diejenigen, die glauben und tun, was recht ist, sind die besten Geschöpfe. Als Lohn haben sie von ihrem Herrn die Gärten des Paradieses zu erwarten« (98. Sure). Die meisterliche Kalligrafie der Koran-Verheißungen und der köstliche Pietra-dura-Dekor der Blüten aus Karneol, Lapislazuli, Achat und Onyx schmücken die Marmorwände innen und außen, für Figürliches ist aufgrund des islamischen Bilderverbots kein Platz.

1 Kuppel-und-Minarett-Architektur (die Kuppel misst fast 19 Meter im größten Durchmesser und erreicht eine Höhe von 78 Metern). **2** Vor der Moschee. **3** Marmorwände voller Schrift- und Blütenrankendekor: Teil der Frontfassade des Taj Mahal. **4** Blick auf das Taj Mahal von einem der Haupttore aus. **5** Der erste Mogul-Bau mit Pietra-dura-Einlegearbeiten und damit ein Vorläufer-Bau des Taj Mahal: das Grabmal eines Wesirs (Ministerpräsidenten), genannt I'timad-ud-Daulah, am Ostufer des Yamuna-Flusses. **6** Farbenpracht vor edlem Mauerwerk: Bei so viel Stoff kann auch einmal etwas verrutschen.

Obwohl kein Werk der Hindu-Kultur, wurde das Taj Mahal doch ein Wahrzeichen Indiens. Anders als viele andere Monumente des Weltkulturerbes – beispielsweise das Forum Romanum – wird das Taj Mahal von der modernen Stadt Agra nicht eingeengt, es steht mit seiner Ummauerung in einer grünen Flusslandschaft, und wie in Varanasi ist das gegenüberliegende Ufer noch frei von Bebauung. Strenge Baubeschränkungen werden nicht nur erlassen, sondern auch durchgesetzt. Dagegen ist die Yamuna, einer der heiligsten Flüsse Indiens, leider unheilig verschmutzt, trägt Abfall an ihre Ufer. Der Fluss, gesäumt von Feldern und alten zierlichen Pavillons, ist dennoch von großer Schönheit.

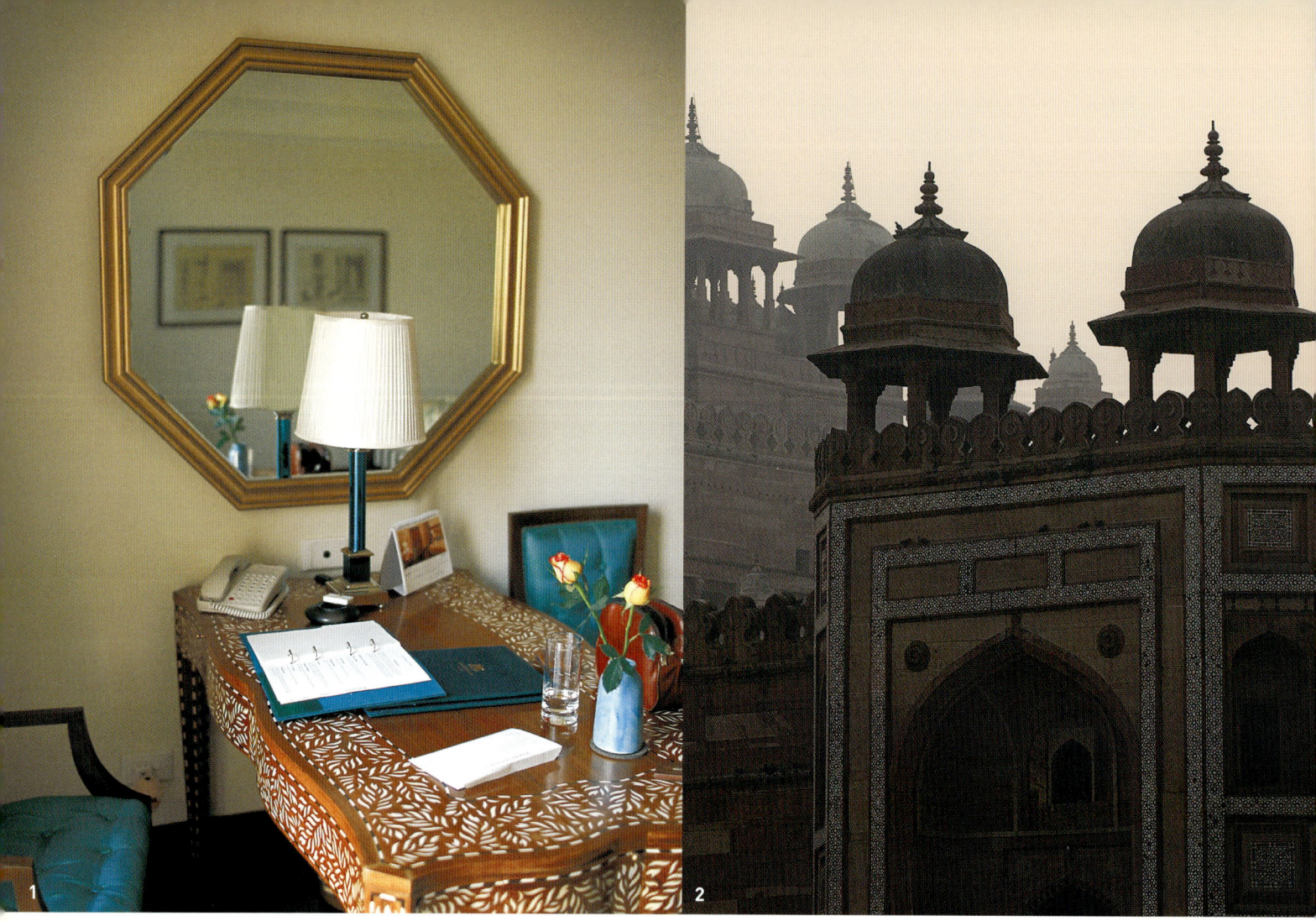

1 Gästeschreibtisch mit kostbarer Einlegearbeit aus Hunderten von exakt zugeschnittenen Kamelknochenstücken. **2** Eindrucksvolle Silhouette des Taj Mahal. **3** Von großer Schönheit: das Dekor der 31 Pflanzenbilder auf blauem oder goldenem Grund um den Empfangshof mit seinen brückenüberspannten Wasserbecken.

Pfauen spazieren in den Wiesen und fliegen in die Bäume auf. Ein »Nature Walk« führt durch den großen »Taj City Forest« und über Sanddünen zu einem Aussichtsturm.

Viel zu oft ist man in Indien versucht, das Wort »wunderbar« zu benutzen, so oft das Land auch dazu verführt, als Wunder bestaunt zu werden. Doch die Tage im Umkreis des Taj Mahal sind tatsächlich von fast wunderbarer, zauberhafter Schönheit, wenn man in seiner unmittelbaren Nähe so fürstlich wohnt wie im exquisiten Oberoi-»Amarvilas Hotel«.

Amarvilas heißt so viel wie »unsterbliche Lust«, »Götterlust«, »Vilas« bedeutet auch »luxuriöses Leben«, »Freude der Sinne«. Also die hektische Stadt Agra beiseite lassen, das Auto auch, bei jedem Blick vom Hotelbalkon das Taj Mahal märchenhaft über dem Baumgrün im Licht von Sonne oder Mond aufglänzen sehen, je nach Lust und Laune die

Stunden im Taj-Mahal-Garten, draußen an der Uferböschung über dem Fluss oder im Hotelpark am weiträumigen Swimmingpool verbringen, sich im Restaurant verwöhnen oder – auch dort wird die Kunst der Verwöhnung praktiziert – im Spa des »Amarvilas« etwas für die Gesundheit tun. Indische oder europäische Musik schmeichelt den Ohren, an der langen Bar kann man mit Gästen aus aller Welt plaudern, sich an allgegenwärtiger Schönheit von Architektur und Design freuen – ein schönes Leben, umgeben von schönen Dingen!

Marmor von der Ägäis-Insel Thasos hat man für den Bau herbeigeschafft, eine ganze Schiffsladung. Hunderte von Kunsthandwerkern waren beschäftigt. Tausende von Arbeitsstunden müssen allein für die Einlegearbeiten der Schreibtische in den Zimmern aufgewendet worden sein – jeder einzelne Tisch ist mit Hunderten von exakt geschnittenen Blattornamenten gestaltet. Dazu die Textilien, Seide, Brokat und Damast, die Kunstwerke an den Wänden, die edle Ausstattung der Bäder …

Schon lange war das exklusive Grundstück im Besitz der Oberoi-Gruppe, lange hat man auf den richtigen Zeitpunkt für den Hotelbau gewartet. Die Tatsache, dass der Einsatz gewagt wurde, ist ein Symptom für das Vertrauen auf die neue Attraktivität, die Indien im anspruchsvollen Tourismus gewonnen hat. »Nein, wir haben keine

Zeit für Taj Mahal

Anreise und Reisezeit

Flug: Der Kheria Airport ist 7 km vom Stadtzentrum entfernt. Tägliche Verbindung mit Delhi, Khajuraho und Varanasi. Im Winter oft Verspätungen wegen Nebel.

Bahn: Die meisten Züge halten an der Cantonment Station südwestlich der Stadt (Prepaid -Taxi). Express-Verbindungen mit Neu-Delhi (ca. 2 Std.), Khajuraho (ca.10 Std.).

Bus/Leihwagen: Neu-Delhi (ca. 200 km, diese Straße gilt in der Nacht wegen dichten Verkehrs als gefährlich), Jaipur (ca. 230 km), Khajuraho (ca. 450 km).

Beste Reisezeit: Oktober bis März.

Unterkunft

***** Oberoi-Hotel Amarvilas** (H1) (Oberoi). Exklusive Lage mit Taj-Mahal-Blick, bester Komfort und Service, 2000 eröffnet. Taj East Gate Rd., Taj Nagri Scheme, Agra-282 001, Tel. 562-2231516, Fax: 562-2231516, E-Mail: amarvilas@slh.com, Website: www.oberoihotels.com

In Agra mehrere sehr gute Hotels, u.a. das Mughal Sheraton (Aga-Khan-Preis für Architektur), das Taj View, das Trident (Oberoi).

* **Sheela** (H2). Einfaches Bungalowhotel, nahe beim Taj Mahal. Gepflegt, ruhig, preisgünstig. Reservieren, da meist ausgebucht. Gebeten wird, spätestens 48 Stunden vor Ankunft zu reservieren. 25 Zi., East Gate, Tel. 562-3293437. Zimmer ohne Schränke, aber Gratis-Schließfächer.

Sehen und Erleben

Taj Mahal und die Landschaft am Yamuna-Fluss. In der Nähe: das »Rote Fort«, die stärkste Festung des Großmoguls Akbar, der Agra 1566 als Hauptstadt wählte. Hervorragende Monumente der Mogul-Ära in Agra sind die Grabmale Chini-ka-Rauza und I'timad-ud-Daulah sowie die Jami Masjid, die große Moschee (alle 17.Jh., danach wurde wieder Delhi Hauptstadt). Einkaufen: Agra-Spezialitäten sind Einlegearbeiten in Marmor, Juwelen und Teppiche (UP Handicrafts Palace, 49 Basal Nagar). Der Verkehr in Agra erstickt häufig im Stau.

Ziele in der Umgebung

Sikandra, prächtiger Grabbau des Großmoguls Akbar, der fast ein halbes Jahrhundert, 1556 bis 1605, herrschte (ca. 10 km nördlich, an der Straße nach Delhi). Fatehpur Sikri, Residenzstadt des Großmoguls Akbar, nur von etwa 1569 bis 1590 bewohnt, dann aufgegeben, eine Geisterstadt voller außerordentlicher Architektur (ca. 35 km westlich). Mathura, nach der Überlieferung Geburtsort des Gottes Krishna, hervorragendes Archäologisches Museum (etwa 60 km nördlich).

Auskunft

Govt. of India Tourist Office, 131, The Mall, Tel. 562-2226378, 2363377.

UP-Tourism (Uttar Pradesh) 64, Taj Road, Tel. 562-222 64 31, www.up-tourism.com

Sorge«, sagte Rajesh Jhingon, General Manager des »Amarvilas«, »der Platz ist einzig, kein anderer darf hier bauen, und jede Auflage des Umweltschutzes ist erfüllt worden.« Also betreibt das »Amarvilas« sein eigenes Kraftwerk, mit abgasarmem Propan, und seine eigene Wasseraufbereitung. Modernste Technik und ein hochkomfortables Tausend-und-eine-Nacht-Ambiente – auch diese Kombination ist eine Formel für den Charme der jüngsten Oberoi-Hotelbauten. Eine andere: dem Gast die Kostbarkeit der Ausstattung in Feinabstimmung präsentieren, Wohlfühl-Atmosphäre statt kalten Prunks. Und natürlich: ein kompetenter, allzeit freundlicher Service – schließlich waren es die Oberois, die Indiens erste Hotelschule eröffneten.

Rauschen zur Nacht die Springbrunnen im Empfangshof, aus dem blauen Kachelgrund der Wasserbecken angestrahlt, und leuchten zugleich die grazilen, über zwei Meter hohen Blütenbilder golden und rot, tiefblau und grün in den Arkaden des Hofes auf, dann klingt Rajesh Jhingons Prophezeiung gar nicht mehr so verwegen: Eines Tages, meint er, werden die Gäste nicht zuerst wegen des Taj Mahal nach Agra kommen, sondern wegen des »Amarvilas«.

Übrigens: Lord Bentinck hat während seiner Zeit als Generalgouverneur (1828–1835) zwar das Taj Mahal fast demoliert, doch es gibt auch Verdienstvolles: sein Verbot der Witwenverbrennung.

Maharajas, Elefanten und Juwelen
Jaipur – die Erfindung der indischen Palasthotels

Eilige begnügen sich in Jaipur mit der Besichtigung von City Palace und Amber Fort. Lohnender ist es aber, den Charme der »Pink City« geruhsam zu genießen – an geeigneten Plätzen dafür fehlt es nicht!

Nirgends sind auf der Karte der »Indian Heritage Hotels Association« die Palasthotels so dicht gesät wie in Rajasthan. Der »Wüstenstaat« – mit einer Fläche größer als Italien – hat mit seinem Nachbarn Pakistan zwar teil an der Wüste Thar, aber feurige Sonnenaufgangsfotos mit Silhouetten von Kamelkarawanen und Sanddünen zeigen nur den kleineren Teil der Rajasthan-Wirklichkeit. In das Bild gehören auch vom lichten Dschungel überwachsene Berghänge, kühle Spiegel von Seen, im Südosten kräftiges Smaragdgrün von Feldern und Wäldern. Im »Land der Könige« hat es nie an spektakulären Plätzen gefehlt, die sich für mauerstarke Forts und goldschimmernde Paläste eigneten, und die stolzen Rajputen, die Könige und Fürsten Rajasthans, übertrumpften einander als Bauherren noch bis ins 20. Jahrhundert.

Als Erster wandelte Sawai Man Singh II., einer der prominentesten Maharajas Rajasthans, 1957 seinen privaten Rambagh-Palast in ein Hotel um, ein Schloss von imposanten Dimensionen auf einem 19 000-Quadratmeter-Parkgelände. Sein Entschluss brachte ihm wenig Zustimmung und von seinen konservativen fürstlichen Vettern fast einhellig Kritik – ebenso harsch wie kurzsichtig. Denn tatsächlich öffnete Sawai Man Singh II. den Weg zu Indiens »Palace and Heritage Tourism Concept«. Es ist bis heute das Kernstück von Rajasthans touristischer Marketingstrategie und zieht magnetisch Gäste aus aller Welt an, mit Hotels für reiche und weniger reiche Kunden in Wüstenforts, Stadtpalästen und den Havelis der Kaufleute. Zum Heritage-Konzept passen Elefantenritte von Jaipur zum Fort Amber ebenso wie die Nostalgiezüge »Royal Orient« und »New Palace on Wheels«, die in der Saison allwöchentlich durch Rajasthan bzw. Gujarat rollen, mit Vollpension im Nobelspeisewagen und Führungen zum Kulturerbe an den Rundfahrtstationen.

Heute ist Jaipur (»Stadt des Sieges«) mit seinen rund 1,5 Millionen Einwohnern nicht nur Hauptstadt des Bundesstaates Rajasthan, der

1 Jaipur, Stadt der Paläste: Charmant begrüßt die Empfangsdame die Gäste des opulenten »Rambagh Palace«, einst die Maharaja-Sommerresidenz. **2** Der »City Palace«, mit dessen Bau 1728 begonnen wurde, beherbergt Museen und ist auch Wohnung der Maharaja-Familie. **3** In Jaipur liebt man Elefanten, feiert ein Elefantenfestival und schmückt sie farbenprächtig. **4** In Blau und Türkis prunkt das Pfauen-Tor im »City Palace«.

nach Indiens Unabhängigkeitserklärung aus rund zwei Dutzend Fürstentümern zum »United State of Greater Rajasthan« zusammenwuchs. In Jaipur absolviert fast jeder Rajasthan-Besucher ein fast immer zu eiliges Besichtigungsprogramm. Dessen »Pflichtpunkte« sind: die berühmte, wenn auch schon wieder dringlich renovierungsbedürftige Rasterstadt »Pink City« aus dem 18. Jahrhundert rasch in Augenschein nehmen, kurz für ein Foto am Hawa Mahal haltmachen, dem gleichfalls rosafarbenen Ausguck-Palast des Maharaja-Harems, geschwind die Schätze des »City Palace« samt seiner Museen bewundern, sich der Schlepper erwehren, die sich nicht abschütteln lassen, und in den gleichen Minuten in die astronomischen Funktionen sowie die kosmischen Rätsel des ungewöhnlichen Maharaja-Observatoriums »Jantar Mantar« eindringen – Hand aufs Herz: Es geht alles ein wenig zu schnell, lässt den Besucher staunen, aber macht ihn nicht wirklich glücklich.

Abseits seines großstädtischen Getriebes, seiner tosenden Haupt- und Ausfallstraßen gibt es das andere Jaipur. Es findet sich in den Alleen und Gärten des »Cantonment« (in der Kolonialzeit angelegte Siedlung für Europäer) südlich und westlich der »Pink City« und wohl noch verlockender in den fürstlichen Gärten, Tempeln und Sommerpalästen im hügeligen, nach Norden auch gebirgigen Umkreis der Stadt. Zwei Beispiele: In den letzten Jahren nehmen sich die Restauratoren des idyllisch grünen Tempeltals von Galta im Osten der Stadt an, wo über einer steilen Schlucht ein urtümlicher kleiner Sonnentempel steht, Pilger baden und Languren in den Bäumen springen. Für Galta und die benachbarten Sisodia-Gärten sollte man wenigstens einen halben Tag Zeit haben.

Zum Palast von Amber (oder Amer), einem der schönsten ganz Indiens, möchte man immer noch einmal mehr zurückkehren. Großartiger und exotischer als in Amber ist kaum irgendwo der Kontrast zwischen gebirgsrauer Landschaft und der indischen Palastkultur der Marmorintarsien und Spiegelkabinette zu erleben. Amber war Residenz der Kachhawaha-Dynastie, bis Jai Singh II., einer der intelligentesten und tolerantesten Herrscher seiner Zeit, um 1727 von dem jungen bengalischen Architekten Vidyadhar Chakravarty die neue, größere Hauptstadt Jaipur entwerfen ließ.

Vom Gedränge um die Elefantenführer am Steilweg zum Amber-Palast sollte man sich nicht irritieren lassen; das Besteigen der Howdah, des hölzernen Sitzes des Reitelefanten, wird mit einem Leitergerüst leicht gemacht. Wer sich Zeit nimmt und auch noch eine halbe Gehstunde zum Jaigarh Fort hinaufsteigt, lässt die Scharen von Amber-Besuchern hinter sich. Außerdem gibt es einen

1 Das Jantar Mantar, 1728 bis 1734 für astronomische und astrologische Berechnungen erbaut. **2** Touristen hoch zu Elefant. **3** Das zahllos fotografierte Wahrzeichen Jaipurs: Hawa Mahal, der »Palast der Winde«, der den Damen des Zenana (Frauengemächer) Ausblicke ins Leben gewährte. **4** Der Palast von Amber wirkt mit seiner Lage hoch über der Stadt Amber noch imposanter als Jaipurs »City Palace«; mit seinem Bau begannen die Kachhawaja-Rajputen schon um 1600. **5** Typische Fassade der »Pink City«, **6** und eines der beiden 309 Kilogramm schweren Silbergefäße, mit denen Maharaja Madho Singh 1897 auf seiner Englandreise Ganges-wasser mitführte.

wahrhaft herrlichen Rundblick über die Berge und die weithin noch sichtbaren Verteidigungsmauern.

Sich Zeit zu nehmen, lohnt in Jaipur immer. Und mehr noch als anderswo, wenn man Liebhaber von Kunsthandwerk und speziell von Edelsteinen ist. Jaipur hat eine lange Tradition des Edelsteinschleifens, sowohl für Marmorintarsien wie für Schmuck. In der »Pink City« – sie wurde 1999 von der Denkmälerverwaltung insgesamt zur »Heritage Zone« erklärt – arbeiten wohl Hunderte von Edelsteinschleifern, manche noch mit altertümlichem Gerät.

Kostbarste Juwelen findet man eher nicht in den zahllosen Goldläden an der Straße, sondern diskret in oberen Etagen, wo man sich zum

Beispiel bei Bhuramal Rajmal Surana im Johari Basar (Lal Katra) Wunderwerke der Goldschmiedekunst zeigen lassen kann, mit exquisiten Juwelen und Emailarbeit. Spezialitäten des Jaipur-Kunsthandwerks sind auch handgefertigte Baumwolldrucke, blaue Keramik und in Sanganer, südlich von Jaipur, die handgeschöpften Papiere. Auch dabei möchte man immer wieder zusehen, wie sie aus einem Bottich Zellstoffbrei und einigen Handvoll hineingerührten Blüten und Gräsern entstehen. Groß ist die Auswahl an Farben, Formaten und Mustern, es gibt Schreib- und Verpackungspapiere, auch edle Kartons.

Rajasthan zählt auch heute noch zu den ärmeren Staaten Indiens. Dass der Staat mit seinen geringen Bodenschätzen, seiner eher mageren Industrieproduktion und nur langsam wachsender Landwirtschaft nicht ganz unten auf der Wohlstandstreppe steht, verdankt er zu einem guten Teil den Einnahmen aus dem Tourismus. Konsequent vertraute Jaipurs Maharaja-Familie das Management ihres Hoteljuwels »Rambagh Palace« schon vor einem Vierteljahrhundert der Taj-Gruppe an, um deren Professionalität zu nutzen. Heute betreibt die Taj-Gruppe vier Hotels in und bei Jaipur: neben dem »Rambagh Palace« als größtes mit 102 Zimmern den »Jai Mahal Palace«, als preisgünstigere Alternative den »Raj Mahal Palace« mit 21 Zimmern in Art-déco-Ausstattung und am Ramgarh Lake im Wildschutzgebiet

1 Blick in die Lounge des »Rajvilas«-Hotels, in den Schränken der Lounge funkeln Glanzstücke aus dem Juwelierladen der Shopping Arcade. 2 Der Swimmingpool ist wie die »Rajvilas«-Gästebungalows in eine Baum- und Gartenlandschaft eingebettet. 3 Eingangsareal von »Rajvilas«, der viel bestaunten Oberoi-Hotelschöpfung am Rand Jaipurs. 4 Teilansicht der Park-

nordöstlich der Stadt die elegante »Rambagh Lodge« mit 18 Zimmern, mit Bar, Billard, Tennisplatz und Squashcourt, Möglichkeiten zum Bootfahren und Ausflügen zur Vogelbeobachtung.

Am »Rambagh Palace« (siehe Bilder Seite 84–87) schätzen die Gäste vor allen anderen Annehmlichkeiten die prinzliche Großzügigkeit von Park und Terrassen, die hohe Halle des »Suvarna Mahal«-Restaurants und die historisch erhaltene »Polo Bar« mit den Sporttrophäen des letzten regierenden Maharajas. In den geräumigen Galerien und Korridoren hatten die Kinder fast unbegrenzt Spielplatz und Auslauf, erzählt seine zweite Frau, die Maharani Gayatra Devi. Ihr fiel der Auszug aus dem Palast, der Stätte ihrer ersten Ehejahre, nicht leicht: »Ich war voller Erinnerungen an Partys und die fröhlichen Feste von einst, an winzige Erlebnisse wie die fremdartigen Schreie der Pfauen, die mich in den heißen Monaten morgens weckten, und an die Vogelstimmen zu anderen Jahreszeiten.« Das einst kleine Jagdschlösschen aus dem 18. Jahrhundert ging mit frisch renoviertem Glanz und großzügigen Umbauten ins 21. Jahrhundert. Schon das einst schlichte Entree, jetzt eine pompöse Eingangshalle, begrüßt die Gäste mit hochpreisigem Luxus. Doch auch Gäste, die nicht im Haus wohnen, sind zum Nachmittagstee auf dem Rasen des Parks, zum Dinner und in der Bar willkommen.

front des »Rambagh« – das Anwesen hat die Ausmaße eines großen englischen Landsitzes. **5** Fürstlicher »Rajvilas«-Speisesaal – man kann auch auf der Terrasse speisen, abends bei Fackelschein. **6** Dekoratives und Duftendes am Empfang der Spa-Abteilung. **7** Im Hintergrund wandhoch eines der prachtvollen Baum-Bilder, Blickfang in Oberois Spitzenhotels.

1 Prächtig bemalt und geschmückt sind die Elefanten in Jaipur – und der ganze Stolz ihres Mahut. **2** Himmelbett zur guten Nacht in der üppigen, doch nicht überladenen »Rambagh-Suite«. **3** Säulenprunk und Marmorböden im »Rambagh Palace«.

Noch zwei andere Häuser mit historischem Ambiente und freundlicher Atmosphäre – nicht luxuriös, aber komfortabel – sollen genannt werden: das »Narain Niwas Palace Hotel« und das familiär geführte »Madhuban«. Sodann aus der Vielzahl der Jaipur-Hotels das moderne »Trident« der Oberoi-Gruppe, das sehr günstig für Besuche des Amber-Forts nördlich der »Pink City« liegt, vis-à-vis vom Jal Mahal, dem Palast im Mansagar Lake.

Oberoi hat sich für Jaipur noch mehr einfallen lassen. An der Wende zum dritten Jahrtausend beginnen Indiens Hotel-Mogule, eine neue Generation von Luxushotels ins Leben zu rufen, die das klassische Palasthotel in unterschiedlichster Weise variieren. In Jaipur verwirklichte Oberoi mit dem »Rajvilas« die moderne Vision eines Wüstenpalastes, mit einem Komfort, von dem Harun al-Raschid nicht einmal träumen konnte. Schon die Auffahrt und das Geleit vorbei an marmornen Wasserbecken und Skulpturen zur Empfangshalle signalisieren dem Gast, dass er in eine Welt eigenen Stils

abseits aller Hektik eintritt, großzügig und doch wohlig privat, für rastlose Manager-Naturen ausgestattet mit allen Möglichkeiten moderner Kommunikation und zugleich ein Ort, um in Ruhe und im ungestörten Genuss eines edlen Ambientes wieder zu sich selbst zu finden, für Tage oder eine Woche oder wie lange immer Konto und Terminkalender es erlauben (siehe Bilder Seite 85–86).

Mit »Rajvilas« haben die Hotelarchitekten gemeinsam mit ihren Kollegen, den hervorragenden Garten- und Innenarchitekten, ein Meisterstück harmonischen Entwerfens vollbracht, von der fürstlichen Säulenhalle des Surya-Mahal-Restaurants und seinem abends fackelerleuchteten Hof bis zu den unauffällig ins üppige Gartengrün gepflanzten »Deluxe-Room«-Nestern und Villen mit einem Maximum an Privatsphäre. Der »Deluxe«-Room bietet 42 Quadratmeter, die »Royal Villa« mit eigenem Pool, zwei Schlafzimmern, Sauna und Garten insgesamt 1057 Quadratmeter. Der Gesundheit zuliebe gibt es ein luxuriöses Spa, mit Massagen, Ayurveda und Schönheitspflege. Überall freut sich das Auge am edlen Material und schönen Design der Stoffe und Stufen, der Säulen-Pavillons, Fenster und farbigen Kacheln, an Blütenschalen, Bildern und Marmorschnitzwerk. Eine Spezialität dieses einzigartigen Wüstenschlosses am Rand Jaipurs sind die Luxus-Zelte mit bambusgestütztem Pyramidendach.

Zeit für Jaipur

Anreise und Reisezeit

Flug: Sanganer-Flughafen (ca. 10 km südlich). Verbindungen u. a. mit Neu-Delhi, Mumbai, Jodhpur, Jaisalmer, Udaipur.

Bahn: Verbindungen mit Neu-Delhi (ca. 5 Std.), Mumbai (ca. 24 Std.), Jodhpur (ca. 6 Std.), Udaipur (ca. 9 Std.), Varanasi (ca. 13 Std.). Prepaid-Taxi-Schalter benutzen.

Bus/Leihwagen: »Deluxe«-Busse frühzeitig buchen. Delhi (ca. 260 km), Jaisalmer (ca. 650 km), Udaipur (ca. 380 km).

Beste Reisezeit: Oktober bis März.

Unterkunft

/* Narain Niwas Palace (H4). Rajputen-Architektur, Garten, Pool, Restaurant. 31 Zi., teils AC, Zugehörig Castle Kanota, 15 km auswärts am Jaipur-Agra-Highway, und Rajmahal Palace&Resort, Dist.Tonk.Kanota Bagh, Narain Singh Rd., Jaipur-302 004, Tel. 141-56 12 91 und 56 34 48, Fax: 56 10 45, E-Mail: info@hotelnarainniwas.com

* Madhuban (H5). Gepflegtes, preisgünstiges Familienhotel, 18 im Heritage-Stil eingerichtete Zimmer, AC, D-237, Bihari Marg, Banipark, Jaipur-302 016, Tel. 141-20 00 33 und 20 54 27, Fax: 20 23 44, E-Mail: madhuban@usa.net

Sehen und Erleben

Pink City, City Palace mit Museum, Jantar Mantar, Birla Mandir, Central Museum, Nahargarh (Tiger Fort), SRC Museum of Indology, Elefantenritte, Kinopalast Raj Mandir Cinema. Golf, Tennis, Shopping (Juweliere, Edelsteinschleifer).

Ziele in der Umgebung

Amber (Amer), mit Kunsthandwerker-Dorf und Jaigarh Fort (11 km nördlich). Nahargarh (Tiger Fort, ca. 2 km nördlich der Stadt auf einer Felsbastion). Galta-Tempeltal (ca. 8 km nördlich).

** Samode Palace, Heritage-Hotel in spektakulärem Felstal (www.samode.com, 42 km nördlich). Sisodia Ranika Bagh (fürstlicher Garten, 8 km östlich). Sanganer, mit mehreren Papiermanufakturen (ca. 10 km südlich). Wildschutzgebiete: Ramgarh (ca. 70 km nordöstlich), Jüngst ein neues Reiseziel in dramatischer Gebirgslandschaft (nördlich NH 8 Delhi-Jaipur): der Patan-Mahal-Palast, von Rao Digvijay Singh, dem Nachkommen der Erbauer und Hausherrn des Madhubai-Hotels. www.patanmahal.com

Auskunft

Govt.of India Tourist Office, Paryatan Bhawan Hotel Khasa Kothi, Hotel Campus M. I. Road, Tel. 141-5110598, www.rajasthantourism.gov.in

Warten auf den Tiger
Ranthambore: Safari im Nationalpark

Über 500 Quadratkilometer erstreckt sich der lichte Dschungel des einstigen Maharaja-Jagdgeländes und noch älterer Forts. Hier ist auch ein Ursprungsort von Indiens »Project Tiger«.

Ein märchenhaftes Bild: Die Berge haben rote Füße, vom Boden vor der Gebirgskette leuchtet es knallrot, rubinrot, Kilometer um Kilometer. Blüten? Mineralien? Nein, wir sind von Shivpuri unterwegs zum Nationalpark Ranthambore, und die raue Straße führt durch das Land der Chilis, auch Cayenne-, roter oder Teufelspfeffer genannt. Es ist Erntezeit, Ende Februar, und am felsbraunen Gebirge strahlt das Rot von Abermillionen scharfer Schoten. Frauen in silberschwarzen und rotschwarzen Kleidern mit pfennigkleinen eingenähten Spiegeln breiten sie zum Trocknen aus.

Die wenigsten Besucher Ranthambores kommen auf diesem Weg von Osten, die meisten von Nordwesten, von Jaipur – so wie früher die Maharajas von Jaipur, die Ranthambore als privates Jagdgebiet besaßen und dafür sorgten, dass die Bauern den Dschungel und seine Bewohner respektierten. Das Gebiet war 1972, als das Schutzprogramm »Project Tiger« anlief, nur 155 Quadratkilometer groß, wurde aber im Lauf der Jahre erweitert, sodass der Ranthambore-Nationalpark heute 410 Quadratkilometer umfasst. Zudem grenzt er an das rund 100 Quadratkilometer große »Sawai Man Singh Sanctuary«, so benannt zu Ehren des letzten, im Naturschutz sehr aktiven Maharajas von Jaipur.

Indische Gazellen (Chinkara), Sambarhirsche (das größte indische Rotwild), Antilopen (Nilgai), Leoparden, Wildschweine, Hyänen, Schakale, Krokodile und Echsen, dazu muntere, dreiste Affen trifft man in den lichten Dschungelhügeln des Parks und an den Ufern der künstlich aufgestauten Seen, an denen Tausende von Wasservögeln leben. Die Chancen, einen Tiger zu sehen, sind im Ranthambore-Park, dem kleinsten Tigerschutzgebiet Indiens, besser als in den großen. »Total gelassen, in nur zehn Meter Entfernung, ist der Tiger an unserem Geländewagen vorbeigestrichen«, hört man Gäste staunen. Nie wird man das orangegelb, schwarz und weiß gezeichnete Fell vergessen, nie den mächtigen Körper, wie er das hohe Gras teilte. Trotzdem rechnet man besser nicht allzu

1 Auf Safari im Tiger-Nationalpark. 2 Über 500 Quadratkilometer Schutzgebiet – da stört nichts die Sonnenuntergangs-Romantik, 3 Ranthambore-Tiger lassen sich oft auch von Touristen nicht aus der Ruhe bringen. 4 Kolonialer Schick: die »Sawai-Madhopur Lodge«.

1

2

fest auf die Tigerbegegnung bei der ersten Parktour und nimmt sich wenigstens drei Ranthambore-Tage vor. Die Wildhüter, die ihre Tiger kennen, sprachen letzthin von 52 im Park lebenden Tieren. Auch nach 30 Jahren Tigerschutzprogramm ist leider nicht auszuschließen, dass sie als Bettvorlegertrophäe oder als Aphrodisiakum für ebenso zahlungskräftige wie abergläubische Kunden in Fernost enden. Die Wilderei fordert auch im Ranthambore-Nationalpark ihre Opfer unter den schätzungsweise 2000 oder 3000 indischen Tigern.

Noch 1961 machten nicht Wilderer, sondern Prinz Philip und Queen Elizabeth II. bei ihrer Indien-Reise Jagd auf Ranthambore-Tiger. »Am ersten Tag erlegte der Herzog von Edinburgh einen großen Tiger mit einem schönen Schuss«, notiert in ihren Erinnerungen Gayatra Devi, die letzte Maharani von Jaipur, die selbst schon als Zwölfjährige auf Großwildjagd gegangen war. Gayatri Devi (1919-2009) heiratete mit 21 Jahren Man Singh II., den letzten regierenden Maharaja Jaipurs, setzte sich später energisch für Naturschutz und auch für die Erhaltung der »Pink City« ein, Jaipurs historischen Stadtkern. Hoch angesehen bei ihren einstigen Untertanen, ließ sie sich als eine der ersten indischen Frauen auch ins Parlament wählen.

Den Ranthambore-Park mehrere Tage lang zu besuchen, lohnt auch wegen seiner im Waldgelände verstreuten historischen Bauten und Ruinen, die im Süden von einem mächtigen Fort mit halbrunden Bastionen überragt werden. Im Umkreis des Forts kann man unbesorgt zu Fuß gehen, kann sich stundenlang am weiten Blick über die ursprüngliche Landschaft freuen, bunte Vögel beobachten und kleine Tempel besuchen.

Für Reisende, die auch die Nächte am liebsten mitten in der Natur verbringen, ist das Zeltlager »Sher Bagh« am Rand des Parks zu empfehlen – für volle Verpflegung ist gesorgt. Man sollte allerdings wegen kalter Nächte und frischen Fahrtwinds bei frühmorgendlicher Safari warme Sachen mitbringen. Eine schöne Unternehmung ist auch eine Stippvisite im ehemaligen Jagdhaus »Castle Jhoomar Baori« nahe dem Parkeingang – auf der Dachterrasse lässt sich in Gesellschaft von ein paar kleinen Papageien und hoch kreisenden Greifvögeln ganz ungestört die Landschaft genießen.

Wunderbar aufgehoben findet man sich in der »Sawai Madhopur Lodge«, 1930 vom regierenden Maharaja Jaipurs erbaut und von der Taj-Gruppe als kleines Luxus-Hotel betrieben. Weiß glänzen die acht Säulenpaare des vorgebauten Veranda-Halbrunds über dem kurzgeschnittenen Rasen. Der Tag beginnt mit Early Morning Tea

1 Die noble »Sawai Madhopur Lodge« wurde vor hundert Jahren vom damaligen Maharaja erbaut. Heute gehört die renovierte »Sawai Madhopur Lodge« als Hotel der Taj-Group an. **2** Blick vom Ranthambore-Fort auf die Dschungel und Seen der Parklandschaft

und Biskuits, und hat man keine Lust auf die zweimal täglich angebotene Parksafari, gibt es auf dem exklusiven Gelände allerlei Sport, an dem schon die Kolonialherren ihren Spaß hatten: Croquet und Badminton, Tischtennis, natürlich den Swimmingpool, dazu Ausritte zu Pferd oder zu Kamel und Leihfahrräder. Bei »indoor games« – vom Brett- bis zum Bridgespiel, auch Billard – versammelt man sich in den mit Antiquitäten bestückten Salons und lässt sich von einem Königstiger über die Schulter schauen. Der wurde vermutlich Opfer eines Maharaja-Weekends.

Seit November 2001 gibt es eine prunkvolle und ganz neuartige Alternative zum Maharaja-Hotel: Das Oberoi-Resort »Vanyavilas«, das erste »Luxus-Dschungelcamp Indiens«, erwartet seine Gäste: 25 Zelte mit Marmorbädern und Klimaanlage auf einem 80 000 Quadratmeter großen Waldgelände am Rand des Ranthambore-Nationalparks.

Zeit für Ranthambore

Anreise und Reisezeit

Flug: Nächster Flughafen Jaipur, zahlreiche Verbindungen.

Bahn: Sawai Madhopur liegt an der Strecke Delhi–Mumbai und ist auch von Jaipur und Agra zu erreichen. Die meisten Züge halten in Sawai Madhopur. Bis zum Park etwa 15 km.

Leihwagen/Bus: Neu-Delhi ist rund 400 km, Udaipur 360 km, Agra 200 km, Jaipur 160 km entfernt. Busverbindungen mit Jaipur, Kota und Bundi.

Beste Reisezeit: Oktober bis April.

Unterkunft

*** The Sawai Madhopur Lodge (H1) (Taj-Gruppe)). Stilvolle Anlage in gepflegtem Grün, 27 Zi., 2 Suiten, bei Bedarf Zelte. Ranthambore National Park Road, Tel. 74 62-2 35 00 und 2 35 01, Fax: 22 07 18, E-Mail: sawai.madhopur@tajhotels.com. Buchung auch über Deutschland möglich, Tel. 08 00-1-85 26 15 (gebührenfrei) und www.tajhotels.com, E-Mail: tajsales@dircon.co.uk

*** Ranthambore Forest Resort In einem Parkareal vorm nahen Waldgebirge, an der Ranthambore Road, einige Kilometer von Sawai Madhopur entfernt. 46 Zi. mit Veranden, Swimmingpool, Safari-Touren, Volkstanz und Volksmusik am Abend. Tel. 74 62-221120, Fax: 74 62-221122, E-Mail jungal-life@rediffmail.com. Corporate Office in Jaipur, Tel./Fax 2385442. WelcomHeritage.

*/** Castle Jhoomar Baori (H2) (RTDC). Im Parkareal gelegenes ehemaliges Jagdhaus. 9 Zi., 2 Suiten mit Maharaja-Ausstattung (reservieren!). Prächtige Ausblicke, Service und Speisesaal eher mäßig. Tel. 74 62-2 04 95, Fax: 2 12 12.

/*Tiger Moon Resort »Indian Adventures, Wildlife and Adventure Resorts«, nahe dem Ort Sherpur. 37 Cottages, 32 aus Stein, 5 aus Bambus. www.indianadventures.com

Sehen und Erleben

Jeep-Exkursionen (6.30–9 und 15–18 Uhr, winters andere Zeiten), Buchung über Hotel, Agenturen oder das Forest Office (Project Tiger). Begrenzte Zahl von Fahrzeugen im Park erlaubt. Der Park ist von Oktober bis Juni geöffnet.

Ziele in der Umgebung

Tonk: »Goldenes Haus« (Sunehri Kothi), 19. Jh., mit Glasintarsien und Goldstuck (ca. 75 km westlich). Uniara: Stadt und Fort, mit Heritage Hotel (ca. 35 km westlich).

Auskunft

Tourist Information im RTDC-Vinayak-Tourist-Komplex, Tel. 74 62-22 13 33.

Forest&Project-Tiger-Office, 500 m vom Bahnhof in Sawai Madhopur, Tel. 76 42-22 02 23.

Der Palast der tausend Bilder
Wo Rajasthan grünt und blüht: Bundi

Noch abseits der Touristenrouten erhebt sich der Palast von Bundi stufenförmig in den Hang gebaut über einem See – der Reisende wohnt stilvoll in einem Heritage-Hotel.

In den grünsten Winkel Rajasthans kommt heute erst die Avantgarde des Tourismus. Selbst vor dem überhohen Tor des Rajputenpalasts von Bundi drängen sich keine europäisch-amerikanisch-asiatischen Scharen wie täglich in Jaipur oder Jaisalmer, Jodhpur oder Udaipur. Die Balkenriegel der monumentalen Flügeltüren – stark wie Eisenbahnschwellen! – schiebt der Wärter selten zurück. Nur das niedrige Durchschlupftürchen zu Bundis Sehenswürdigkeit Nummer eins wird geöffnet, und man muss sich bücken, um hineinzugelangen. Ein uriges, unbezwingbares Verteidigungsgemäuer haben die stolzen Herren von Bundi über ihre Stadt gesetzt, haben die steile Auffahrt mit Kopfsteinen gepflastert und mit steinernen Elefanten beschirmt.

Um so märchenhafter wirkt der folgende Kontrast. Hinter rauer Schale zeigt der Palast von Bundi seine zarte Seele, und die blüht in Gärten und zahllosen Bildern. Ein wahres Schatzhaus indischer Wandmalerei ist hier zu erwandern. Saal um Saal wächst das Staunen, auf Galerien und blütenumwachsenen Terrassen findet man sich inmitten einer Fülle von Szenen von Göttern und Liebespaaren, von höfischer Eleganz, von Jagd- und Kriegsgetümmel wie in keinem anderen Palast Rajasthans.

Den heute namenlosen Malern gelang in der ersten Hälfte des 18. Jahrhunderts jene heitere Leichtigkeit, die auch in der Kunst immer das Schwierigste ist (und damals in Europa im Zeichen des Rokoko Wirklichkeit wurde). Scheinbar mühelos geht Figürliches ins Ornament über, am schönsten in den malerischen Huldigungen an den lebenslustigen Hirtengott Krishna, den Flötenspieler, der mit den Milchmädchen tanzt und als Kleiderräuber anzügliche Scherze treibt. Bundikalam heißt diese außerordentliche Malschule, deren Anfänge bis ins 16. Jahrhundert zurückreichen.

Niemand in Bundi erzählt davon so beredt wie Billu, und diesem Billu entkommt kaum ein Besucher Bundis. Deren Zahl ist ja noch

1 Steinschnitzwerk, festlich von innen und außen beleuchtet: die 84-Säulen-Halle eines Chattris (Totengedenkstätte) von 1683 an der Straße Bundi-Kota. **2** Wandmalerei in einem der Palasthöfe (Chitrashala). **3** Zuschauen bei einem Festzug. **4** Der Garh-Palast der Bundi-Herrscher aus dem 16./17. Jahrhundert thront über der Stadt im Talgrund – Blick von dem noch höheren Taragarh Fort aus dem 14. Jahrhundert.

bescheiden, und der schmächtige Billu tritt jedem von ihnen als hellwache Mischung aus Heimatforscher und charmant radebrechendem Fremdenführer entgegen: »... after you will be find India number two stone carving. Only for king's family. You couldn't find like same anywhere.« Er weiß auch: Eine Woche ist das Minimum an Lebenszeit, das man in Bundi verbringen sollte. Vor allem, wenn man zu denen gehört, die das Authentische suchen, die Orte, an denen ein gemächlicherer Gang der Zeiten den Dingen ihre Patina lässt. Bundi ruht abseits der üblichen Reiserouten im südöstlichen Zipfel Rajasthans, in einem Tal inmitten der Höhen des bis auf 1700 Meter ansteigenden Arawalli-Gebirges und bietet noch mehr als die spektakuläre Faszination der Palastpracht. Es verwöhnt mit ursprünglicher Ländlichkeit und mit dem schönen Anblick leuchtend farbiger Saris vor sattem Grün, mit malerischen Seen und schattigen Bäumen. Auch an heißen Tagen erfrischt oft ein leichter Windhauch.

Zur Lebenskunst in den Hitzemonaten April bis September gehören in dieser Landschaft die tief in den Boden gegrabenen Stufenbrunnen. Im dämmrigen Licht zwischen Säulen und steinernen Skulpturen steigt man zur Wasserfläche hinab, 20 Meter und mehr. Die Galerien und Treppen sind Kunstwerke, die an die Kupferstiche des

Italieners Piranesi erinnern. Der Stufenbrunnen (»baoli« oder »baori«, auch »bawadi«) ist aus der Hitze der Subtropen geboren, eine Architektur für Wasserholer und Schattensucher. Kein Zufall also, dass Bundi auch »Stadt der Stufenbrunnen« heißt, mit über 50 erhaltenen und halb verfallenen. Den Schönheitspreis verdient wohl der unbekannte Architekt, der den »Raniji ki Baori« 1699 über 60 Meter tief anlegen ließ.

Haustüren zwei Meter über dem Straßenpflaster? Das hat seinen Grund: Mächtig strömt zur Monsunzeit der Regen, so mächtig, dass der Tempelteich überfließt. Der liegt samt dem Tempel, der dem Regengott Varuna geweiht ist und mitten im Wasser steht, am Westende der Hauptstraße, und wenn die Fluten stiegen, hat man sie durch die Hauptstraße abgeleitet – dank der hochgelegten Eingänge ohne größeren Schaden für Wohnungen und Läden.

Stille unter Palmen und Mangobäumen genießt man abseits der bunten, dicht gebauten Stadt bei Shikar Buj, dem einstigen Jagdschlösschen des Maharaos. Kinder spielen, Licht fällt zwischen den Wipfeln auf das Badebecken der verlassenen Tempelstätte. Vogelrufe lassen die Ruhe noch tiefer spüren. Billu wird dafür sorgen, dass die Türen des Schlösschens geöffnet werden, man wird eintreten in die ausgeräumten Zimmer und den schönen Ausblick

1 Bis auf den letzten Quadratzentimeter ausgemalt: Chitrashala mit den typischen Grün- und Braun-Farben der Bundi-Malschule. **2** Blumen-Festzug der Frauen. **3** Ein liebenswürdiges Meisterwerk der Bundi-Malschule im Chitrashala (Pavillon der Gemälde) des Garh-Palastes, **4** Schöne Schwünge in einer heiteren Gesellschaft: Die Bögen der Festkleider finden sich zugleich im grünen Garten-Hintergrund. **5** Wunderschöne Pavillonarchitektur der Maharaos von Bundi außerhalb der Stadt. **6** Bundi ist heute eine Provinzstadt in bäuerlicher Region: Ochsenkarren-Rennen beim Utsav-Fest.

haben – fast wie die fürstlichen Jagdherren von einst. Und Billu wird von dem Sadhu mit dem langen Haar erzählen, der nebenan über einem Bachtal seine Hütte hatte: »You like meet the sadhu?«
Seher, Selbstdarsteller, sonderbare Heilige – was sind diese Sadhus wirklich, die sich, Aussteiger in Brahmas Namen, aus dem schützenden Netz der Familie gelöst haben? Auf dem langen Weg zur geistigen Erleuchtung sind sie, oder auf dem einträglichen vom frommen Fußwanderer zum Groß-Guru, den die spendefreudigen Anhänger umdrängen. Und Tausende sind arme Teufel, die von familiären Katastrophen und/oder finanzieller Not auf die Landstraße getrieben wurden, Langzeitarbeitslose und Analphabeten mit Lendenschurz, Bettlerschale und Wanderstab.

1 Bunt geschmückte Fassade mit dem stimmigen Halbrund des Architekturrahmens, nach Art von kleinen Tempeln. **2** Wohnen im »Haveli Braj Bhushanjee«: Zimmer im Palaststil, mit den typischen Wandnischen, die das Design der Fenster abwandeln.

Der Sadhu vom Shikar Buj erwies sich als freundlicher Eremit, die Augen und den Kopf voll Altersweisheit. Ein Schüler bereitete ihm schweigend das Essen. Billu übersetzt Fragen und Antworten, eifrig, wenn auch nicht ganz so präzise, wie es nötig wäre, um die reine Sadhu-Lehre in unser europäisches Denken zu transportieren. Sein Haar hatte der Sadhu zu einem fast zwei Meter langen braunen Zopf geflochten und löste das Gesteck für unsere Kamera.

Die Hotelsituation, noch vor wenigen Jahren in Bundi nur kümmerlich, ist zwar immer noch schmaler als in vielen anderen touristisch interessanten Orten Rajasthans, doch dank Mr. Mehta und seinem Sohn gibt es das »Haveli Braj Bhushanjee«, und magnetisch zieht es Indienfahrer mit Komfortbedürfnis und Stilgefühl an. Als die Mehtas, Grundbesitzer und Gutsherrn, die Ländereien wie die Einkünfte schwinden sahen, bauten sie den bald 200 Jahre alten Familiensitz in ein 18-Zimmer-Hotel um.

Entstanden ist so nach bester Heritage-Art nicht etwa ein Luxushotel, sondern eine Herberge mit persönlichem Charakter und einem angenehmen Ambiente mit originalen historischen Möbeln und Bildern. Vom Eigner selbst geführt, strahlt das »Braj Bhushanjee« so viel Wohlfühl-Gastlichkeit aus, dass man den beiden Vorfahren-Brüdern heute noch dankbar ist, die um 1790 nach Bundi gerieten und den Maharao spontan für sich einnahmen. Der Ältere, Bohara Tula Ram, wurde binnen Kurzem Premierminister und für seine Verhandlungskunst – es ging um die Staatsverträge mit den Briten – mit beträchtlichem Grundbesitz belohnt.

Souvenirs mit dem Charme der Urgroßväter-Zeiten, alte Ölgemälde und angegilbte Kupferstiche im »Brash Bhushanjee« laden dazu ein, sich in jene Ära der Vergangenheit Bundis zurückzuversetzen, die heute noch »Raj« heißt, zu Deutsch Herrschaft, als nämlich die Briten herrschten und die Rajputen, die einheimischen Fürsten, als Helfer zu instrumentalisieren versuchten – meist mit Erfolg.

Mr. Mehta steckt voller Erinnerungen – nicht nur an die glorreichen Höhepunkte seiner Familiengeschichte –, und er sorgt dafür, dass man gut informiert ist, bevor man zu Exkursionen aufbricht. Kota, einst eine Schwesterresidenz Bundis, von einem anderen Zweig der Familie beherrscht, ist heute lauter, moderner und zehnmal so groß wie Bundi.

Zeit für Bundi

Anreise und Reisezeit

Flug: Nächste Flughäfen bei Jaipur und Udaipur, von dort tägliche Verbindungen mit Delhi, doch die Fahrt vom Flughafen auf der Straße nach Bundi dauert fast so lang wie die Bahnfahrt von Delhi nach Kota.

Bahn: Radjani-Express von Delhi nach Kota (4 Std.) und Taxi oder Bus nach Bundi (knapp 1 Std.).

Beste Reisezeit: Oktober bis März.

Unterkunft

*/** Haveli Braj Bhushanjee (H1). Ein Stück unterhalb des Palastes, beim Ayurvedic Hospital gelegen. Angenehme Räume in fast 200 Jahre altem Haus, seit 2007 um einen neuen Flügel erweitert, mit hellen, großzügigen Räumen, AC, teils auch Jacuzzi. Exzellenter Blick von der Dachterrasse aus. Gute vegetarische Küche, 18 Zi. Gut bestückter Laden mit Kunsthandwerk. Tel. 747-3 23 22, Fax: 3 21 42, Interessante Webseite: www.kiplingsbundi.com, E-Mail: res@kiplingsbundi.com

*/** Ishwari Niwas Kothi (H2). Civil Lines in der Neustadt gegenüber dem »Collector Bungalow«, 24 Zi. mit großem Gartenhof, 20 stilvoll eingerichtete Zimmer und angenehmes Restaurant. In den 1920er-Jahren erbaut von Maharao Ishwari Singh, seit 1992 Hotel. Tel. 747-44 23 22. Webseite: www.ishwariniwas.com

Sehen und Erleben

Palast (mit großartiger Fülle von Wandmalereien), Stufenbrunnen (Baori, einer der schönsten ist der Raniji ki Baori, 18 m tief, im Zentrum beim Azad Park). Sar Bagh (Baumgarten mit märchenhaft umwachsenen Chattri-Pavillons der Bundi-Herrscher), Shikar Burj (alte Tempelstätte unter Palmen und Mangobäumen).

Ziele in der Umgebung

Kota: einer der bizarrsten Paläste Rajasthans mit dem Maharana Madho Singh Museum (ca. 40 km südöstlich). Jhalawar mit dem heute von Regierungsbüros genutzten Garh Palace – exquisite Wandbilder, Skulpturen- und Malerei-Museum – und der Wasserburg Gangron Fort (12 km nördlich). Der Ranthambore-Nationalpark (siehe Seite 95 f.) ist per Bus über Sawai Madhopur zu erreichen (rund 150 km, Straßenschäden), mit der Bahn über Kota.

Auskunft

Tourist Reception Centre Rajasthan Tourism, Collectorate

Campus, schräg gegenüber vom Iswari Niwas Hotel. Tel. 747-2443697. Einer der beredtesten Führer ist Billu (zu treffen am Wasserturm beim Indra-Markt und Azad Park, oder fragen Sie nach Billu!).

Auskunft Kota (nördlich von Bundi).

Tourist Reception Centre, RTDC Hotel Chambal, Tel. 744-327695.

Hindus aus Pakistan suchten nach der Teilung Indiens in Scharen neue Existenzmöglichkeiten im fruchtbaren Hadoti-Land, und in den Sechzigerjahren des 20. Jahrhunderts beschloss die Zentralregierung in Delhi, Kota am Chambal-Fluss – einem der wenigen in Rajasthan, die ganzjährig Wasser führen – zu einem Industriezentrum auszubauen. Ein benachbartes Atomkraftwerk sorgt für Energie.

Besuchen sollte man in Kota den mächtigen Stadtpalast über der Altstadt, einer der bizarrsten mit seinen staubigen Aktengebirgen in den unteren Etagen und dem Maharana Madho Singh Museum mit Jagdtrophäen und Privatgemächern in den oberen. Im Basar kann man die kostbaren »Kota Doiria Saris« kaufen, mit in Baumwolle eingewebten Seidenmustern. Im Chambal-Park sieht man Krokodile und an der nächsten Ecke vielleicht einen Elefanten, dem üppiger Farbschmuck auf die dicke Haut aufgetragen wird.

»Und dann fahren Sie unbedingt noch für zwei Tage zum ›Wildlife‹, in den Ranthambore-Nationalpark, der ist Tigerland, und Sie können im Jagdhaus des Maharaos übernachten, nah dem Parkeingang. Und wenn Sie nach Udaipur oder nach Jaipur weiterfahren, haben wir am Wege noch ein paar Tipps mehr für Sie, garantiert schöne, ruhige Orte ohne Touristengedränge!«, verspricht Mr. Mehta. In Bundi darf man das glauben.

Wählen Sie Ihren Palast!
Udaipur – die Königin der Seen

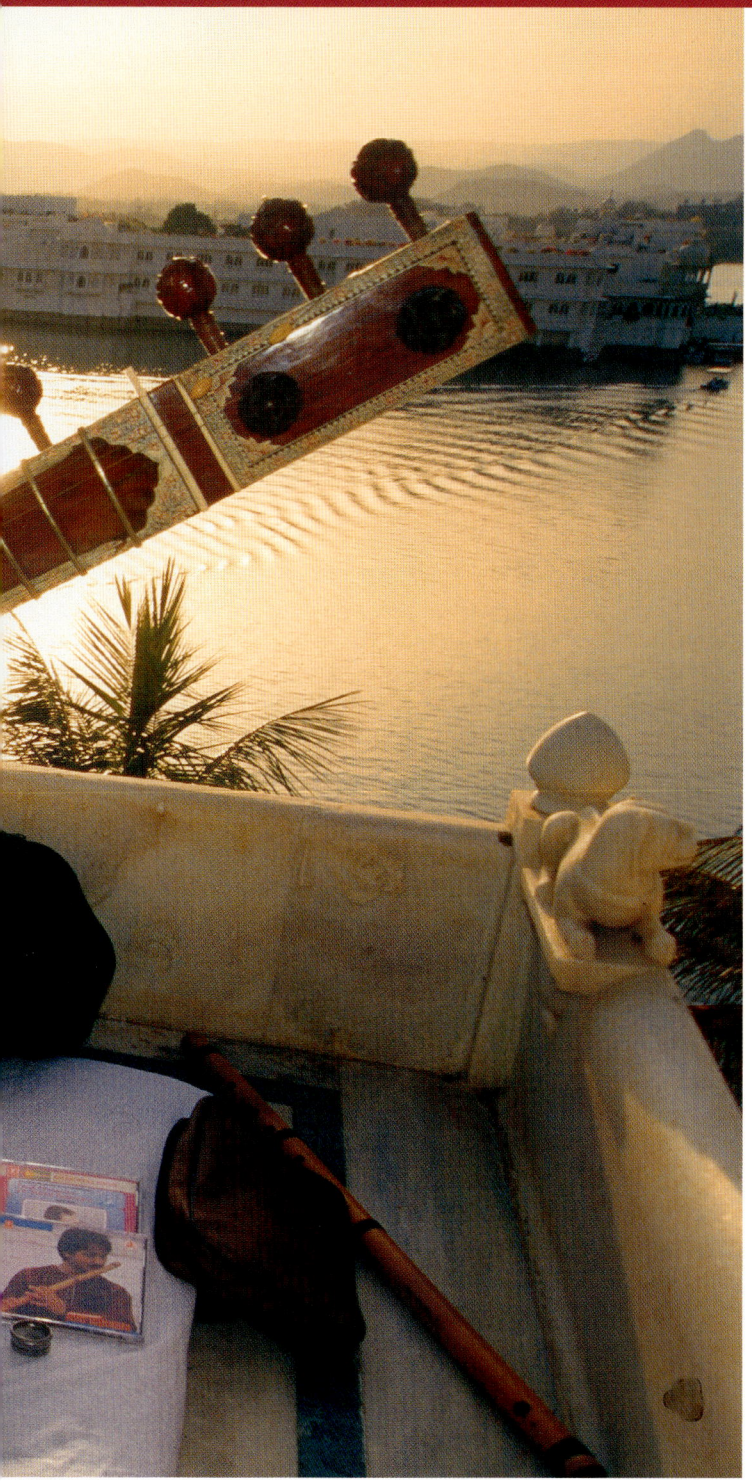

Die schönste Großstadt Rajasthans, vielleicht sogar die schönste Indiens, breitet sich mit Gärten und Palästen über den Ufern ihrer vier Seen aus – ein Wunschort der Muße, des Marmors und der Maler.

Man irrt, wenn man Rajasthan für ein Wüstenland hält. Das trifft zwar für weite Gebiete des Nordens zu, aber im Süden, im Land Mewar um Udaipur, breitet sich Wald in den Tälern des Arawalli-Gebirges aus, liegen Felder zwischen großen, meist künstlich aufgestauten Seen. Im Pichola Sagar und im Fateh Sagar, den beiden grössten Seen Udaipurs, spiegeln sich Paläste. Viele Reisende haben Udaipur »romantisch« genannt, einige Engländer beschworen zum Vergleich sowohl Venedig, wegen des Wassers und der Brücken, wie den Rhein, wegen der trutzigen Burgen auf den Höhen. Sicher ist: Nicht vergessen wird man eine Mondnacht im Dachrestaurant über dem Lake Pichola, wenn sich die Palastlaternen in der schwarz glänzenden Kühle spiegeln, von den Ufern tönt Musik, der See platscht leise gegen die Treppen am Wasser … eine Stimmung, die das Herz bewegen kann.

Udaipur, die »Stadt des Sonnenaufgangs«, heute von rund 400 000 Bürgern bewohnt, wurde erst 1568 gegründet. Kurz vorher hatte Mogulkaiser Akbar die ältere Hauptstadt der über das Land Mewar herrschenden Sisodia-Fürsten, die Festung Chittorgarh, gestürmt und gründlich zerstört. Eine neue Residenz musste gebaut werden, und es war nicht der Bauherr allein, der den Standort dafür wählte: Es heißt, der Sisodia-Fürst Maharana Udai Singh habe sich eines Rates erinnert, den ihm ein weiser Einsiedler gegeben hatte – Jahre zuvor, als der Fürst am Pichola-See auf der Jagd war: Hier solle eine neue Hauptstadt errichtet werden.

Die neu gegründete Stadt wuchs kräftig nach kriegerischen Jahren, in denen der noch heute als Held gefeierte Maharana Pratap sich 1576 in der Schlacht bei Haldighati (nördlich von Udaipur) gegen die Großmoguln behauptet hatte. Noch besser entwickelte sich Udaipur in den friedlichen Zeiten, die aufgrund eines Vertrags mit Jehangir, dem Sohn des Mogulkaisers Akbar folgten. In Jahrhunderten gewachsener Reichtum ist bis heute in Palästen und den Her-

1 In den Altstadtgassen: Menschen, Mopeds, bunt bemalte Kühe. **2** Im Stadtpalast wie in der Stadt Udaipur begegnet man dem Sonnensymbol: Die Maharanas von Udaipur stammen, sagt die Überlieferung, vom Sonnengott ab. **3** Im Hotel »Jagat Niwas«: preisgünstiger Ausblick auf den Pichola-See. **4** Abendmusik auf der Terrasse des Palasthotels »Fateh Prakash«, im Hintergrund der berühmte »Lake Palace«.

1

2

renhäusern der Altstadt, den sogenannten Havelis, zu erleben, augenfälliger Beweis für die wenig bekannte Tatsache, dass herausragende Mitglieder der Sisodia-Dynastie Kunst und Architektur in ähnlichem Maß gefördert haben wie ihre viel bekannteren und sprichwörtlich unermesslich reichen Mogul-Rivalen.

Die Sisodias nehmen mit ihrem Titel »Maharana«, zu Deutsch »Großkönig«, in der Rangordnung der indischen Fürsten den höchsten Platz ein. Sie führen ihren Stammbaum 76 Generationen zurück, und die Sage leitet die Herkunft der Familie von der Sonne ab – überall sieht man die Sonnenscheibe auf ihren Bauten. Nie verheirateten die Sisodias ihre Prinzessinnen mit Mogul-Sultanen, wie es ihre fürstlichen Kollegen um des Vorteils willen taten. Sie verschlossen sich auch, soweit es irgend möglich war, britischen Einflüssen. Obwohl die Sisodia-Dynastie seit 1818 einen Vertrag mit der Kolonialmacht hatte, damals zum Schutz gegen die Marathen-Überfälle, verweigerte sie die Teilnahme an den Maharaja-Versammlungen mit den britischen Vizekönigen. Die Sisodia-Familie wohnt noch heute in einem Teil des Stadtpalastes, sie finanziert karitative und kulturelle Stiftungen.

Für Udaipur sollte man reichlich Zeit mitbringen. Je nach Lust und Temperament lässt sich der Aufenthalt in der Stadt ganz unterschiedlich gestalten. Angenehm ist es, abseits von allem städtischen

Getriebe entspannte Udaipur-Atmosphäre in einem Hotel am Stadtrand oder luxuriös im »Lake Palace« zu genießen. Reizvoller als fast überall sonst ist aber auch ein Stadtquartier, mit den zu Fuß erreichbaren Basaren und Kunsthandwerkerquartieren, mit Besuchen am pittoresken, bunt belebten Chand Pol über den Ghats der Wäscherinnen und in den blühenden Parks der Fürsten.

Ob dann die Hoteladresse am Rand der Stadt oder in der Stadt liegt – in jedem Fall locken Ziele in der Umgebung noch in alle Himmelsrichtungen und über dem Lake Pichola ein Inbegriff orientalischen Reichtums, der City Palace. Eigentlich besucht man nicht einen Palast, sondern mit den zahllosen Hallen, labyrinthischen Höfen, Gängen, Kemenaten, Spiegelkabinetten und filigranen Balkons ein halbes Dutzend Paläste und insgesamt den größten Palastkomplex Rajasthans. Immense fürstliche Herrlichkeiten breitet das Palastmuseum aus: Skulpturen aus dem 5. bis 8. Jahrhundert, Wandgemälde und Miniaturmalereien, Waffen-, Glas- und Porzellansammlungen, Darstellungen der fürstlichen Tigerjagden, ehrwürdige alte Inschriften, Elefantensitze, Pretiosen aus dem Staatsschatz, auch Kuriosa wie einen Rolls-Royce-Oldtimer mit aufklappbarem Verdeck. Dazu passt die Überlieferung, dass der Maharana sich unter einem der wuchtigen Tore regelmäßig mit Gold aufwiegen ließ. Dieses einträgliche Ritual vollzogen auch andere Rajasthan-Herrscher; unterschiedlich ist überliefert, ob die so gesammelten Werte dem persönlichen Vermögen oder dem Staatsschatz oder auch einem Sozialfonds für die Armen und Bedürftigen zugute kamen.

So weitläufig ist der Palast, dass heute auch zwei luxuriöse Hotels noch darin Platz haben. Im opulenten Fest- und Bankettsaal, der ehemaligen »Durbar Hall« (Ratshalle) versinken die Schuhe in weichen Teppichen. In den Restaurants wird der Glanz der Kristall-Lüster nur noch von der Pracht der wundervollen Aussicht über den Lake Pichola übertroffen. (Zu den beiden Hotels »Fateh Prakash« und »Shiv Niwas« siehe auch S. 107).

In der weiten Wasserfläche des Pichola-Sees liegt blendend weiß wie ein geheimnisvolles Schiff der »Lake Palace«, oft als Palasthotel aller Palasthotels bewundert und immer wieder als Filmkulisse bewährt. Ein schnelles Motorboot bringt die Gäste an das Ziel ihrer Sehnsüchte, und wer hier kein Zimmer hat, sollte einen Tisch im Edelrestaurant reservieren – so exklusiv ist das Haus und so lang die Liste prominentester Gäste, dass nur ein Besuch an der Bar oder reine Schaulust nicht zum Eintritt legitimieren.

An der seeabgewandten Seite des Stadtpalastes erstreckt sich mit winkeligen Gassen die Altstadt, belebt und recht gut erhalten.

1 Immer neue Paläste der Sisodia-Fürsten entstanden binnen vier Jahrhunderten – mit stolzen Fassaden zum See. **2** Einst das Lustschloss des Maharana Jagat Singh II., seit 1963 ein exklusives Hotel und seit 1971 den Taj-Hotels zugehörig: das »Lake Palace«-Hotel. Die Khush-Mahal-Suite, eine von 17 Suiten, überrascht zu jeder Tageszeit mit neuen Lichteffekten ....
3 ... vom Sonnenaufgang bis in die Nacht – hier der »Lake Palace« im Abendlicht. **4** Marmor, Miniaturen, Polster und Palmblätter: die Empfangshalle.

Viele der Häuser sind kleine Paläste mit Innenhöfen und bunten Fenstern, früher gehörten sie Gefolgsleuten des Fürsten. Martialisch wirken die massiven Tore der Stadtmauer, noch immer mit scharfen Spitzen gegen etwa angreifende Kriegs-Elefanten gespickt.

Für den Besucher ist die Altstadt eine Fundgrube schöner und begehrenswerter Dinge: attraktiver Schmuck, Email- und Silberarbeiten, aus Holz Geschnitztes, Wandbehänge, gestickt, aus Brokat, mit Spiegeldekor, Stoffe aus Seide und Baumwolle, auch Handdruckstoffe, Teppiche aus Kaschmir und Hunderte, Tausende von Miniaturmalereien. Man wird in die Werkstätten gebeten, in denen sehr feine Miniaturmalerei nach alter Art kopiert wird, mit haarfeinen Pinseln; die Technik wird erklärt, während man den Gästen Tee an-

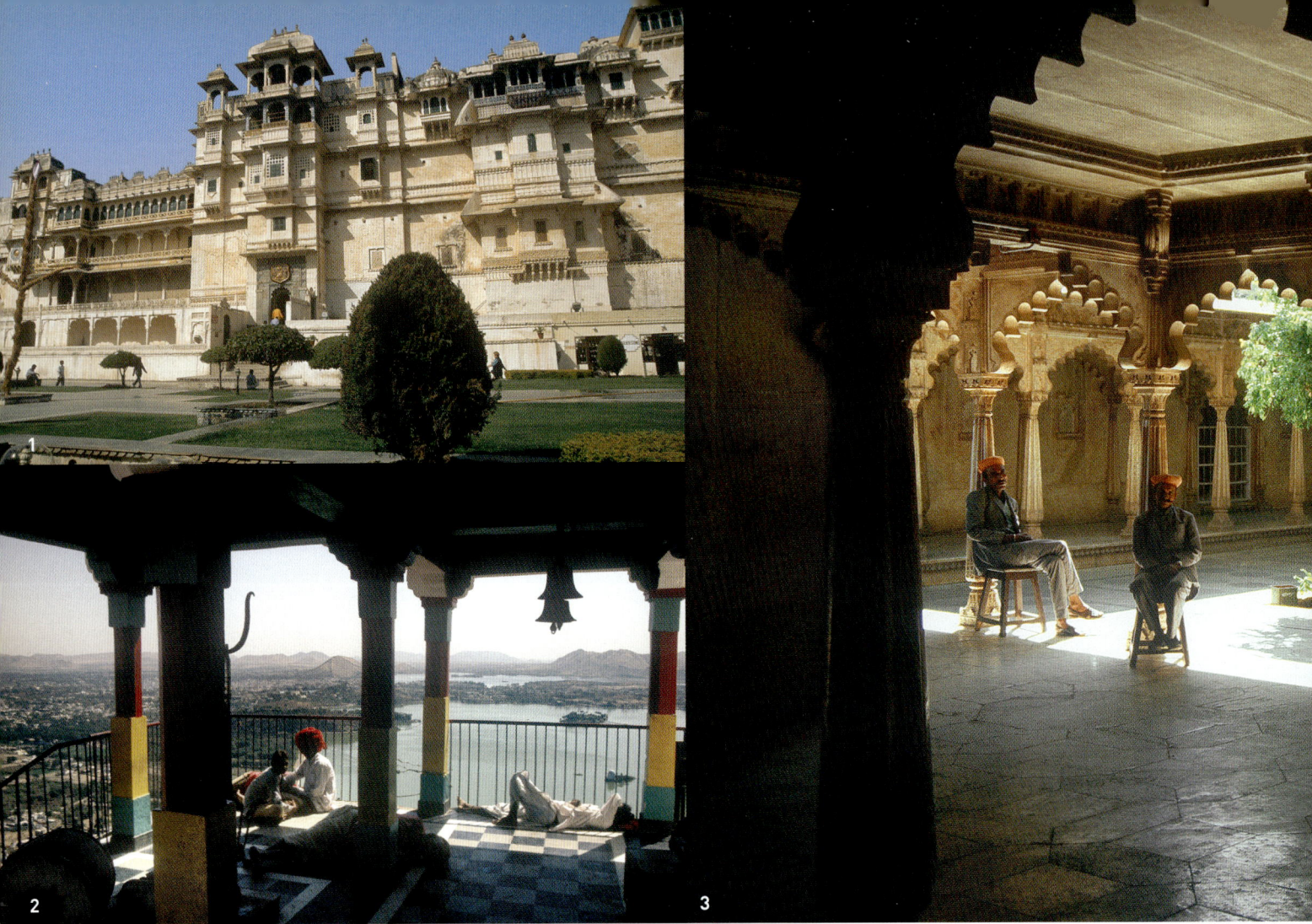

bietet. Hinter dem Stadtpalast in der Lake Palace Road reiht sich Atelier an Atelier, ein Laden an den anderen.

Wer Mewar-Volkskunst in ihrer kreativen Vielfalt sehen will, geht oder fährt zu dem nördlich der Altstadt gelegenen »Bharatya Lok Kala Museum«, das von einer privaten Stiftung zur Bewahrung und Dokumentation der Kunst des ländlichen Mewar-Raumes gegründet wurde, auch der Kunst der »Tribals«, der Ureinwohner. Im Museumshof treten täglich Tänzer oder Puppenspieler auf.

Stimmige Ergänzung dazu bietet das »Shilpgram«, ein Kunsthandwerker-Dorf, das fünf Kilometer nördlich am Stadtrand die Besucher mit allerhand Unterhaltung lockt – Zauberkunststücken, Tanzvorführungen und Kamelritten. Vor allem lassen sich die Schnitzer, Weber, Maler und Keramiker bei der Arbeit zusehen und bieten ihre Produkte zu meist günstigem Preis an.

Udaipur ist mit grünen blumengeschmückten Parks gut versorgt, den Schönheitspreis gewinnt aber wohl das »Sahelion ki Bari« – zu Deutsch etwa »Garten der Ehrenjungfrauen«: ein höfisches Bougainvillea- und Rosenparadies mit Lotosteich, Springbrunnen und Pavillons, beliebt als Treffpunkt.

Eine Tafel erinnert an einen Landsmann: Wer kennt noch Max Müller? In Indien Millionen, obwohl der deutsche Oxford-Professor vor über hundert Jahren gestorben ist und Indien nie gesehen hat. Aber er war der Erste, der die heiligen Schriften der Hindus übersetzte und herausgab (»The Sacred Books of the East«). In Indien ist Max Müller (1823–1900) berühmter als Goethe, die »Goethe-Häuser« heißen darum »Max Müller Bhawan«, und Zehntausende lernen dort Deutsch. Und was steht nun auf der Tafel im »Sahelion ki Bari«? Sätze, die Müller über Indien gesagt hat: »Wenn ich die ganze Welt überschauen sollte, um das Land herauszufinden, das am üppigsten mit all dem Reichtum, der Kraft und der Schönheit ausgezeichnet ist, die von der Natur verliehen werden können, – in manchen Teilen ein wahres Paradies auf Erden! –, ich würde auf Indien weisen. Wenn ich gefragt werden sollte, unter welchem Himmel der menschliche Geist einige seiner besten Gaben am weitesten entwickelt, am gründlichsten über die grössten Fragen des Lebens nachgedacht und Lösungen gefunden hat, die alle Aufmerksamkeit der Jünger Platons und Kants verdienen – ich würde auf Indien weisen.« Ein wenig umständlich gesagt, aber nachdenkenswert!

Schön ist auch eine träumerische Bootsfahrt über den Fateh Sagar oder ein Ausflug zum Monsun-Palast (etwa 5 km außerhalb), dessen schmale Treppen zu ersteigen sind und zum Blick über Udaipurs Stadt- und Seenlandschaft führen.

1 Der Stadtpalast der Sisodia-Fürsten von Mewar in Udaipur wuchs binnen drei Jahrhunderten aus mindestens vier Palästen – zwei davon sind heute Hotels. **2** Blick von einem Tempelhügel auf die Seenlandschaft, die im Süden des »Wüstenstaats« Rajasthan um Udaipur entstand. **3** Harmonie von Licht, Architektur und Baumgrün: ein Palasthof. **4** Über einer Seeterrasse: das »Fateh Prakash«. **5** Der Kristallsaal mit seinen opulenten Lüstern war Schauplatz der Ratsversammlungen. **6** Eine Autostunde südwärts von Udaipur: das wiedererstandene Karni Fort Bambora.

Zum Pichola-See kehrt man immer wieder zurück. Wochen könnte man verbringen, um sämtliche Aussichtsterrassen und Fernblickbalkone rund um den See auszuprobieren. Von der Suite in einem der beiden Palasthotels im City Palace bis zum preisgünstigen Dachrestaurant-Dinner über einem schmalen Treppenhaus in der Altstadt finden sich Dutzende reizvoller Möglichkeiten. Und wie viele Fotos bringt man von morgendlichen Rundgängen mit, wenn man die Gassen um den Vishnu-Tempel »Jagdish Mandir« durchstreift! Der Tempel selbst, der im 17. Jahrhundert oberhalb des prachtvollen, dreibogigen Gangaur-Tores errichtet wurde, zeigt eine Fülle von Figurenfriesen. Aber mehr noch locken als Fotomotive die großen farbigen Fassadenbilder in der Altstadt: geschmückte Elefanten,

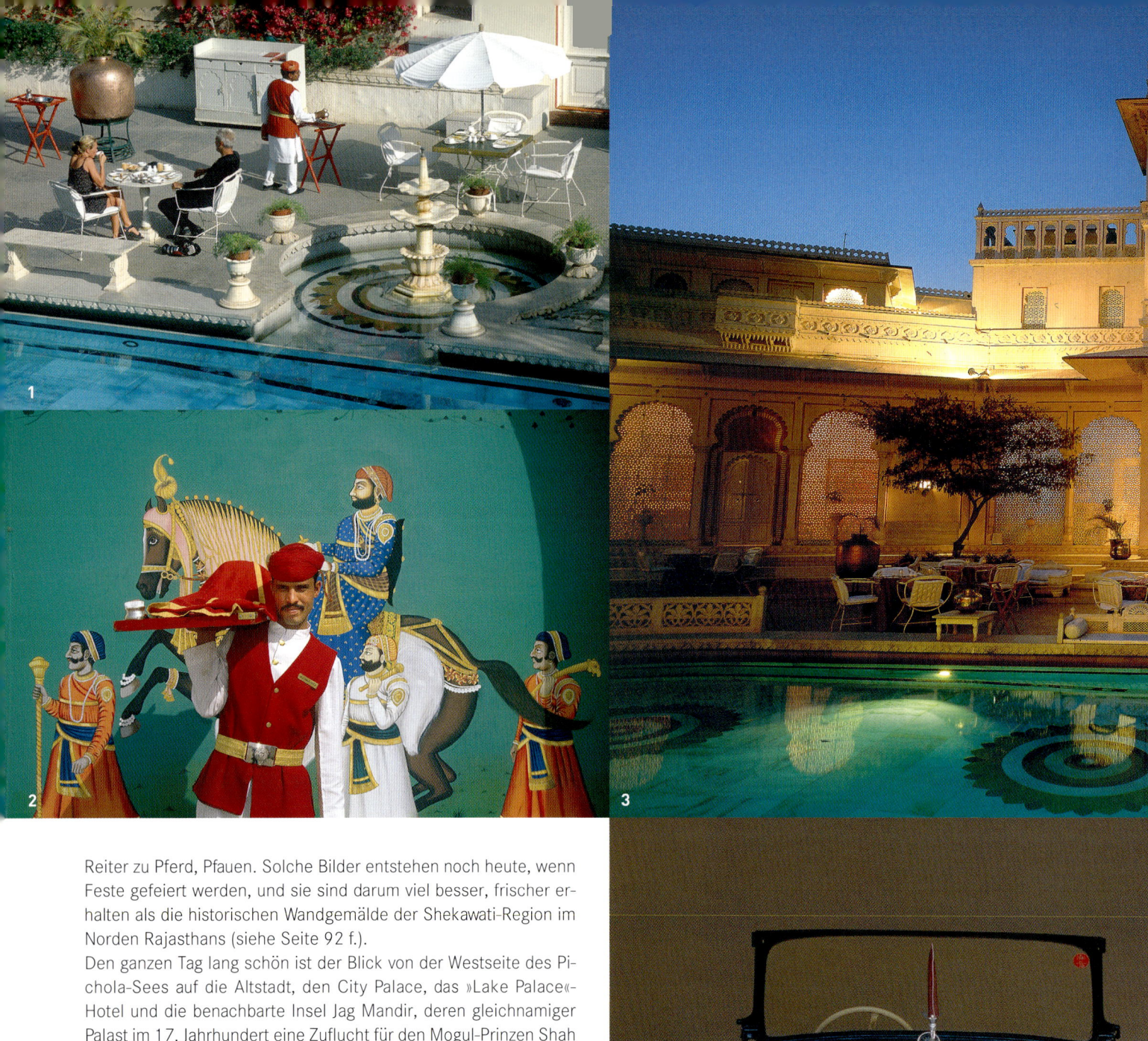

Reiter zu Pferd, Pfauen. Solche Bilder entstehen noch heute, wenn Feste gefeiert werden, und sie sind darum viel besser, frischer erhalten als die historischen Wandgemälde der Shekawati-Region im Norden Rajasthans (siehe Seite 92 f.).

Den ganzen Tag lang schön ist der Blick von der Westseite des Pichola-Sees auf die Altstadt, den City Palace, das »Lake Palace«-Hotel und die benachbarte Insel Jag Mandir, deren gleichnamiger Palast im 17. Jahrhundert eine Zuflucht für den Mogul-Prinzen Shah Jahan bot, den späteren Erbauer des Taj Mahal in Agra.

Doch von den Balkongalerien des »Lake Pichola Hotel«, die jedem Gast seinen eigenen kleinen privaten Aussichtsplatz bieten, ist der Ausblick zur Nachtzeit vielleicht am schönsten? Längst haben die Wäscherinnen direkt gegenüber am Gangaur-Ghat ihre Arbeit eingestellt, das rhythmische Geräusch der auf die Stufen geschlagenen Wäsche ist verstummt. Nur manchmal läutet stattdessen ein Tempelglöckchen, heftig und unmelodisch. Lackschwarz glänzt der See, spiegelt blinkend die Lichter der Altstadt, und kleine Boote bringen die Gäste heim zum Landeplatz des »Lake Palace«-Hotel.

Seit einem Jahrzehnt existiert prächtigst auch der Oberoi-Urlaubspalast am Lake Pichola: »Udaivilas« soll ein Resort von ähnlichem

5

Luxus und gleicher Attraktivität wie das »Rajvilas« in Jaipur werden (siehe Seite 81 f.), in einem 120 000 Quadratmeter großen Gartengelände mit Pavillons, Marmorbadezimmern und mit zwei großen Swimmingpools – sie werden, in Indien noch ein seltener Luxus, im Winter geheizt werden. Als »eine ideale Basis zur Erkundung der fabelhaften Stadt Udaipur mit ihren berühmten Palästen, Seen und farbigen Basaren« geplant, gibt »Udaivilas« ein Zeichen des Vertrauens in die Zukunft: Udaipur hatte noch nicht genug Paläste …

Verlockendes Reiseziel ist nicht nur die Stadt Udaipur, sondern auch das übrige südliche Rajasthan, das auf ein- oder mehrtägigen Ausflügen zu erkunden ist, mit Tempelstädten und historisch-heroischen Schlachtfeldern, mit Wildschutzgebieten und vielen kleinen traditionellen Dörfern. Viele Tage könnte man hier noch immer Neues entdecken, nur einige Beispiele: Molela ist ein noch ganz ländliches Keramikerdorf, dessen Erzeugnisse auch nach Europa und in die USA exportiert werden – vom kleinen Ganesha-Souvenir bis zu großen Pferden und wandhohen figürlichen Reliefplatten aus gebranntem und kräftig farbig bemaltem Ton. Hier kann man sogar die Bekanntschaft der Dorfkünstler machen.

Im Jaisamand Sanctuary, dem Wildschutzgebiet 50 Kilometer südöstlich von Udaipur, leben Leoparden, Wildschweine, Chinkaras (in-

1 Morgensonne am Pool des »Shiv Niwas Palace Hotel«. **2** Vor historischem Wandbild im »Shiv Niwas«: Das Frühstück wird serviert. **3** Ob bei Tag oder beleuchtet zur Nacht: Die kunstvoll durchbrochenen Steinfenster des »Shiv Niwas Palace« sind ein Fest für die Augen. **4** Der Chef der Sisodia-Familie, Maharana Arvind Singh von Mewar, zeigt im Palastmuseum auch eine erlesene Oldtimer-Kollektion von »Vintage Cars« … **5** … und im gleichen Hotel für gehobene Ansprüche das Schlafzimmer einer Suite.

dische Gazellen) und Krokodile; der 160 Quadratkilometer große künstliche See wurde schon im 16. Jahrhundert aufgestaut. Auf den Hügeln um den See blieben noch marmorne Chattris erhalten, auch ein Palast, und man kann ein Boot leihen, um die vielen Arten von Vögeln zu beobachten an den Ufern und auf den Inseln.

Chittorgarh, die alte Festungs-Hauptstadt, liegt auf dem 180 Meter hohen Felsen über dem Gambheri-Fluss, 100 Kilometer östlich. Da die Straße von Udaipur nicht die beste ist, dauert die Fahrt lang. Bequem ist es, zu Füßen der Festung Chittorgarh zu übernachten. Ihre Ruinen sind bis heute Symbol für den Abwehrkampf der Mewar-Rajputen gegen muslimische Eroberer. Dreimal verüb-

1 Der Charme von vorgestern, der Komfort von heute: Bad im »Lake Palace«. **2** Aus einer Ruine wurde ein luxuriöses Hotel südöstlich von Udaipur: »Karni Fort Bambora«, mit grandiosem Ausblick von der Dachterrasse aus.

ten die Einwohner vor der drohenden Niederlage kollektiven Selbstmord, die Männer im Kampf, Frauen und Kinder auf dem Scheiterhaufen. Heute sieht man die Reste von Palästen, Teichen, leeren Tempeln. Bewundertes Baudenkmal ist der reich mit Hindu-Skulpturen geschmückte 37 Meter hohe Siegesturm, den man ersteigen kann. Ein anderer Turm ist mit Figuren von Jain-Heiligen geschmückt. Auch romantische Sagen sind auf dem Festungshügel zu Hause. Die der Fürstin Padmini erzählt, der Sultan Ala-ud-din Khilji habe versprochen, die Belagerung der Festung zu beenden, wenn er die berühmte Schönheit nur einmal ansehen dürfe. Von einem Pavillon aus, durch einen Spiegel, wurde ihm das gewährt. Aber wie zu erwarten, gab sich der Sultan damit nicht zufrieden. Er war umso begieriger, die Festung zu erobern, ließ stürmen, siegte, fand aber nur noch Tote vor. In den Pavillon kann man sich noch heute setzen und sich als Sultan fühlen, doch Padmini kommt nie wieder.

Ganz anders das Fort Bambora, südöstlich von Udaipur und auch von Chittorgarh nicht allzu weit entfernt: Hier haben Menschen, die sich der Geschichte ihrer Familie verbunden fühlen, für eine Auferstehung und Wiederbelebung gesorgt. Fort Bambora war noch Anfang der Neunzigerjahre eine Ruine, heute ist es ein Heritage-Hotel, »Karni Fort« genannt.

Mit seinen mächtigen Mauern, dem wuchtigen Rundturm, den Höfen, Pavillons und Dachterrassen kann es sich als ein Musterbeispiel rajasthanischer Burgenherrlichkeit darbieten. Die privaten Bauherren dieser Ruinen-Restaurierung, Thakur Sunder Singh und seine Frau Thakurani Chanda Kanwar of Sodawas, aus alten Rajputen-Familien, haben binnen weniger Jahre fast Unglaubliches verwirklicht – vergleicht man das Vorher und Nachher. Solcher Vergleich wird durch die Fotos einer kleinen Ausstellung im »Karni Fort« ermöglicht, Fotos, die beispielsweise die teils eingestürzte Fassade des Forts, vermorschte Balken, zerstörte Arkaden zeigen. Der Thakur hatte hervorragende Steinmetze und andere Handwerker als Helfer, und schon jetzt ist es gar nicht mehr leicht, neue von alten Bauteilen zu unterscheiden. Seit Langem führt die Familie in Jodhpur das »Karni Bhawan«.

Für das historisch inspirierte Design der Einrichtung und vor allem für ihre Farben war die Thakurani zuständig. Was sagen die Gäste

Anreise und Reisezeit

Flug: Flughafen Dabok (24 km), Verbindungen u. a. mit Neu-Delhi, Mumbai, Jaipur.

Bahn: Verbindungen u. a. mit Neu-Delhi, Jaipur (7–8 Std.).

Bus/Leihwagen: Agra (630 km), Jaipur (410 km).

Beste Reisezeit: Oktober bis März.

Unterkunft

****/***** Lake Palace (H1). Das berühmteste aller »Taj Leisure«-Hotels entstand aus ursprünglich zwei um 1750 erbauten Sommerpalästen auf dem Inselchen Jag Niwas. 2 Restaurants, Pool, Garten und Bar. 67 Zi., 17 Suiten, P. B. 5, Pichola Lake, Udaipur-313001, Tel. 294-242 88 00, Fax: 24 87 00, E-Mail: resv@hrh.india

/** Shiv Niwas (H2) (HRH – Historic Resort Hotels). Ehemals Gästehaus der Maharanas im City-Palace-Komplex, edel eingerichtet, Pool, Restaurant. 19 Zi., 17 Suiten, The City Palace Complex, Tel. 294-52 80 16, Fax: 252 80 06, Reservierung unter Tel. 52 80 08, Fax: 52 80 12, E-Mail: crs@hrh.hotels.com

/* Fateh Prakash (H3) (HRH). Im City Palace, antikes Mobiliar, gepflegtes Restaurant, großartiger Ausblick. 19 Zi. und 17 Suiten, The City Palace Complex, Udaipur 313001, Tel. etc. wie Shiv Niwas Palace., E-Mail: crs@hrh.hotels.com

*** The Trident (H4) (Oberoi). Elegant ausgestattet, Pool, Restaurantterrasse, Fitness-Studio und Beauty-Salon. 143 Zi., Haridasji Ki Magri, Mulla Tulai, Udaipur, Rajasthan-313 001, Tel. 294-43 22 00, Fax: 43 22 11, www.tridenthotels.com, E-Mail: reservations@tridenthotels.com

*** Jagat Niwas Palace (H6). Haus aus dem 17. Jh. am Lake Pichola, schön restauriert, traditionell ausgestattet, gute Küche. 21 Zi., 24-25 Lalghat, 9 Haridas Jiki Magri, Udaipur 313001, Tel. 294-242 28 60, E-Mail: mail@jagatniwaspalace.com

/* Karni Fort Bambora (H7) (Karni Group of Hotels). 45 km südöstlich von Udaipur nahe Jaisamand Sanctuary und Stausee. Romantisches, ruhiges Hotel hoch über dem Dorf Bambora. Luxuriöse Einrichtung in orientalisierendem Stil. Pool, Reiten, Dorf-Safari. 10 Zi., Jodhpur-342001, Tel. 291-34 20 01, Fax: 251 21 05, E-Mail: karnihotels@satyam.net.in

/* Padmini Hotel (H8). Chittorgarh, am Gambheri-Fluss. 50 Zi. (2008 renoviert und stark erweitert, dekorative Fassade).

Sehen und Erleben

City Palace. Jagdish-Tempel, Bharatya Lok Kala Mandala (privates Volkskundemuseum), Saheliyon-ki-Bari (Garten aus dem 18. Jh.), Gulab Bagh (Rosengarten).

Ziele in der Umgebung

Eklingji (alter Tempelort mit reichem Skulpturenschmuck, 22 km nördlich), Molela (Keramikerdorf, ca. 50 km nördlich), Chittorgarh (ca. 112 km östlich), Jaisamand Sanctuary (ca. 45 km südöstlich).

Auskunft

Regional Tourist Office, Fateh Memorial, Tel. 294-241 15 35.

dazu? »Ganz unglaublich!« und »Wie das glänzt!« Die Jacquardseide der Stuhl- und Sofabezüge glänzt rot mit Goldmustern, die auf den Sitzpolstern in den breiten Fensternischen gelb mit kleinen roten Elementen. Die roten Satinkissen glänzen und auch der Überwurf des runden Doppelbetts in der Suite. Die Holzteile der Stühle und der Bettstatt glänzen nicht ganz so, denn sie sind in vornehmem Mattgold gehalten. Schrank und Schreibtisch sind Antiquitäten, doch auch die Wandlampen glänzen vor kleinen Spiegeln. So viele Spiegel – rund am Schrank, oval an der Wand, runde kleine Spiegel am Fußteil des Bettes, unregelmäßige Spiegelchen, eingelassen in den Stuck der Pfeiler und der beiden indosarazenischen Bögen, die Sitz- und Schlafteil trennen. Sonnenlicht strömt in breiter Bahn durch die Fenster herein, und von denen sind manche kräftig farbig: rot oder blau, gelb oder grün.

Bauhaus-Architekten wenden sich vielleicht mit Schrecken ab. Aber wir sind nicht im kühlen Europa, sondern in Rajasthan, im Orient, und hier liebt man die Farben seit Jahrhunderten so feurig und voller Glanz wie die Sonne. Droben in der offenen, von leichtem Wind gekühlten Halle unter der Dachterrasse befragt, was ihnen »Karni Fort Bambora« bedeutet, antworteten Thakur und Thakurani mit einem einzigen Satz: »Dies ist unsere Geschichte.«

Im Sommerparadies der Maharajas
Die lichte Marmorpracht von Ranakpur

Grüne Landschaft erwandern, ihren Einklang mit einer seit einem halben Jahrtausend von Pilgern besuchten Jain-Tempelstätte erleben und meisterliche Kunst bewundern – Ranakpur ist eine Reise wert.

Im Wald wohnen, nicht in einem dunkel-dichten, sondern unter hohen Bäumen, die den Sonnenschein eindringen lassen. Durch diesen Wald, von Vogelstimmen begleitet, an kleinen Feldern, Bachläufen und Bauernhütten vorbei jeden Tag zu einem hellen Tempeldorf wandern, und schon von ferne ist vielleicht zarte Musik zu hören, Glocken und muntere Schreie von Affen dazwischen – ist das nicht eine zu märchenhafte Vorstellung, ein unglaublicher Gegensatz, wenn man an das Indien der großen Städte, an die Dörferarmut im wüstendürren Rajasthan denkt? Doch es gibt den Ort, an dem einen dieses Gefühl der heiteren Ungestörtheit umfängt: Ranakpur, das Jain-Heiligtum, rund 90 Kilometer nördlich von Udaipur im Arawalli-Gebirge. Bis zur Wüste Thar ist es weit, da hätte man erst das fast 600 Quadratkilometer große »Kumbhalgarh Sanctuary« zu durchqueren. Doch von Kumbhalgarh-Fort und seinem »Wolkenpalast«, auf einem Gipfel in über 1000 Metern Höhe errichtet, blickt man an klaren Tagen bis zur Thar-Wüste.

Von wunderbarer Schönheit, von großartiger, fein ziselierter Formenfülle sind die klassischen Tempel der Jains – hier in Ranakpur wie auf dem Shetrunja, dem Tempelberg von Palitana im benachbarten Gujarat, und in Mount Abu im südlichsten Rajasthan und noch an vielen anderen Orten.

Ihre Religion bestimmt die Jains zu »Ahimsa«, der Gewaltlosigkeit, der Achtung vor dem Leben – nicht nur der Menschen, sondern auch aller Tiere. Der Hindu Gandhi lehrte »Ahimsa« im Kampf um indische Unabhängigkeit. Immer wieder begegnet man Pilgern, die einen Atemschutz vor dem Mund tragen, damit sie nicht ungewollt ein Insekt verschlucken, und die mit Besenstrichen dafür sorgen, dass ihr Fuß keinen Käfer zertritt.

Vor dem Betreten der Tempel erfährt man, dass man kein Leder (weil es von toten Tieren stammt) bei sich haben darf, Schuhe ohnehin nicht, doch auch keine Ledergürtel, ledernen Taschen und Riemen jeder Art. Natürlich sind alle gläubigen Jains Vegetarier, sie

1 Dem »Furtbereiter« Adinatha geweiht: Indiens grösster Jain-Tempel, mit 29 Hallen, deren Türme und Kuppeln von 1444 Säulen und Pfeilern getragen werden. **2** Ein Lächeln für den Fotografen. **3** Junger Priester beim Restaurieren. **4** Das Licht spielt mit dem überreich reliefierten Marmor, wechselt von warmem Honigton bis zu kühlem, zartem Blau.

essen auch keine Ackerfrüchte aus dem Boden, da bei deren Ernte Kleinlebewesen verletzt werden können. Jains sind aus denselben Gründen keine Landwirte. Der Ursprung des Jainismus wird von den Historikern in das 6. Jahrhundert v. Chr. datiert. Etwas früher als Buddha wurde in der Nähe von Vaishali nördlich von Patna der Fürstensohn Mahavira geboren, der als Vollender einer langen Folge von 24 »Tirthankaras« verehrt wird.

Diese heiligen Männer lehrten, wie dem Ozean von Geburt, Daseinselend und Tod zu entrinnen sei (»Tirthankara« bedeutet »Furtbereiter«). Kontrolle der Sinne und Askese sollen zur Erlösung (Moksha) führen. Nicht jeder Gläubige ist zur höchsten Stufe religiöser Forderungen verpflichtet, doch für alle gilt das Gelöbnis der Ahimsa, der Asteya (nicht stehlen), der Brahmacharya (Mäßigkeit des physischen Verlangens, Keuschheit), der Aparigraha (innere Unabhängigkeit von weltlichen Gütern). Zwei Sekten gibt es im Jainismus: die Digambaras (die »Luftgekleideten«, sie gehen oft asketisch nackt) und die Shvetambaras (»Weißgekleidete«). Jains sind in Indien wirtschaftlich sehr einflussreich, oft wohlhabend, obwohl ihre Zahl mit etwa 4,2 Millionen nur gering ist.

Nah beieinander stehen die drei Tempel auf einer kleinen Ebene inmitten waldigen Hügellands, daneben einige Gebäude mit Pilger-herberge und ein kleiner Hof, in dem regelmäßig Affen gefüttert werden. Der Haupttempel, dem ersten Jain-Tirthankara Adinath geweiht, erhebt sich mehrstöckig über seiner Terrasse mit großzügiger Freitreppe und ist symmetrisch erbaut. Auf das Heiligtum im Zentrum führen Galerien zu, die sich zu 29 luftigen, in Licht und Schatten wechselnden Hallen erweitern. Vielzählig krönen Kuppeln und Türme das Tempeldach.

Decken und Dach des Tempels, heißt es, ruhen auf 1444 über und über mit Marmorschnitzwerk bedeckten Säulen und Pfeilern. Wann hat sie jemand nachgezählt? Kein Pfeiler ist dem anderen gleich, und man mag kaum aufhören, sich immer tiefer im Betrachten der Reliefs der Figuren und Ornamente zu verlieren. Tänzerinnen und Musikantinnen, Blätter und Ranken, Tirthankaras in Meditation, Heiligtümer und Szenen aus dem religiösen Leben überziehen Pfeiler, Decken und – noch einmal um einen Grad kunstvoller – das Innere der Kuppeln. Legenden, aus dem Stein geschnitten: Die Figur des Tirthankara Parshvanatha wird von einem dekorativen Baldachin aus den 1001 Köpfen einer Kobra beschirmt, Erinnerung an seine legendäre Errettung mithilfe der Kobra. Schlangen sind in der indischen Mythologie ja Symbole der Lebensenergie, kommen den Menschen oft zur Hilfe, und das gilt bei Hindus ähnlich wie bei Buddhisten und Jains.

Die Kunstfertigkeit der Steinmetze des 15. Jahrhunderts – der Meister, Depa, ist namentlich bekannt – ist einzigartig, und sie wurde weitergegeben. Als nach langer Vernachlässigung Ende des 19. Jahrhunderts Tempelreparaturen fällig wurden, konnte man Nachfahren jenes Meisters Depa mit der Ausbesserung betrauen.

Südlich des Adinatha-Tempels steht der Parshvanatha-Tempel, außen mit grazilen Tänzerinnenfiguren geschmückt; im Innern findet sich ein Kultbild aus schwarzem Stein. Etwas abseits wurde gleichzeitig mit den Jain-Tempeln auf sternförmigem Grundriss der dem Sonnengott Surya geweihte Hindu-Tempel erbaut. Surya ist mit dem Sonnenrad auf siebenspännigem Wagen dargestellt.

Wer das Ganze aus einer anderen Perspektive erleben möchte, kann zu den Kuppeldächern hinaufsteigen oder auf schmalen Stufen hinunter in die Gewölbe, in deren Dunkel Führer zu den Altären geleiten – doch das ist nichts für Menschen mit Platzangst, und bei großem Andrang verzichtet man ohnehin besser.

Oder man wandert einige Wegbiegungen weiter zu einem kleinen Badesee, an der Grenze eines Wildlife Sanctuary, wo die dörfliche »Shivika Jungle Lodge« bodenständige vegetarische Mahlzeiten und außerdem drei schlichte, angenehme Zimmer anbietet. Um das Wohl der Gäste bemüht, veranstaltet die Eigner-Familie Safaris ins

1 Eingebettet ins Grün der Waldhügel: die Jain-Tempel von Ranakpur, die in ihrer weißhellen Marmorpracht zu den kostbarsten Architektur-Meisterwerken Indiens gehören. Im Blick ist hier der dem »Furtbereiter« Adinatha geweihte Chaumukha-Tempel – erbaut 1439. **2** Im Gespräch: Frau und junger Jain-Priester. **3** Die Schönheit der Geometrie – im Regelmaß der Achtecke, die in den Kuppeln in Kreise übergehen, wird sie sichtbar, belebt von immer neuen Formvariationen der Steinschnitzerei. 50 Jahre lang, heißt es, habe im 15. Jahrhundert der Bau des Haupttempels gedauert. **4** Im Adinatha-Tempel: Ritt auf dem Marmorelefanten. **5** Wo Tempel stehen, sind kleine Läden nicht weit.

Kumbhalgarh-Wildschutzgebiet und Wanderungen zu Aussichtspunkten auf die Arawalli-Waldberge in der Umgebung.

Wenige Kilometer entfernt kennen Rajasthan-Reisende das »Maharani Bagh Orchard Retreat« als einen ihrer Lieblingsplätze, als eine nahezu ideale Unterkunft für Menschen, die ungestörte Natur lieben und das umso mehr, wenn Ambiente, Service und Menü von guter Qualität sind. Dieser einstige Obstgarten und Picknickplatz der Maharajas von Jodhpur wurde zu einem Bungalowhotel mit Freiluftrestaurant. Die Bungalows, mit privater Terrasse, mit Bad und hübsch möbliert, stehen in einer Baum-Gras-Blüten-Gartenland-

1

2

schaft, der ihr freier Wildwuchs nicht radikal weggeschnitten wird. Ein schneller Bach unter Brückenstegen durchfließt – wenn nicht gerade extreme Dürre herrscht – das schon im Februar sommerwarme Paradies. Überall blüht das Bougainvillea-Rot, Mangobäume spenden Schatten, auf den Baumwipfeln schaukeln in ihren Silberpelzen schwarzgesichtige Languren-Affen.

Der liebenswürdige Wirt Thakur Khuman Singh pflegt diesen Ort der Ruhe und Erholung beispielhaft, sorgt für gute Küche (auch nichtvegetarische) und gute Stimmung. Man kann im Pool schwimmen, zu Fuß abseits der Fahrstraße zu den Tempeln gehen, ausreiten, Jeep-Safaris organisieren lassen – oder einfach auf dem Rattansessel vor seinem Bungalow in den Abend hineinträumen, lesen, plaudern und ab und zu von Kellnern mit den typischen roten Rajasthan-Turbanen ein erfrischendes Getränk in Empfang nehmen. Vielleicht hat man das Glück, ein Tempelfest mitzuerleben. Das wird mit den zuständigen Honoratioren, mit lauter volkstümlicher Musik, religiösen Riten und glitzernd geschmückten Festwagen begangen. Auch die üblichen Händler von allerhand Buntem sind dabei und viele heitere, viele junge Menschen.

Die Tage des Frühlingsfestes im Februar sind bedeutungsvoll für die »Tribals«, die sonst abseits der Hindu-Gesellschaft lebenden Stäm-

me der Ureinwohner, der Adivasi. Sie haben bei diesen Festen nämlich »Probehochzeiten« und halten sich nicht an die Hindu-Regeln der von den Eltern arrangierten Ehepartnerwahl. Die jungen Leute werden sich einig und verschwinden im Anschluss an das Fest in der Wildnis. Sie tauchen erst nach etwa zehn Tagen wieder auf, haben auf Probe geheiratet und bleiben ein Ehepaar – oder aber, wenn das Einverständnis unter den Hochzeitern doch nicht so gut war, trennen sie sich in Freundschaft, ohne Nachteil für einen der Partner. Die »zivilisierten« Hindus halten diesen Adivasi-Brauch für recht wild und ungehörig, uns Europäern scheint es die bei Weitem vernünftigere Sitte zu sein.

Zwei Tage nach dem Fest sind Pilger, Händler, Besucher und Festschmuck verschwunden. Still glänzen die marmorhellen Tempel durch das Waldgrün, ein guter Platz zum Entspannen, Meditieren, Wohlfühlen in der Natur.

Nicht zu vergessen ein anderer Platz nah an der Natur, von Ranakpur auf schmalen Straßen mit etlichen Dorf-Durchfahrten zu erreichen: »Leopard's Lair«. Der Ort Bera ist noch kaum in Reiseführern zu finden. Möglicherweise gelingt es auch dem Fahrer des Mietwagens nur auf Umwegen, die Komfort-Cottages anzusteuern, die der Grundherr Devi Singh am Rand seines in Grün gebetteten Besitzes,

1 Im »Maharani Bagh Orchard Resort«: freundlicher Zimmerservice.
2 Eine Landschaft zum Spazierengehen und Wandern, abseits der Auto-straße. Man trifft noch auf solche traditionellen Schöpfanlagen mit Tonge-fäßen – dank einem Stausee fehlt es im Tal nicht an Wasser.

abseits gewohnter Touristenrouten erbaut hat. Natursteinfassaden, Designerlampen und Kunsthandwerk zeugen von Stilgefühl, gute Küche, solide Holzbetten, Kühlschrank und Klimaanlage sorgen fürs leibliche Wohl. Das Versprechen aber heißt: Leoparden. Das Abenteuer der Leoparden-Safari beginnt mit der Dämmerung, Devi Singh selbst kurvt im offenen Jeep durch die Dschungel- und Felslandschaft. Leoparden leben hier in freier Wildbahn. Die Dörfler bekommen Geld, damit sie die schwarz gefleckten Großkatzen nicht mit vergifteten Tierkadavern zur Strecke bringen. Ob man heute der Leoparden ansichtig wird? Hyänengeheul tönt aus dem Dunkel, da sind die Chancen schlecht – denn vor den Hyänen und ihrem starken Gebiss scheuen selbst Leoparden. Aber »no problem« – am nächsten Abend wird Devi Singh seinen Gästen die Tiere zeigen können, er ist sich aus Erfahrung sicher. Und vorher, bei Tageslicht, sind am See Krokodile zu sehen, auch das wird ein Naturerlebnis.

Zeit für Ranakpur

Anreise und Reisezeit

Flug: Nächster Flughafen Udaipur (ca. 90 km).
Bahn: Falna-Junction (Umsteigebahnhof) der Strecke Ajmer-Abu Road (ca. 30 km). Oder Bahnhof Udaipur.
Bus: von Jodhpur (ca. 4 Std., 160 km), Udaipur (ca. 2,5 Std.).
Beste Reisezeit: Oktober bis März.

Unterkunft

/* Maharani Bagh Orchard Retreat (H1) (WelcomHeritage). 4 km nördlich der Tempel, schönes Gartengelände, Freiluftrestaurant, Pool, guter Service. 18 Zi. (Bungalows), Ranakpur Rd., Sadri, District Pali, Rajasthan-306 702. Tel. 28 66 15 und 28 51 51, Fax: 291-54 22 40. Reservierung: Welcomnet Offices Neu-Delhi, Tel. 011-6 56 18 75, 6 86 89 92, 6 86 89 93, Fax: 6 86 89 94, E-Mail: holidays@welcomheritagehotels.com

** Shivika Jungle Lodge (H2). 20 Min. von den Tempeln, am See, guter Service. 13 Zi. mit Bad, und Zelte, Swimmingpool, Restaurant, sehr einfach. Reservierung: North West Safaris, Tel. 79-6 30 20 19, Fax: 6 30 09 62. E-Mail: ssibal@ad1.vsnl.net.in

/* Leopard's Lair Resort (H3) in Bera, herrschaftlicher Sitz mit 4 Cottages und 4 Zi., Pool, Bar, herrlichem Baumbestand. Leoparden-Safaris, Krokodile (ca. 55 km nordöstlich), Reservierung Devi Singh of Bera, P.O. Bera, District Pali, Via Jawai Bandh, Rajasthan-305 126, Tel. 29 33-4 31 21; oder Kavas Jehangir Associates, Mumbai, E-Mail: info@leopardlairresort.com

Sehen und Erleben

Die Tempel von Ranakpur aus dem 15. Jh., eine der künstlerisch großartigsten Leistungen indischer Baukunst und Raumgestaltung. Mitnahme von jederlei Ledersachen nicht gestattet. Wandern und Spazierengehen. Ausreiten. Jeep-Safaris. Baden im See. Besuch des Wildlife Sanctuary.

Ziele in der Umgebung

Kumbhalgarh Fort im Kumbhalgarh Sanctuary, erbaut um 1485, eines der urtümlichsten Rajasthans, mit 36 km langer Ummauerung (ca. 20 km nordöstlich). Bera, Dorf inmitten von Felshöhen, Leoparden in freier Wildbahn (ca. 60 km westlich).

Auskunft

Maharani Bagh Orchard Retreat (siehe oben).

Die Blaue Stadt in der Wüste
Jodhpur, Antiquitätenjäger und Dhurry-Weber

Mit Jaisalmer und Bikaner bildet Jodhpur das »Große Wüstendreieck«: Nicht nur Rajasthans zweitgrösste Stadt, auch die Wüste Thar und die Dörfer der Bishnois gilt es zu erkunden.

In einem der jüngsten Luxushotels Jodhpurs, dem »Taj Hari Mandal« südlich vom Stadtzentrum, ist man auf Antiquitätenjäger vorbereitet. Am »Travel Desk« gibt es aktuellen Rat zu Einkaufsadressen: Man kann sich telefonisch im Laden anmelden lassen, einen Wagen für eine Rundfahrt zu empfohlenen Läden buchen. Oder, noch bequemer und im neuen Orient wieder so üblich wie im alten: Man bittet den Händler mit einer kleinen Warenkollektion ins Hotelzimmer.

Das läuft so nicht nur bei Antiquitäten, sondern auch bei Schmuck, bei Seide-, Brokat- und Baumwollstoffen. Ein wahres Farbenfest veranstaltet Tayab Khan, »Hoflieferant« der Rathore-Maharajas, mit seinen Tüchern, Sari- und Turbanstoffen, die im Tie-and-Dye-Verfahren, der sogenannten Binde-Batik, gefärbt sind: Statt einzelne Flächen mit Wachs abzudecken, werden mit Fäden Stoffpartien abgebunden und dann gefärbt; geschickte Färber zaubern auf diese Weise Muster in allen Regenbogenfarben. Als sehr gute Adresse für handgedruckte Stoffe wird Yasin Shabuddin in Pipar genannt, etwa eine Autostunde von Jodhpur entfernt. Yasin praktiziert Blockdruck in Naturfarben, und er zeigt seinen Kunden, wie er sie aus Gelbwurz, Indigo, Granatapfelschalen und Eisenrost herstellt.

Eine Jodhpur-Spezialität unter den Antiquitäten sind Möbel, in den regenlosen Monaten an den Straßen ausgestellt und zuhauf in Hinterhöfen gelagert, zum Beispiel unterhalb des Umaid-Bhawan-Palasts. Die Tischler verstehen sich nicht nur auf Restaurierung von Schränken und Stühlen, bemalten Truhen und reich geschnitzten Türen, sondern verwandeln einen alten Kamelkarren in eine Chaiselongue, ein hochbeiniges Bett in einen Esstisch.

Den grössten Vorrat an Antiquitäten bergen die Lagerhäuser von Basni, außerhalb der Stadt gelegen. Vielleicht findet man Art-déco-Stücke oder ein Fenster mit Jugendstilglas? Oder man schaut zu, wie fast lebensgroße hölzerne Prozessionspferde mit Blattgold belegt werden und wünscht sich ein solches Prunkross für den eigenen Salon oder Garten. Und die Verpackung, Verschiffung? »No

1 In Jodhpurs mächtigem Meherangarh-Fort kann man auch auf Musiker treffen, wie seit Jahrhunderten. **2** Geduld braucht man für Mehendi – so heißt die Malerei mit Henna oder anderen Farbstoffen, mit der Frauen und Kinder sich schmücken. **3** In der Audienzhalle des Meherangarh-Forts. **4** Unter 60 Meter hoher Kuppel: die Haupthalle des jüngsten großen Maharaja-Palastes, des Umaid Bhawan in Jodhpur.

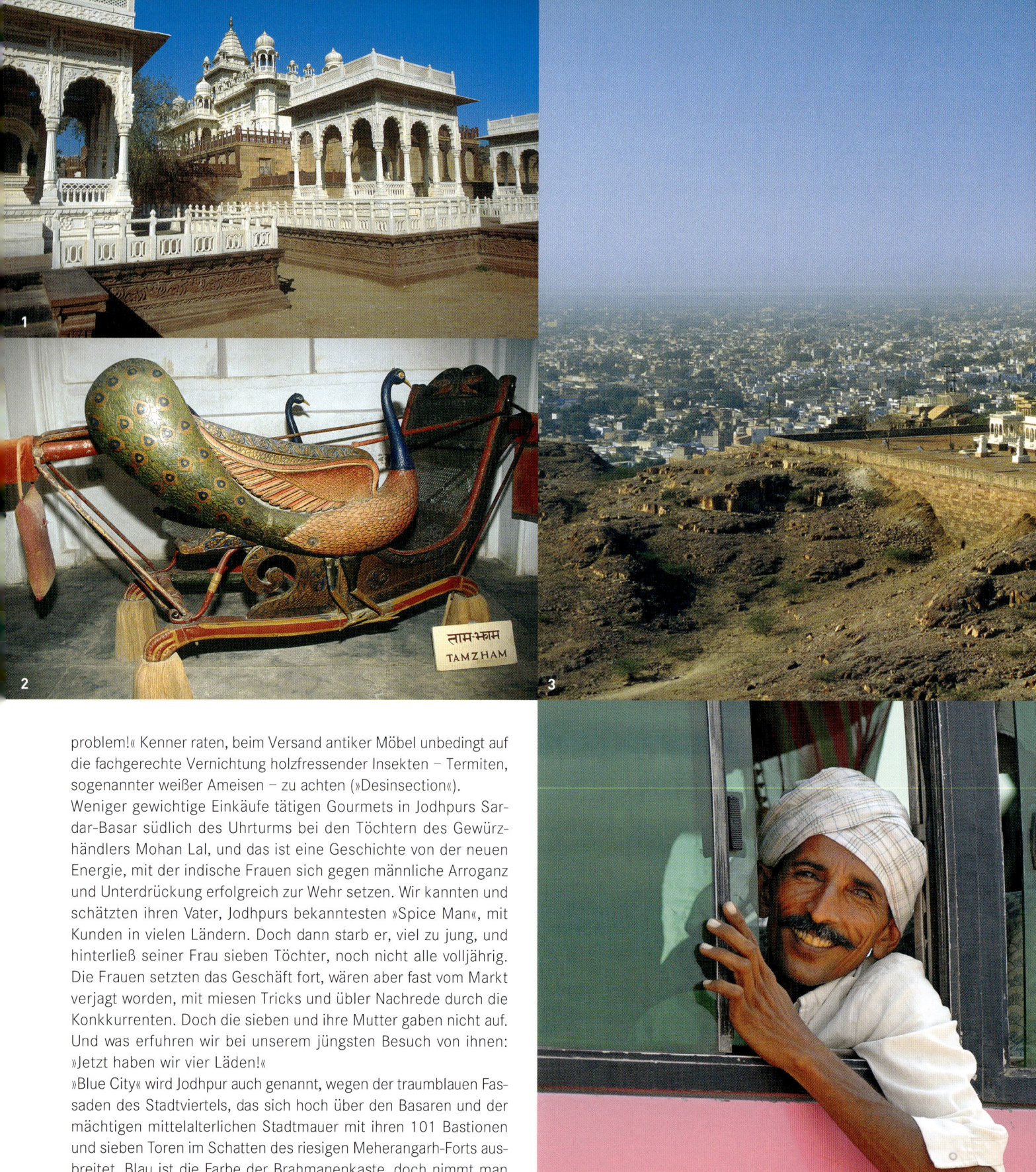

problem!« Kenner raten, beim Versand antiker Möbel unbedingt auf die fachgerechte Vernichtung holzfressender Insekten – Termiten, sogenannter weißer Ameisen – zu achten (»Desinsection«).

Weniger gewichtige Einkäufe tätigen Gourmets in Jodhpurs Sardar-Basar südlich des Uhrturms bei den Töchtern des Gewürzhändlers Mohan Lal, und das ist eine Geschichte von der neuen Energie, mit der indische Frauen sich gegen männliche Arroganz und Unterdrückung erfolgreich zur Wehr setzen. Wir kannten und schätzten ihren Vater, Jodhpurs bekanntesten »Spice Man«, mit Kunden in vielen Ländern. Doch dann starb er, viel zu jung, und hinterließ seiner Frau sieben Töchter, noch nicht alle volljährig. Die Frauen setzten das Geschäft fort, wären aber fast vom Markt verjagt worden, mit miesen Tricks und übler Nachrede durch die Konkkurrenten. Doch die sieben und ihre Mutter gaben nicht auf. Und was erfuhren wir bei unserem jüngsten Besuch von ihnen: »Jetzt haben wir vier Läden!«

»Blue City« wird Jodhpur auch genannt, wegen der traumblauen Fassaden des Stadtviertels, das sich hoch über den Basaren und der mächtigen mittelalterlichen Stadtmauer mit ihren 101 Bastionen und sieben Toren im Schatten des riesigen Meherangarh-Forts ausbreitet. Blau ist die Farbe der Brahmanenkaste, doch nimmt man heute an, dass hier Wandfarben mit blauen Chemie-Zusätzen verwendet wurden, weil sie Termiten fernhalten.

Jodhpur mit seinen 800 000 Einwohnern ist eine faszinierende Mischung aus Mittelalter und Moderne – zum Beispiel hat das Meherangarh-Fort auf seiner Steilklippe als Erstes in Rajasthan einen Lift. Technischer Fortschritt hat hier Tradition: Bereits im 19. Jahrhundert führte Maharaja Jaswant Singh II. Eisenbahnen ein, wenn auch die Ersten noch von Kamelen gezogen wurden.

Tritt man durch das Jai Pol, das Siegestor, in die Folge von Höfen und Palästen ein, dominiert in Hallen und Galerien die Tausendundeine-Nacht-Atmosphäre: Steinschnitzarbeiten in zahllosen Mustern, ein marmorner Königsthron mit goldenen Elefanten und exzellente Sammlungen von Waffen, Miniaturen, Musikinstrumenten und Juwelen.

Nur soll kein Meherangarh-Besucher eine klar gegliederte Palast-Architektur erwarten; fast unmöglich ist es, einen übersichtlichen Gesamtplan auszumachen. Selbst die Namen der Paläste haben im Lauf der Jahrhunderte gewechselt, stehen heute unterschiedlich in den Reiseführern und werden von den lebendigen Führern noch wieder anders benannt. Das Labyrinthische gehört zur Wirklichkeit des Orients. Auf Jodhpurs Fort-Hügel darf man sich darauf einlassen,

1 Unterhalb des Forts entstanden seit 1899 die Chattris des Maharajas Jaswant Singh II. und seiner Nachfolger. Auch die Porträts der Jodhpur-Herrscher werden gezeigt. 2 Maharaja-Schaukelstuhl. 3 Kipling war beeindruckt: »Der Glanz eines Palastes, der von Titanen erbaut und von der Morgensonne gefärbt sein könnte«, sagte der britische Indien-Kenner über das Meherangarh-Fort. 4 Der indische Fahrer lächelt, sichtlich stolz auf seinen Bus. 5 Von der Umgebung abgeschirmt durch den U-förmigen Hotelbau: der große, von Gartengrün eingefasste Swimmingpool des »Hari Mahal«. 6 Jodhpurs jüngstes Taj-Hotel »Hari Mahal« mit festlicher Empfangshalle.

die breiten Rampen zum Ausgang und zum Weg hügelabwärts sind hier überall leicht zu finden.

Vorher bestaunt man eine Kanone, die wie ein Krokodil geformt ist, den Thronsaal mit vergoldeter Decke im »Perlenpalast« (Moti Mahal) und im großen Zenana Mahal, wo die Frauen wohnten, eine Sammlung der Wiegen für die neugeborenen Rathore-Rajputen. Eine Sammlung von über hundert Turbanen zeigt, wie jede Rajasthan-Region ihre eigene Art entwickelt hat, den Turban zu binden.

Leicht zu übersehen sind im »Eisentor« (Loha Pol) im dämmrigen Torgang die bemalten Handreliefs. Wer sie wahrnimmt und ihre

1–3 Jodhpur, die »Blaue Stadt« – das gilt vor allem unterhalb des Forts. Vermutlich wurde die blaue Farbe für die Fassaden verwendet, weil sie mit ihren Zusätzen Insekten fernhielt, doch sind andere Mittel heute wirksamer. **4** Das elegante Ambiente einer Suite im »Karni Bhawan«, das mit persönlicher Aufmerksamkeit als Familienhotel geführt wird.

Bedeutung kennt, wird sie nicht mehr vergessen. Es sind Sati-Hände, zur Erinnerung an die Frauen, die sich mit ihrem toten Gatten verbrennen ließen. Vor allem Frauen höherer Kasten verübten in der patriarchalischen Hindu-Gesellschaft die Selbstverbrennung. Witwen war die Wiederverheiratung untersagt, und sie hatten und haben oft auch noch heute Ablehnung im sozialen Umfeld zu erdulden. Ein alter Shiva-Mythos erzählt von der schönen Uma (der Name bedeutet Licht, Erkenntnis), die den als Wanderbettler erschienenen Gott Shiva zu ihrem Gatten wählte und ins Feuer sprang, als ihr Priester-Vater die Ehre des Gatten verletzte.

Später wurde Uma als Parvati wiedergeboren und nach langer Wartezeit wieder ehelich mit Shiva vereint. Die Erneuerer des Hinduismus im 19. Jahrhundert sahen es als eine ihrer wichtigsten Reformen an, die Wiederverheiratung von Witwen zu ermöglichen.

Andere Höhepunkte eines Rundgangs sind das marmorweiße Memorial für Maharaja Jaswant Singh II. und seine Nachfolger, erbaut 1899 an der Straße, die zum Fort hinaufführt, und Jodhpurs Museen außerhalb des Forts, am glänzendsten das Privatmuseum der Maharaja-Familie im Umaid Bhawan Palace: Vitrinen voller kleiner und größerer Kostbarkeiten, die zum fürstlichen Lebensstil gehören, von Jagdtrophäen bis zu einer Kollektion antiker Uhren. Kurios: Man stößt sogar auf eine Sammlung von Waschbecken.

Bei Jodhpur hat man auch ungewöhnlich gute Möglichkeiten, Menschen in den Dörfern zu begegnen. Etwa 70 Prozent aller Inder, 800 Millionen Menschen, leben in Indiens rund 500 000 Dörfern. Besuche auf dem Land können vielleicht noch spannender sein als die Besichtigung von Rajputen-Palästen. Doch einen Führer sollte man haben, der die Dörfler kennt und ihre Sprachen spricht – wie Mr. Ayub vom »Travel Desk« des Taj-Hotels. Er bringt Besucher zum Beispiel nach Morga, wo die Menschen zwar kein eigenes Land besitzen, mit ihren Schaf- und Ziegenherden aber allmählich sesshaft geworden sind und sich steinerne Häuser bauen. Der Hausbau ist hier keine reine Männersache: Die Frauen tragen die schweren Mauersteine und reichen sie den Männern hinauf.

Nicht weit entfernt, in Jumbadi, wohnen Bishnoi, Nachkommen der Ureinwohner Indiens, in einfachen Lehmhäusern. Bishnoi heißt »29«, und die Bishnoi folgen bis heute den 29 Regeln des Schutzes der Natur und der Gewaltlosigkeit, die sich der Stamm bereits im 15. Jahrhundert gegeben hat. Bäumen und Antilopen gilt ihr besonderer Schutz. In der Jodhpur-Region setzten sich die Bishnoi zum Beispiel im 18. Jahrhundert gegen eine große Baumrodungsaktion zur Wehr, und 360 Bishnoi starben, als das Militär ihren passiven Widerstand brach. Bishnoi verehren die Hindu-Götter, aber anders als Hindu-Frauen dürfen verwitwete Bishnoi-Frauen wieder heiraten. Von Hindus werden die Bishnoi auch als Kaste bezeichnet.

Die Anwesen ihres kleinen Wüstendorfes im Akaziengrün sind mit Dornengestrüpp abgeschirmt. Dem Führer mit seiner Reisegruppe wird das Tor ohne Umstände geöffnet, man begrüßt den ältesten Mann mit aneinandergelegten Händen. Die Besucher dürfen sogar die ordentliche Hütte betreten, bei der Werkzeugreparatur und beim Wäscheaufhängen zuschauen. Die Frauen lassen sich nicht stören, die Kinder machen große Augen und greifen in die Bonbontüte. Schule und Krankenhaus sind nicht weit entfernt. Ein ungewohnter Anblick: Drei alte Männer sitzen über einer Apparatur mit Glas und Flamme, sie bereiten sich Opium. Vom Staat wird ihr Opiumkonsum

1

2

3

geduldet, zugleich aber versucht, Opiumabhängigkeit abzubauen. Die Vorgeschichte ist lang: Seit die Rathore-Rajputen von Jodhpur, noch früher vom nahen Mandore aus, große Teile der Thar-Wüste – das Reich Marwar – kontrollierten, hatten sie Anteil an den Karawanen-Gewinnen der Marwari-Kaufleute, die außer Kupfer und Seide auch Opium über Jodhpur transportierten.

Ein Lächeln des Wiedererkennens strahlt auf, als uns der Dhurry-Weber Roopraj Prajapti am Dorfrand von Salawas begrüßt, als unangemeldete Besucher zehn Jahre nach unserem ersten Besuch. Das Dorf Salawas, etwa 26 Kilometer südlich von Jodhpur gelegen, war damals noch ein absoluter Geheimtipp. Rooprajs über 90-jähriger Großvater lebte noch, der ihm das Weben beibrachte. Roopraj lächelt wieder, erinnernd, wie er der Einzige im Dorf war, der etwas Englisch sprach. Als der Monsun ausblieb und die Missernten einander folgten, hatte er die Idee mit den Dhurrys. Diese Webteppiche mit den schönen Mustern waren früher aus Ziegenhaar, jetzt stellt man sie aus Baumwolle her. Heute exportiert die Dorfkooperative »Roopraj Dhurry Udyog« in viele Länder. Roopraj sitzt mit seiner Frau wie damals unter einem Zeltdach im Freien am selbst gebauten hölzernen Webstuhl: »Ich könnte einen Laden an der Straße aufmachen«, sagt er, »aber ich bin mitten in der Wüste. Ich

4

5

will in der Natur leben.« Und: »Wir haben keine Vorlagen, wir müssen die Muster im Herzen haben.« Wunderschön klar und einfach sind seine pastellenen Farben, seine Muster. Vor einigen Jahren hat die Kooperative einen fast 40 Meter langen Dhurry und damit einen Rekord produziert. Der Dhurry ist jetzt in London, und die Salawas-Weber sahen sich im »Sunday Telegraph«. Unverändert scheinen ihre Lebensregeln, wie seit jeher: »Wir gehen langsam, aber wir gehen nie zurück«, sagt Roopraj, der Mann, der dem Dorf Wohlstand gebracht hat. Salawas ist ein typisches Dorf, aber gleichzeitig ein ganz besonderes – eine Hoffnung.

Jodhpur empfiehlt sich mit Herbergen unterschiedlichsten Typs, vom einfachen und günstigen Paying Guest House bis zur Suite im üppigsten Art-déco-Maharaja-Palast Indiens. Mit wenig Geld indisches Leben unmittelbar kennenlernen – diese Chance bietet der Aufenthalt in einer Familie, im gemieteten Zimmer, und beim Tourist Reception Centre gibt es dazu Listen mit geprüften Adressen.

Nicht Verschwendungssucht, sondern drohende Verelendung während der Weltwirtschaftskrise 1929 motivierte Maharaja Umaid Singh, als er den »Umaid Bhawan Palace« in Auftrag und damit vielen Arbeitslosen Beschäftigung gab. 3000 Menschen haben bis 1943, heißt es, an dem 347-Zimmer-Palast gebaut. Der markant auf einer

1–5 Luxushotel im Maharaja-Stil: das »Umaid Bhawan Palace« wurde in der ersten Hälfte des 20. Jahrhunderts nach Plänen eines britischen Architekten erbaut, um in wirtschaftlicher Notzeit Arbeitsplätze zu schaffen. Vom unterirdischen Hallenbad bis zu den Suiten im Art-déco-Stil (Bild 4), vom Palastmuseum und zwei kleinen Theatern bis zu weitläufigen Gartenanlagen kommen die Einrichtungen heute zumeist Hotelgästen zugute. Doch wohnt auch die Maharaja-Familie im Palast.

Hügelkuppe thronende Kuppelbau wird in einem Flügel weiterhin von der Maharaja-Familie genutzt, der Großteil jedoch von der Welcomgroup als Hotel mit Luxusambiente betrieben: Elefantenfiguren als Türgriffe, Panthersculpturen am Treppenaufgang im riesigen Hallenrund, ein opulenter Speisesaal, eine »Shopping Arcade«, fürstliche Gartenblicke und ein unterirdisches Schwimmbad. Nicht alle Zimmer entsprechen freilich diesem Maharaja-Luxusniveau; anspruchsvolle Gäste buchen gleich eine Suite.

Das erst zur Jahrtausendwende eröffnete »Hari Mandal«-Hotel der Taj-Group abseits der verkehrsgeplagten Innenstadt verwöhnt mit prachtvoller Ausstattung in Rajasthan-Tradition, einem eleganten chinesischen Restaurant »Good Earth« und einem Multicuisine-Restaurant (»Marwar«), mit attraktivem Swimmingpoolgelände und ins-

1 Ein Blick mehr in die Schlafzimmer-Kultur des »Umaid Bhawan Palace«, hier mit Pfauen in einem Baum. 2 Begegnung mit der semiariden (halbtrockenen) Wüste Thar und ihren Bewohnern, unter denen der Stamm der Bishnoi sich durch seine seit Jahrhunderten geübte Umweltschonung auszeichnet. 3 Unterwegs mit der Mahlzeit.

gesamt großzügig bemessenen Dimensionen – bis hin zu den Schränken im Zimmer. In summa: ein echter Zugewinn für Jodhpurs Hotelszene.

Wie im »Hari Mandal« ist auch im kleineren »Karni Bhawan« der ausnehmend freundliche Service zu loben, dazu die private Atmosphäre, dekorativ und praktisch eingerichtete Zimmer, zum Teil mit Four-Poster-Betten, das vorzügliche Essen, Swimmingpool und der Garten mit Barbecue-Abenden und Musikdarbietungen.

Wie an so vielen Orten sieht man auch in »Khimsar Fort« die Reisegruppen am Morgen nach ihrer Ankunft immer schon wieder abreisen, nach absolvierter Jeep-Safari zur Sonnenuntergangsstunde auf den Sanddünen, nach dem Dinner in der romantisch düsteren Ruine des alten Palasts und dem Gartenfrühstück in Gesellschaft kostbar bunter Pfauen. Fort Khimsar, rund 90 Kilometer nördlich von Jodhpur, etwas abseits der Nationalstraße nach Nagaur und Bikaner, lohnt einen längeren Aufenthalt.

Das 1523 gegründete Fort, nun in der 20. Generation im Besitz der gleichen Familie (deren andere Zweige Maharajas von Jodhpur und Bikaner sind), ist mit seinen Erweiterungen aus dem 18. und der Mitte des 20. Jahrhunderts eines der stattlichsten Rajasthans und als »Grand Heritage« klassifiziert. Rasenflächen, Obstgärten und Gemüsebeete sorgen für Oasenfrische, ein »Healthclub« mit Massagen, Dampf- und Saunabad für die Gesundheit. Zur Unterhaltung gibt es Krocket-Spiel, Ausritte in die Wüste zu Pferd oder Kamel, Dorfbesuche beim Weber, Töpfer und Goldschmied und sogar ein Privatkino. Besonders schön ist der Swimmingpool. Und zur Nacht steigt man auf die Dachterrasse des Palasts: Wie eine Schale, wie ein Boot wiegt sich die Mondsichel in der Schwärze. Zum Service des »Khimsar«-Heritage-Hotels gehört ein Teleskop, das von einem freundlichen Helfer eingestellt wird. Man sieht Gebirge auf dem Mond und Sterne wie glänzende Münzen. Auch ohne Teleskop bietet der Sternenhimmel vom Dach aus einen zauberhaften Anblick. Tiefe Ruhe, eine authentische Atmosphäre und dazu aller wünschenswerter Komfort – jeder, der in Khimsar war, wird diesen Ort als Inbegriff eines indischen Traumziels in Erinnerung behalten.

Zeit für Jodhpur

Anreise und Reisezeit

Flug: Flugplatz etwa 5 km von der Stadtmitte. Verbindungen u. a. mit Neu-Delhi, Jaipur, Udaipur und Mumbai.
Bahn: Verbindungen u. a. mit Neu-Delhi (ca. 11 Std.), Agra (ca. 12 Std.), Jaipur (ca. 4 Std.), Jaisalmer (ca. 7 Std.).
Bus/Leihwagen: Zahlreiche Verbindungen, u. a. Neu-Delhi (ca. 600 km), Jaipur (ca. 330 km), Jaisalmer (ca. 320 km).
Beste Reisezeit: Oktober bis März.

Unterkunft

******/******* **Umaid Bhawan Palace** (H1) (Taj Hotel Group). Maharaja-Palast, großer Park, Hallenbad. 95 Zi. und Suiten, 5 km vom Stadtzentrum. Reservierung 0080045881825 Tel. 291- 251 01 01 (-12), Fax: 251 01 00, E-Mail: ubp@ndf.vsnl.net.in
*****/****** **Taj Hari Mahal** (H2) (Taj Group). Eines der neuesten Taj-Hotels, mit großem Pool, Besichtigungstouren, Themenabenden. 93 Zi. und Suiten, 5 Residency Rd., Jodhpur-324 001, Tel. 291-43 97 00, Fax: 291-61 44 51.
/* **Karni Bhawan** (H3) (Karni Group of Hotels). Heritage-Hotel mit familiärer Atmosphäre. 32 Zi., teils AC, Palace Rd., Ratanada, Jodhpur-320 06, Tel. 291-51 21 01 und 51 21 02, Fax: 291-2512105, E-Mail: karnihotels@satyam.net.in
****/***** **Khimsar Fort** (H4) (WelcomHeritage). Romantisches Fort aus dem 16.–20. Jh., Gartengelände, Privatkino für Filme und HiFi, Ausritte, Wüstensafari. P.O. Khimsar, District Nagaur-Rajasthan (ca. 90 km nördlich Jodhpur), Tel. 15 85-6 23 45 (-49), Fax: 6 22 28, Reservierung: 27, Shivai Nagar, Civil Lines, Jaipur-302 006, Tel. 141-38 23 14 (-16), 38 49 31, Fax: 38 11 50, E-Mail: holidays@welcomheritagehotels.com

Sehen und Erleben

Meherangarh-Fort. Jaswant Thada (Memorial für Maharaja Jaswant Singh II.). Altstadt mit Stadtmauern, Toren, Basaren, vor allem Sardar-Basar am Uhrturm.

Ziele in der Umgebung

Mandore, bis 1459 Hauptstadt Marwars: kürzlich restaurierte »Hall of Heroes« oder »Schrein der 330 Millionen Götter« in einem Parkgelände (8 km nördlich). Osian, ehemals reiche Stadt: besonders schöne Jain- und Hindu-Tempel aus dem 8.–12. Jh. (ca. 60 km nördlich). Nagaur: restauriertes Fort (Wandmalereien), alljährlich im Februar großer Kamelmarkt, **WelcomHeritage-Hotel im Fort (135 km nördlich). Rohet Garh, beschaulicher Ort mit ruhigem */**Heritage-Hotel gleichen Namens, mit Pool und Ausritten (40 km südlich). Mehrere Dörfer der Bishnois und anderer Stämme. Salawas, Dorf der Dhurry-Weber (26 km südlich).

Auskunft

Tourist Reception Center, RTDC Hotel Ghoomar, High, Court Rd., Tel. 291-545083 (Liste von Paying-Guest-Adressen).

1

2

3

4

Eine Stadt wie Gold und Honig
Jaisalmer – in Indiens fernem Wüsten-Westen

Wie der Sandstein im gleißenden Licht überm Sand leuchtet! Wie sich in den Gewölben Brokatstoffe und Silberschmuck häufen! Wie verlockend, zu Expeditionen in die Wüste aufzubrechen!

Stundenlang fahren. Die Landschaft eintönig. Steine. Staub. Dornengestrüpp. Staub. Magere Ziegen. Staub. Wachschlaf. Hitzeflimmern. Dann: Goldflimmern. Eine Burg in den Wolken, über der stumpfen Ebene. Mauern, Türme, massiv, aus einer anderen, goldockerfarbenen Welt.

So kann man Jaisalmer das erste Mal begegnen, auf der Anfahrt durch die Halbwüste Thar. Und man tut gut daran, dieses Traumbild festzuhalten, bevor man sich nähert und die Menschen kommen, die Busse, Lastwagen, Ladenbuden, Kamele, Rucksackträger, Motorräder, das Schreien, Pfeifen, Hupen, die werbenden Handbewegungen. Die berühmte Wüstenstadt ist erreicht – ein Ort, der zur Touristenattraktion geworden ist, zu einem Muss für den Indien-Reisenden.

Noch vor gut einem halben Jahrhundert schlief Jaisalmer tief, wie auf einem anderen Planeten. Nicht einmal eine befestigte Straße gab es hierher, die wurde erst 1958 gebaut, die Bahngleise wurden 1968 gelegt. Militärische Notwendigkeiten, verursacht durch die Konflikte mit dem 1947 von Indien abgetrennten Pakistan, hatten den über 800 Jahre alten Karawanenstützpunkt Jaisalmer davor bewahrt, völlig vergessen im Staub der Wüste zu vergehen.

Danach erst kamen die Touristen. Zunächst ein Geheimtipp der Rucksack-Globetrotter, wurde Jaisalmer bald Ziel von Bustouren und »Palace-on-Wheels«-Rundfahrten. Mit ihnen kamen alle, die Restaurants eröffnen, bunten Orient-Souvenir-Handel treiben oder Kamelsafaris veranstalten wollten. Noch einmal wurde das Fort in seinem honiggelben Mauerring aus tonnenrunden Bastionen erobert, heute ist es Kern der in die Wüste hinausgewachsenen 40 000-Einwohner-Stadt. Weit ausgebreitet, schnell hingebaut liegen die Neubausiedlungen um den 76 Meter hohen Felsen des Forts. In den engen Gassen der Festung drängen die schwitzenden und auf steilen Aufgängen keuchenden »Westler«. Sie stöhnen beim Besteigen der Ka-

1 Steinwälle wie ein Gebirge: die Mauern des Forts Jaisalmer im fernen Westen Rajasthans. **2** Der tägliche Gang zum Brunnen. **3** Eine Oase bei Jaisalmer: die Chattris von Bada Bagh, mit Reiter-Relief. **4** Jaisalmer, die alte Karawanenstation, bezaubert mit der märchenhaften Architektur seiner von starken Bastionen umschlossenen Altstadt, mit Durchblicken, schattigen Höfen und kostbar filigraner Steinschnitzerei.

mele, wenn sie in Kurztrips wüstenwärts aufbrechen, lassen höchst unvernünftig ihre Arme und Knie von der Sonne rosarot brennen. Doch trotz all des Touristentrubels fühlt man sich beim Anblick der Traumburg in eine Wunderwelt versetzt. Von den Verwöhn-Quartieren der angenehmen Hotels kann man in die Altstadt gehen, zum Beispiel am frühen Morgen, wenn alles noch still und von einer zarten Wärme erfüllt ist. Hier gibt es die ziselierten Hausfassaden der Havelis mit ihren Erkern, Arkaden, die Straßen überspannenden Tore und Galerien zu bestaunen – von einzigartiger, überbordender Fülle ist das feine Fassadenschnitzwerk in Jaisalmer. Unkundige halten das Material der Balkone und Erker für Holz – und schon aus weichem Holz wäre das Schnitzwerk meisterhaft! Aber es ist Stein, in Hunderten von Lochmustern verzierter, durchbrochener Sandstein – Zeichen des Reichtums der Bauherren.

Die Herren der Havelis waren vermögende Kaufleute, die Waren durch die Wüsten zwischen Persien, Afghanistan und China schleusten und die Kontore an vielen Orten des Orients besaßen. Ein Haveli war Familiensitz, Umschlaglager und Repräsentationspalast. Die Steinschnitzereien werfen kühlenden Schatten in die Gemächer und Lagerräume, sie waren Ausgucklöcher für die Damen des Hauses, die unsichtbar bleiben mussten. Manche Havelis werden zur

Besichtigung geöffnet, in anderen kann man wohnen, klettert steile schmale Treppen zu schattendunklen Räumen und Terrassen in blendend hellem Licht hinauf.

Das Patwon ki Haveli im Norden der Altstadt hat zur Gasse hin 60 Erker-Balkone, in seinen Räumen einige Wandgemälde. Das Nathmalji Ki Haveli (etwas weiter westlich) ist reich mit figürlichen Steinmetzarbeiten verziert. Noch schlossartiger wirkt das Haveli des Zalim Singh nahe beim Palast mit seinen blauen Kuppeln und Arkaden im Dachgeschoss. Der Spaziergänger in der Altstadt findet immer neue architektonische Dekors.

Schließlich wird er zum inneren Fort der Bhati-Maharajas hinaufsteigen. Vier gewaltige Tore stehen am Eingang, der Steinplattenweg führt direkt auf einen Platz, an dem der Marmorthron des Maharajas steht. Als er noch herrschte, hielt er hier Audienzen und Gerichtsverhandlungen ab. Dies ist auch der Ort, an dem zweimal in der Geschichte die Frauen von Jaisalmer vor drohender feindlicher Eroberung gemeinsam den Tod auf dem Scheiterhaufen wählten, um Misshandlungen zu entgehen.

Beim Gang durch den siebenstöckigen Rajmahal Palace, den vom 16. bis 18. Jahrhundert erbauten Maharaja-Palast, sind wieder kunstvolle Steinschnitzereien zu bewundern, schwere Silbertüren und

1 Sandgelb, honiggold, sonnenrötlich – das sind die Wüstenfarben von Jaisalmer, und das Grün muss man suchen. **2** Im Zeichen des Tourismus wird manches langsam verfallende Gebäude wiederhergestellt. Aber oft fehlt es doch an Geld und gutem Willen … **3** Was aussieht wie Holz, ist Stein – ein wahres Wunderwerk der Steinschnitzerei: oberstes Geschoss des Salim Singh ki Haveli. **4** Ganja-Raucher (Marihuana). **5** Das »Haus der Brokatkaufleute« (Patwon ki Haveli) erbaute sich ein Kaufmann und Händler um 1800, mit 60 Balkonen.

Wandgemälde, im Übrigen ist die labyrinthisch verbaute Anlage leer geräumt. Im Festungsbereich kann man prächtig geschmückte Jain-Tempel des Mittelalters und Tirthankara-Statuen mit den glänzenden Edelsteinaugen aufsuchen. Von der Höhe der Zitadelle bietet sich ein vorzüglicher Überblick, auch entlang der wuchtigen Rundbastionen der Stadtmauer. Scheinbar könnten sie jederzeit an den pflanzenlosen Schutthängen ins Rutschen geraten, doch sie beweisen Standfestigkeit, seit dem 17. Jahrhundert schon.

Taucht man dann unten zur Altstadt hin in die Basare ein, gerät man in Gefahr, sich in einem wahren Kaufrausch zu verlieren. Silberschmuck, Sandelholzgeschnitztes, Brokatdecken, Kamelleder – Versuchungen überall zwischen unzählbaren Kuriositäten, Kram und

1 Auffahrt zum »Jawahar Niwas«, einst Gästehaus des Maharaja. **2** Unter Lüstern und alten Gemälden: Empfangshalle des »Jawahar Niwas«.

Alltagsdingen. Die Händler sind auf bedächtiges Feilschen eingestellt. Wer Lust auf einen Kamelritt hat, findet hier Angebote an jeder zweiten Ecke.

Abseits der »Sights« zur Ruhe kommen, etwa den Zauber der glitzernden Pracht silberdurchwirkter Tücher und hell klingender Kamelsattelglocken nachwirken lassen – dazu ist der »Sunset Point« bei den grazilen Chattris nördlich der Ummauerung gut geeignet. Oder noch besser der Garten des Hotels »Himmatgarh Palace«, auf einer Anhöhe gut zwei Kilometer westlich der ummauerten Stadt. Das Fort und die zart filigrane Architektur der Chattris, der Totendenkmale, leuchten in der Abendsonne golden auf, und das Hotel lässt die Klimaanlagen in seinem Sandsteinbau wacker gegen die brütende Hitze arbeiten. Von einem Rajputen, dessen Familie ihre Abstammung vom Mond herleitet, wurde der »Himmatgarh Palace« in den Achtzigerjahren des 20. Jahrhunderts gegründet, er ist inmitten des Wüstensands auch mit einem Pool und einem Restaurant mit guter Küche versehen.

Eine andere, ebenfalls westlich und noch näher zur Altstadt gelegene und doch ruhige Bleibe ist das »Jawahar Niwas Palace Hotel«, ein ehemaliges Gästehaus des Maharajas, dessen Haupthaus mit feinen Steinmetzarbeiten geschmückt und noch mit originalen Artdéco-Möbeln ausgestattet ist. 1995/96 wurde es gründlich renoviert und erweitert, 2001 wurde auch ein Pool angelegt.

Noch ein Stück weiter hinaus, sechs Kilometer nach Norden, wachsen im überraschenden Grün der Bada-Bagh-Oase Mangobäume bei den Chattris der Herrscherfamilie. Es ist ein Ort der Einsamkeit und Stille, wie geschaffen für das Wüstengefühl des Wunderbaren, das Erlebnis des Zeitlosen im scheinbar unbegrenzten Raum. Nur Militärposten stören manchmal. In karger Natur, etwa neun Kilometer westlich der Stadt ist aus der Wüstenszene ein Gartenwunder wiederbelebt worden: »Mool Sagar«, einst ein herrschaftliches Landschlösschen, heute ein Hotel für Pflanzen- und Blütenfreunde, mit komfortablen Zelten und einem Pool samt einstigem Stufenbrunnen. Bleibt noch der Wunsch, tiefer in die Wüste vorzudringen. Außer den Kamelsafaris, bei denen man übrigens genügend Erfrischungsgetränke mitnehmen und Kopf und Rücken gegen die Sonne schützen sollte, sind Fahrten im Jeep interessant: zum Beispiel zu den 14 Kilometer südöstlich gelegenen versteinerten

Baumstämmen des Akal Wood Fossils Park, bis zu 180 Millionen Jahre alt, oder zu den Sam Sand Dunes 42 Kilometer westlich. Die Dünen bieten oft keine Wüsteneinsamkeit, aber immer gute Fotomotive.

Die Ruinen einer Vorgängerstadt Jaisalmers erreicht man gleichfalls in westlicher Richtung, also auf die pakistanische Grenze zu: Lodurva (auch: Lodruva), die Residenz der Bhatti-Rajputen, die seit dem 10. Jahrhundert herrschten und 1156 Jaisalmer gründeten. In den Siebzigerjahren des 20. Jahrhunderts wurde ein großer Jain-Tempel wiederaufgebaut, mit prächtigem Torbogen und einem »Kalpavriksha«, der Darstellung eines himmlischen Baumes mit der Kraft, Wünsche der Gläubigen zu erfüllen.

Noch in Spaziergangsnähe südöstlich von Jaisalmer liegt Gadi Sagar, ein vogelreicher See mit sandsteinroten Ghats und Chattris, der von Wasser aus dem Indira-Gandhi-Kanal gespeist wird. Der kunstvolle Torbogen dort soll der Sage nach von einer Kurtisane in Auftrag gegeben worden sein. Die ehrenwerten Obrigkeiten wollten ihn abreißen lassen, da richtete sie schnell einen kleinen Tempel obenauf ein – so blieb das hübsche Bauwerk an den Freitreppen stehen. Ein Stück vom Tor entfernt ist ein Folklore-Museum sehenswert, besonders für Liebhaber volkstümlicher Musikinstrumente.

Zeit für Jaisalmer

Anreise und Reisezeit

Flug: Der nächste Flughafen ist in Jodhpur (285 km), von dort nur Busverbindungen. Gelegentlich Verbindung privater Airlines von Delhi–Jaisalmer.
Bahn: Verbindung mit Jodhpur (ca. 8 Std.)
Auto/Busse: Jodhpur (285 km), Udaipur (660 km), Jaipur (638 km).
Beste Reisezeit: Oktober bis Februar. Ab März extreme Hitze.

Unterkunft

/* Fort Rajwada 91 Zi., 4 Suiten, Tel. direkt Reservierung 141-2350068 oder 982-814 95 55,
E-Mail: reservation@fortrajwada.com
*** Himmatgarh Palace (H1). Schöner Garten und bester Blick auf die Stadt, Cottages, Pool, sehr gutes Restaurant. 40 Zi. mit AC, 1 Ramgarh Rd., Mob. 2522253, E-Mail: sales@divinehotels.in
*** Jawahar Niwas Palace (H2). Hauptgebäude ist ein schönes altes Haveli, Restaurantzelt, Bar und Billard, ruhige Lage. Tel. 29 92-5 22 08, Fax: 2992-250175,
E-Mail: reservation@yawaharniwaspalace.co.in

Sehen und Erleben

In der Altstadt reich geschmückte Havelis, ein Fest der Steinschnitzkunst. Basare mit reichem Angebot an Kunsthandwerk, besonders Silberschmuck. Im inneren Fort der siebenstöckige Palast der Bhati-Maharajas und mehrere Jain- und Hindu-Tempel. Außerhalb der Mauern: der See Gadi Sagar, ein Vogelparadies umgeben von Tempeln, Treppen und prächtigem Tor. Sunset Point nordwestlich der Altstadt, dort auch Viyas Chattri, weiter nördlich die kleine Oase Bada Bagh, an beiden Orten filigrane Kuppel-Pavillons als Totengedenkstätten. Im Januar/Februar dreitägiges Desert-Festival mit Kamelrennen, Kamelpolo, Tanzvorführungen etc.

Ziele in der Umgebung

Wüste Thar: Kamelsafaris und Jeeptouren – die folgenden Ziele alle westlich, in Richtung Staatsgrenze, auch mit normalem Leihwagen – zum Mool Sagar (7 km, ein verfallendes Sommerschlösschen), zum verlassenen Brahmanendorf Kuldhera (14 km) und nach Lodurva (17 km), Ruinen der alten Hauptstadt der Bhatis. Schutzgebiete der Wüste Thar: der Akal Wood Fossils Park (14 km südöstlich, siehe oben) und der Desert National Park (35 km südwestlich), mit über 3000 qkm Wüste und Halbwüste mit charakteristischer Tier- und Pflanzenwelt. Besuchserlaubnis gegen Gebühr beim DNP (Desert National Park Office, Barmer Rd., Jaisalmer).

Pittoreskes Fort an der Route nach Bikaner: Pokaran, über kleinem Städtchen am Rand der Wüste (110 km östlich), mit Museum und einem traditionsreichen Hotel im Fort. 14 Zi., P.O. Pokaran-345 021, District Jaisalmer, Tel. 2 99 42-2 22 74, Fax: 2 22 79.

Auskunft

Tourist Reception Centre,
Station Rd., Tel. 29 92-5 24 06.

Großstadt im Wüstensand
Bikaner – Maharaja-Schätze und Kamelsafaris

Nicht so berühmt wie Jaipur oder Jaisalmer, ist Bikaner umso unwiderstehlicher für Indienfahrer, die Ziele abseits breiter Touristenstraßen suchen und hier bunteste Basare, Goldglanz und Sanddünen finden.

Wir waren in Rajasthan«, sagen meine Freunde mit glänzenden Augen. »Da hat es euch also gefallen«, antworte ich. »Wart ihr in Bikaner?« »Wo? – Nein!«, sagen meine Freunde, denn die meisten Touristen fahren nicht nach Bikaner. Da fange ich an, Bikaners Loblied zu singen: dass diese Stadt am Rand der Wüste Thar liegt, rund um eine mächtige Burg, die Junagarh-Fort heißt und erstaunliche Paläste hinter ihren Mauern verbirgt, dass in der alten Stadt die Tauben in den Höfen verlassener prächtiger großer Häuser gurren, und dass vor etwa 80 Jahren ein Maharaja, Ganga Singh, ein Kanalsystem baute, dessen Wasser einen Teil der Wüste in fruchtbares Land verwandelte. Und dass trotzdem nahe der Stadt noch richtige Sandwüste mit goldenen Dünen anzutreffen ist, zu denen man Kamelsafaris unternehmen kann. Wer dieses Loblied gehört hat, wird beim nächsten Rajasthan-Besuch Bikaner keinesfalls auslassen.

Dazu ist es gut, noch mehr zu wissen. Bikaner liegt »abseits von allem«, gut 200 Kilometer nördlich von Jodhpur und etwa 320 Kilometer nordöstlich von Jaisalmer. Die Stadt ist wenig über 500 Jahre alt und wurde als Karawanen-Stützpunkt für Warentransporte in west-östlicher Richtung gegründet, von dem aus Jodhpur stammenden Rathore-Fürsten Rao Bikaji. Der Handel machte die Kaufleute wohlhabend, ihre Familien, die heute nicht mehr hier, sondern in den großen Wirtschaftszentren wohnen, gehören zu den reichsten des Landes. Sie haben ihre Häuser, die Havelis, abgeschlossen und kommen nur selten auf Besuch. Früher zog der Reichtum Räuber und fürstliche Rivalen an, darum waren das Fort und die Stadtmauern nötig, die heute noch die Altstadt umschließen.

Blassrosa oder dunkelpurpur, je nach Licht, sind die Mauern des Junagarh-Forts, das auf einer nur geringen Bodenerhebung liegt, aber doch eines der wenigen indischen Forts ist, das nie erobert wurde. Hat man die Burg durch das klobige, riesenhaft gemauerte Suraj Pol (Sonnentor) betreten, staunt man über umständlich ver-

1 In und um Bikaner, Palast- und Dorfleben im Wechsel: hier die Mauern und Höfe des Junagarh-Forts in Bikaner, **2** hier die Palastminiatur des Gottes Krishna, **3** dort der Bauer mit dem Kamel. Bikaner ist bekannt für seine »Camel Research Farm«. **4** »Heritage Hotel«-Glanz im »Bhanwar Niwas«, einem ehemaligen Kaufmanns-Haveli, das der Besitzer Sunil Rampuria mit erlesenem Mobiliar wohnlich machte.

schachtelte Wege zwischen den 37 Palästen, Pavillons und Tempeln, findet entlang enger Durchlässe und Stiegen immer noch andere Höfe, Balkons, Galerien und Türme in verwirrender Anordnung. Der Schmuck der Fassaden ist feinste Steinschnitzerei aus dem 16. bis 18. Jahrhundert, der Zeit, als Bikaner blühte.

Die verschachtelte Architektur im Fort diente natürlich der Sicherheit des Herrschers: Eindringlinge verlaufen sich leicht in der Hast ihrer bösen Absichten. Spiegel sind in engwinkligen Räumen so angebracht, dass sie vom Ruhesitz aus jedes Kommen und Gehen zeigen, das Bett des Fürsten steht auf ganz niedrigen Silberfüßen, damit kein Mörder darunter lauern kann (wie es der Sage nach einem Vorfahren des Maharajas geschah). Im Schutz der zinnenbewehrten Gemäuer draußen häufte sich die Pracht des labyrinthischen Dynastensitzes drinnen: Kristallglas und verschwenderisch aufgetragenes Blattgold, Chinaporzellan und holländische Kacheln. Die üppige Blumenornamentfülle der Krönungshalle aus dem 17. Jahrhundert lässt an Pietra-dura-Einlegearbeit denken, erst bei genauem Hinsehen erkennt man sehr feine Malerei auf poliertem Kalkgrund – leider schwer vor Verfall zu schützen. Chandra Mahal, der Mondpalast, und Anup Mahal, der Wolkenpalast, zeigen juwelenschweren Reichtum – und eine überschäumende Lust an Dekoration mit Spiegeln, Bildern, leuchtenden Farben, mit chinesischen Tapeten und Rajputen-Malerei. Darstellungen des eigenen höfischen Lebens mit Polospiel, Elefantenturnieren und Gärten waren beliebt, Bilder kühlender Schneeberge sollten das Wüstenklima erträglich machen. Man nimmt es beim Blick aus den Palastfenstern wahr: Wenn nicht mit hohen Kosten bewässert wird, versanden und verdorren die Gärten.

Im Palastmuseum noch mehr Juwelen, luxuriös gearbeitete Howdahs (Elefanten-Tragthrone), Repräsentationswaffem, auch ein kurioses Doppeldeckerflugzeug aus dem Ersten Weltkrieg, Zeugnis der Waffenfreundschaft der Maharajas mit den britischen Kolonialherren. Vorzügliche Beispiele der Miniaturmalerei stammen aus viel älterer Zeit, als zahlreiche Maler, die der strenggläubige Großmogul Aurangzeb vertrieben hatte, in Bikaner ein Exil und Förderung fanden.

Trotz seiner Abseitslage, die ja auch Zuflucht sein kann, legt sich Bikaner heute schon weithin weiß glänzende Neubauviertel zu, wird bald auf eine halbe Million Einwohner anwachsen. Wer sich vom Getümmel der Fahrradrikschas, Busse und Kamelkarren nicht abschrecken lässt, entdeckt in den Basarvierteln beim Kote Gate und im Bara Basar allerhand sonderbare Gebrauchswaren, die auf Märkten andernorts nicht auftauchen. Stunden kann man hier verbringen beim Erforschen des Fremden, Überraschenden.

1 Eingang zum Karni-Mata-Tempel – wer vermutet hinter solcher Pracht Hunderte von Ratten? In Deshnok bei Bikaner haben sie als Inkarnationen gestorbener Dichter ein Tempelrefugium. 2 Den Schwung der Bögen mit ihrem Kranz kleiner Rundungen sahen die Maharajas den Mogul-Herrschern ab. 3 Das Frühlicht steigert die Palastfassaden zum leuchtenden Rot: der Lalgarh Palace draußen vor der Stadt, heute ein Hotel der WelcomGroup. 4 Bei den Ratten von Deshnok, sie sind gut gefüttert und harmlos. 5 Kamelkarawanen machten Bikaner reich. Bis heute gehören sie zum Alltag und zu den Festen der Wüste. 6 Seltener in den Wüstendörfern anzutreffen: Frauen am Spinnrad.

In den ruhigeren Gassen der Altstadt sind die Havelis der Kaufmannsgeschlechter zu bewundern, und vielleicht ist eine der Türen zufällig offen und lässt einen Blick auf galerieumschlossene Innenhöfe in rotem geschnitztem Steinwerk zu. Manchmal erlaubt ein freundlicher Majordomus einzutreten in Interieurs mit der Hinterlassenschaft von Generationen nach Art von Ali Babas Schatzhöhle. Tauben und Katzen nutzen als einzige die stillen Höfe, niemand schaut durch die staubigen Fenster, nur gerüchteweise ist von den Kunstwerken in den Havelis Khajanchi und Kothari zu hören. Welch architektonische Pracht träumt da vor sich hin!

Ausnahmen gibt es auch hier. Das Haveli »Bhanwar Niwas« wurde von seinem Besitzer Sunil Rampuria mit Kunstverstand in ein Heritage-Hotel verwandelt. Indisches und Europäisches vermischen sich im Stil der erlesenen Einrichtung, wie es seit dem 19. Jahrhundert in den Häusern der Marwari-Kaufherren üblich war. Gold und Marmor erfreuen die Augen, Abendmusik im Arkadenhof die Ohren, die exquisite vegetarische Küche labt Zunge und Gaumen.

Fürstlich wohnt der Gast im »Lalgarh Palace«, der 1900 bis 1920 als neuer Wohnsitz vor der Stadt von dem britischen Architekten Sir Swinton Jacob für die Maharajas erbaut wurde. Bar, Billard, Park und Pool gehörten zum West- wie zum Maharaja-Standard.

Auf dem weiten Palastgelände bietet neuerdings als eigenes kleines Luxushotel das »Lakshmi Vilas« seine exzellent dekorierten Räume an – nur elf, und jeder ein kleines Fest des traditionellen Designs, mit Schnitzereien und Malereien an Wänden und Decken.

Als drittes Hotel steht im Lalgarh-Komplex noch das preisgünstigere »Maan Vilas« zur Wahl, von Gartengrün umgeben. Ein Museum haben die Gäste des »Lalgarh Palace« im Haus: das Shri Sadul Museum mit einer Fotodokumentation Maharaja Ganga Singhs, des Kanal-Erbauers. Manche der familiären Erinnerungsstücke sind etwas staubig und oft rührend, auch die armen ausgestopften Tiger.

Die Wüste erleben! Alles kann man in der Camel Research Farm über Kamele erfahren – zum Beispiel, dass die bewährten Lastenträger erst seit wenigen Jahrzehnten als Zugtiere genutzt werden, mit speziellem Zaumzeug und breiten (Flugzeug-)Reifen am Wagen. Wüstensafaris auf Kamelrücken oder doch motorisiert sollte man sich nicht entgehen lassen, der Service in Bikaner ist meist besser als bei Massenangeboten andernorts. Und dann die Ausflüge in weitere Entfernung! Keine Angst vor heiligen Ratten: Hunderte huschen im Karni-Mata-Tempel im Städtchen Deshnok umher, sitzen um eine riesige Reisschüssel, laufen den Besuchern über die Füße, was Glück bringen soll. Man sagt, sie seien wiedergeborene Dichter. Ihr Geruch ist allerdings nicht für jede Nase erträglich.

Mehr Tiere gibt es im Gajner-Nationalpark am Gajner-See. Der See ist ein Vogelparadies, besonders im Winter machen Zugvögel hier Station. Ringsum in den dichten Waldungen hausen die Nilgai-Antilope, das zarte Chinkara-Wild, Blackbucks mit den gedrehten Hörnern, Wildschweine, auch Wüsteneidechsen. Am See liegt malerisch das Hotel »Gajner Palace«, voller nostalgischer Erinnerungen an die britische Zeit: Stilmöbel, alte Bilder, Golfplatz. Die Zimmer sind renoviert und der Service ist gut, im Jeep können Gäste durch den Wald zu den Tieren finden.

Zeit für Bikaner

Anreise und Reisezeit

Flug: Flughafen derzeit ohne regelmäßige Flüge. Nächste Flughäfen Jaipur und Jodhpur, mit zahlreichen Verbindungen.

Bahn: Zugverbindungen mit Delhi, Jaipur und Jodhpur.

Bus/Auto: Busbahnhof 3 km nördlich, vorher aussteigen (falls man nicht von Norden kommt). Busverbindungen mit Delhi (ca. 550 km, 11 Std.), Jaipur (ca. 350 km, 7 Std.), Jaisalmer (ca. 320 km, 7 Std.), Udaipur (ca. 550 km, 12 Std.).

Beste Reisezeit: Oktober bis März.

Unterkunft

****/******* **Lalgarh Palace** (H1) (HRH). Im hundertjährigen Palast der Rathore-Maharajas in weiträumigem Gelände, Tennis, Pool, Croquet, Billard. 38 Zi., Tel. 151-54 02 01, Fax: 52 22 53, E-Mail: info@lalgarhpalace.com

/** **Lakhsmi Niwas Palace** (H2). Hotel mit Gärten, Billard, dekorative Ausstattung, Restaurant. 11 große Zi., Dr. Karni Singhji Rd., Hotel im Palastkomplex, Tel. 151-220 27 77, Fax: 151-25 21 14 87, E-Mail: bikaner@lakshmipalace.com und reservation@lakhsminiwaspalace.com

*/** **Maan Vilas** (H3) (HRH). Nebengebäude des Lalgarh-Palastes, 9 Zi. mit Gartenblick. Tel. 151-52 47 11, Fax: 52 24 08.

/*** **Bhanwar Niwas** (H4). Haveli in der verwinkelten Altstadt, zum Heritage-Hotel umgewandelt. Teils luxuriöse Räume, gute Küche, Bar. 20 Zi., Rampuria Street, nach »Rampuria Haveli« fragen. Webseite: www.bhanwarniwas.com, E-Mail: bhanwarniwas@rediffmail.com

Sehen und Erleben

Fort Junagarh, labyrinthischer Palastkomplex, kostbare Ausstattung. Havelis in der Altstadt. Bhandasar Jain-Tempel, Baubeginn 1468, noch vor der Stadtgründung (im Südwesten der ummauerten Altstadt). Kamel-Safaris mit Birendra Singh Tanwar, Tel. 151-52 55 94, oder mit »Camel-Man«, Tel. 52 93 44.

Ziele in der Umgebung

Devi Kund Sagar, stimmungsvolle Maharaja-Gedenkstätte (Chattris) an einem künstlich angelegten See, auch mit Erinnerungssteinen für Sati-Witwen (8 km östlich). Camel Research Farm (10 km südöstlich). Deshnok Karni Mata (»Rattentempel«, 33 km südlich). ** Gajner Wildlife Sanctuary, ehemaliges Jagdgebiet des Maharajas (32 km westlich, mit Hotel »Gajner Palace«).

Auskunft

Tourist Reception Center, beim RTDC Dhola Maru Hotel, südöstlich vom Puran Singh Circle, sehr hilfreich, Tel. 151-222 67 01.

1 Tänzerinnen mit flammenden Feuerschälchen – ein Höhepunkt vieler Festlichkeiten unterm Nachthimmel der Wüste. **2** Im »Laksmi Niwas Palac«: nostalgischer Komfort, opulente Architektur. **3** Mit Jagdtrophäen werden noch Palasthallen geschmückt, auf Tigerjagd gehen nur Kriminelle.

Die Bilderwelt der »gemalten Städte«
In Mandawa und im Shekawati-Land

Bilderbuchbunt bis unters Dach bemalt sind die Fassaden der alten Häuser von Karawanenkaufleuten im Nordosten Rajasthans. Shekawati ist eine Welt für sich.

Neben dem Schlagloch-Asphaltstreifen wächst Akaziengrün aus dem gelbgrauen Sand, der in diesem Wüstenland östlich von Bikaner und nördlich von Jaipur fast allgegenwärtig ist und auch in den kleinen Städten die Straßen überweht. Kamelkarren, Ochsenkarren kommen einem entgegen, in den Dörfern stehen weiße kubische Häuser, eine Moschee, aber auch die Chattris, die zierlichen Totengedenk-Pavillons der Hindu-Herrscher.

In zwei, drei Städten macht der Fahrer halt, und rundum leuchtet eine fantastische Bilderfülle, wie man ihr sonst in Indien nirgends begegnet. Mit ungemischten Farben, naiv erzählfroh und detailreich sind die Fassaden der Außenmauern wie auch die umbauten Innenhöfe und Galerien bemalt, ein Haveli übertrifft immer noch das andere mit den Bildern von Krishna und Ganesh, von Tänzerinnen, Musikanten und Kriegern, auch von Kolonialherren mit Tropenhelmen, von »Technikwundern« wie Eisenbahnen, Telefon und Flugzeugen. Manche, aber nur wenige Bilder leuchten frisch renoviert, andere sind verblasst, kaum noch zu erkennen, wieder andere sind – ein Anblick, der verstört – grob übermalt und überkritzelt oder meterhoch mit Werbeplakaten und Parteiparolen überklebt.

»Wie lange wird es dieses große, einzigartige Freilichtmuseum Shekawati noch geben?«, fragen wir abends in kleiner Runde unter den Gartenlichtern vom »Castle Mandawa«, »was kann getan werden zur Rettung dieser Bilder? Wo bleibt der Denkmalschutz?« Es trifft sich gut, ein Gast aus Neu-Delhi ist dabei, vom Tourismusministerium, auf Inspektionsreise, hört sich die Fragen und die Klagen an über die Bildervernichtung und auch über die Schlaglochpisten und die städtische Kanalisation – »mittelalterlich, eine Katastrophe«, sagt unser Gastgeber, Rangir Singh, aus Mandawas Maharaja-Familie.

Das Problem ist aber nicht ein untätiger Denkmalschutz, darüber gibt es rasch Einverständnis. Der Schaden kommt aus der Gleichgültigkeit, vor allem der Gleichgültigkeit der Haveli-Eigentümer und aus der Gesetzeslage. Was tun, wenn die Eigentümer, Nachfahren

1 Tausende von Indien-Reisenden sind dem Rajasthani mit dem augenzwinkernden Lächeln und dem stolzen Turban schon begegnet, haben seinem abendlichen Fackelzug im »Castle Mandawa« applaudiert.
2 Goldton unter der Wüstensonne: ein wohl hundertjähriges Haveli.
3 Blütenpracht um die ländlichen Rundbauten des »Desert Resort«.
4 Nicht weit von Mandawa übernachtet man im »Desert Resort«. Frauen aus dem Nachbardorf sorgen für Bilderschmuck.

der im 18. und 19. Jahrhundert reich gewordenen Karawanen-Kaufleute, ihre Firmen und Wohnsitze längst nach Mumbai oder Kolkata verlegt haben und weder bereit sind, die alten Familienhäuser samt Bilderschmuck zu verkaufen, noch für ihren Erhalt zu sorgen? Nach geltendem Recht kann kein Denkmalschutzamt die Haveli-Eigner zwingen, tätig zu werden. Der Gast aus dem Ministerium in Delhi, ein Herr mit einem Auge für Qualität und einem Händchen für Diplomatie, verspricht dennoch, sein Bestes zu versuchen. Vielleicht lockt man die Besitzer der Havelis mit Steuernachlässen zum Engagement für ihr Eigentum?

Für die Menschen in Shekawati geht es um ihre Existenz. Erst als einzelne Globetrotter aus dem Westen auf die bunten, von anonymen Malern zwischen 1750 und 1930 geschaffenen Bildererzählungen stießen und die Nachricht davon nach Europa und Amerika brachten – das war vor rund 20, 30 Jahren – begann im wüstenkargen, bis dahin unbekannten Nordosten Rajasthans ein Tourismus der kleinen Zahl.

Heute lassen sich alljährlich Tausende Besucher verzaubern von den Forts und Städtchen, die von Jaipur aus in kaum mehr als etwa vier, fünf Autostunden zu erreichen sind, aber oft noch mondweit abgeschieden wirken. Eine Anzahl von Forts ist in Hotels verwandelt

1 Ausblick über Mandawa, für den Tourismus der Shekawati-Hauptort. 2 Fahrzeuge sind ein Vorzugsmotiv der Shekawati-Maler. 3 Fast schon eine Kultadresse: »Castle Mandawa«. 4 Hier speisten schon und herrschten noch die Vorfahren des heutigen Eigners. 5 Das üppig ausgemalte Podar-Haveli in Nawalgarh ist heute ein Museum. 6 Vielfältig ist die Architektur des Fürstenorts Mandawa – und drängend ihre Erhaltung.

worden, in denen die Wüstenstille des Bilderlandes mit zivilisatorischem Komfort zu erleben ist. Shekawati (»Land von Shekas Clan«, nach Rao Shekha, einem Abkömmling der Kachhwahas von Jaipur im 15. Jahrhundert), könnte aber total ins touristische Abseits zurückfallen. Es müsste wieder dürftig von Ziegenherden und Ziegelbrennerei leben, wenn sein Bilderschatz der »gemalten Städte« noch zehn, zwanzig Jahren länger vernachlässigt und zerstört wird, bis zum unwiederbringlichen Verlust.

Über »die am intensivsten gemalte Region Indiens, wenn nicht der Welt«, erfährt man viel in Ilay Coopers Büchern, u. a. *The Painted Towns of Shekawati* (nur in Antiquariaten). Wer sich nicht einer organisierten Rundfahrt anschließen oder sich samt Leihwagen einem Führer anvertrauen mag, kann sich bei Cooper besten Rat für die persönliche Shekawati-Planung holen. In etliche Havelis darf man gegen eine kleine Spende eintreten, manche sind zu Museum, Schule oder Hotel umfunktioniert.

Ilay Cooper erkundete das Land in den Siebzigerjahren mit dem Fahrrad. In Mandawa gibt es heute ohne Umstände Räder auszuleihen, man kann auch mehrtägige Kamelsafaris oder Ausritte unternehmen, beispielsweise zum Tal-Chappar-Wildschutzgebiet. Dort sind Indiens größte Herden der Blackbuck-Antilopen zu be-

obachten, außerdem Gazellen und Wüstenkatzen. Für Pferdeliebhaber ist der »Roop Niwas Palace« bei Nawalgarh wahrscheinlich die beste Adresse, ein stattliches Landgut mit rund 40 Pferden und stilgerecht eingerichteten Zimmern.

Ruhebedürftige Reisende, die nicht so viel Tatendrang verspüren, können einfach ein paar Tage in dem freundlichen Städtchen Mandawa bleiben. Da ist man mehr als andernorts im Shekawati-Land auf Gäste eingestellt, mit Restaurants, vielerlei Läden und beachtlichem Kunsthandwerk, mit Guides und gut einem Dutzend Havelis, die zu besichtigen oder auch als Hotels zu bewohnen sind. In ein veritables Antiquitätengewölbe kann man hinabsteigen, nur zwei, drei Straßenecken vom »Castle Mandawa« entfernt, und entdeckt im Shekawati Art Palace unter vielerlei Kram vielleicht sogar Kunst, Götterbronzen oder Miniaturmalerei.

1 Einblick ins ländliche Wohnen in einer Wüstenregion: Das »Desert Resort« ließ der Besitzer des »Castle Mandawa« erbauen. 2 Sorgsam restauriert: »Podar Haveli« in Nawalgarh. 3 Eine breite Bettstatt, umrahmt von Rajasthan-Dekor.

Wunderschön und romantisch sind im »Castle Mandawa« auf den Balkons und Terrassen morgens wie abends Wohlfühlstunden zu erleben, mit dem Blick auf Rasengrün zwischen einem riesigen Banyanbaum und leuchtendem Bougainvillea-Rot. Ganz entspannt kann man hier auf einem breiten Kissen im Fensterbogen eine Lektürestunde einlegen, an eine Säule mit Blattornament gelehnt. Zur Nacht tritt man in den Palasthof voller Lichter hinaus, geht zwischen hohen Bäumen auf die weißgedeckten Dinner-Tische zu. Neben seinem Rattansessel hat man ein eisernes Becken mit glühenden Holzscheiten stehen, gegen die Kühle unter dem Sternenhimmel.

Zum »Castle Mandawa« gehören auch Inszenierungen, vom begrüßenden Torwärterpaar mit hohen Turbanen bis zum Abendritual: Plötzlich erklingt Musik, ein weißbärtiger Tänzer führt ein siebenköpfiges Gefolge an, Saitenspieler und Trommler, Licht-, Schild-, Schwert- und Fahnenträger, und macht die zeremonielle Runde durch Garten und Restaurantzelt. Im Winter, wenn die Januarnächte auch in Rajasthan empfindlich kühl werden können, tritt derselbe Tänzer auch in der Palasthalle auf. Ungezählt die Gäste, die ihn fotografierten und sich noch lange an seine Kleidung, an seine Hüftschwünge und an sein Sphinxlächeln erinnern. So attraktiv ist das »Castle Mandawa« insgesamt, dass immer wieder ein neuer Flügel des verwinkelten Forts mit Gastzimmern geöffnet, dort wieder ein Hof mit Wandmalereien geschmückt, da ein Gartenstück neu angelegt wird.

»Jeder Mensch braucht etwas Wüste«, sagte Sven Hedin, der berühmte Asien-Forscher. Für Ausflüge in die Dünen West-Shekawatis ist das »Desert Resort« ein stimmiger Ausgangspunkt, unter gleicher Leitung wie das »Castle Mandawa«. Außerhalb der Stadt auf einer leichten Anhöhe über der sandigen Ebene als Gartenoase mit Swimmingpool angelegt, bietet das »Desert Resort« Zimmer und komfortable, hübsch ausgestattete Rundhütten. Frauen bemalen die Lehmbauwände mit weißen Blumenranken, Tierfiguren und abstrakten Elementen, wie es in vielen Dörfern Rajasthans und fast in allen Regionen Indiens üblich ist.

Von diesen Zeichnungen der Frauen auf dem Boden vor den Dorfhäusern und an den Außenwänden haben außerhalb Indiens lange

Zeit für Mandawa und Shekawati

Anreise und Reisezeit

Flug: Nächster Flughafen: Sanganer Airport bei Jaipur (ca. 170 km).
Bahn: Verbindungen mit Delhi (ca. 7–9 Std.,), Jaipur (ca. 4 Std.), Bikaner (ca. 7 Std.).
Bus/Leihwagen: Delhi–Mandawa ca. 250 km (Bus Delhi–Nawalgarh ca. 8 Std.), Jaipur–Mandawa ca. 170 km.
Beste Reisezeit: Oktober bis März.

Unterkunft

/* Desert Resort** (H2). In Lehmarchitektur erbautes Bungalowdorf. 61 Zi. und Rundbungalows, 20 mit AC, 6 Suiten, Restaurant und Garten, Tel. 159-2223514, Fax: 159-222151.
Und: * **Mandawa Haveli**, Sansar Chandra Rd., Jaipur, Tel. 141-237 11 94, E-Mail: castle@detainfosys.net
*/** **Heritage Mandawa** (H3). Einfache Ausstattung in historischer Architektur, Innenhof, kleines Restaurant. 14 Zimmer teils mit Gemälden von Mary-France Lambert. nah beim »Mandawa Palace«, Mandawa, Tel 15 92-22 37 42 und 2 37 43, Fax: 22 37 42, E-Mail: hotelheritagemandawa@yahoo.co.in.
/** **The Roop Niwas Palace** (H4). Großzügige Anlage in freier Landschaft nahe Nawalgarh, Pool, Gestüt. 30 Zi., Deckenventilator, Restaurant. District Jhunjhunu Raj.-333 042, Tel. 15 94-22 20 08 und 22 41 52, Fax: 1594-22 33 88, E-Mail: roopniwaskothe@yahoo.co.in

Sehen und Erleben

Reizvolle Havelis in Mandawa (am besten mit Führer) – u. a. Gulab Rai, Saraf (beide von 1870) und die Häuser Sneh Ram, Newatia und Murmuria, auch das Gonkea-Doppel-Haveli Ladhuram Tarkeswar. Zudem der Stufenbrunnen Harlalka Baoli. Wer nicht im »Castle Mandawa« wohnt, sollte es zu einem Drink aufsuchen und sich das ehemalige Fort ansehen.

Ziele in der Umgebung

Dundlod (mit Fort und Palast), Nawalgarh (chaotisches Basar-Gedränge, aber schöne Malereien), Lachhmangarh (mit dem Ganeriwala Haveli), Sikar (mit mehreren Tempeln) und Fatehpur (stattliche Havelis mit interessanter Malerei, aber sehr schlechte Straßen), Mahansar (Raghunath-Tempel).

Auskunft

Kein staatliches Tourist Office, in den Hotels nachfragen.

nur wenige Menschen gewusst. Verschieden von Region zu Region wie die symbolischen Muster und Figuren sind auch die Gewohnheiten, wie oft die kurzlebigen Zeichnungen aus weißem Kalk, Kreide oder Reismehl erneuert werden. Im Süden Indiens gehört für viele Frauen das Zeichnen auf dem Vorplatz wie das Gebet, das damit verbunden ist, zu jedem neuen Morgen. Im Westen Indiens, auch in Rajasthan, schaffen die Frauen ihre Zeichnungen nur an bestimmten Festtagen der Religion und der Familie.

Der Amerikaner Stephen P. Huyler, der als Ethnologe diese rituellen Bilderwelt erforscht hat, bringt in seinem Buch *Die Bilder Indiens* auf den Punkt, wie sich die erzählfrohen, bunten Fassadenmalereien an den Havelis im Shekawati-Land von den zumeist weißen Zeichnungen der Frauen unterscheiden: »Die Männer, die in Indien Wandmalereien an Haus oder Tempelwänden anbringen, sind professionelle Maler. Ihre Arbeiten bilden ihren Lebensunterhalt und sollen Jahrzehnte, wenn nicht gar Jahrhunderte überdauern. Die flüchtige Kunst der indischen Frau, jene Verzierung der Decken und Böden, mit denen die Götter um Schutz angerufen werden, ist der lebendige Ausdruck ihrer Daseinsform.« Denn »die Frauen ... sichern durch die gewissenhafte Erhaltung der überlieferten Sitten und Gebräuche das Wohlergehen der Familie«.

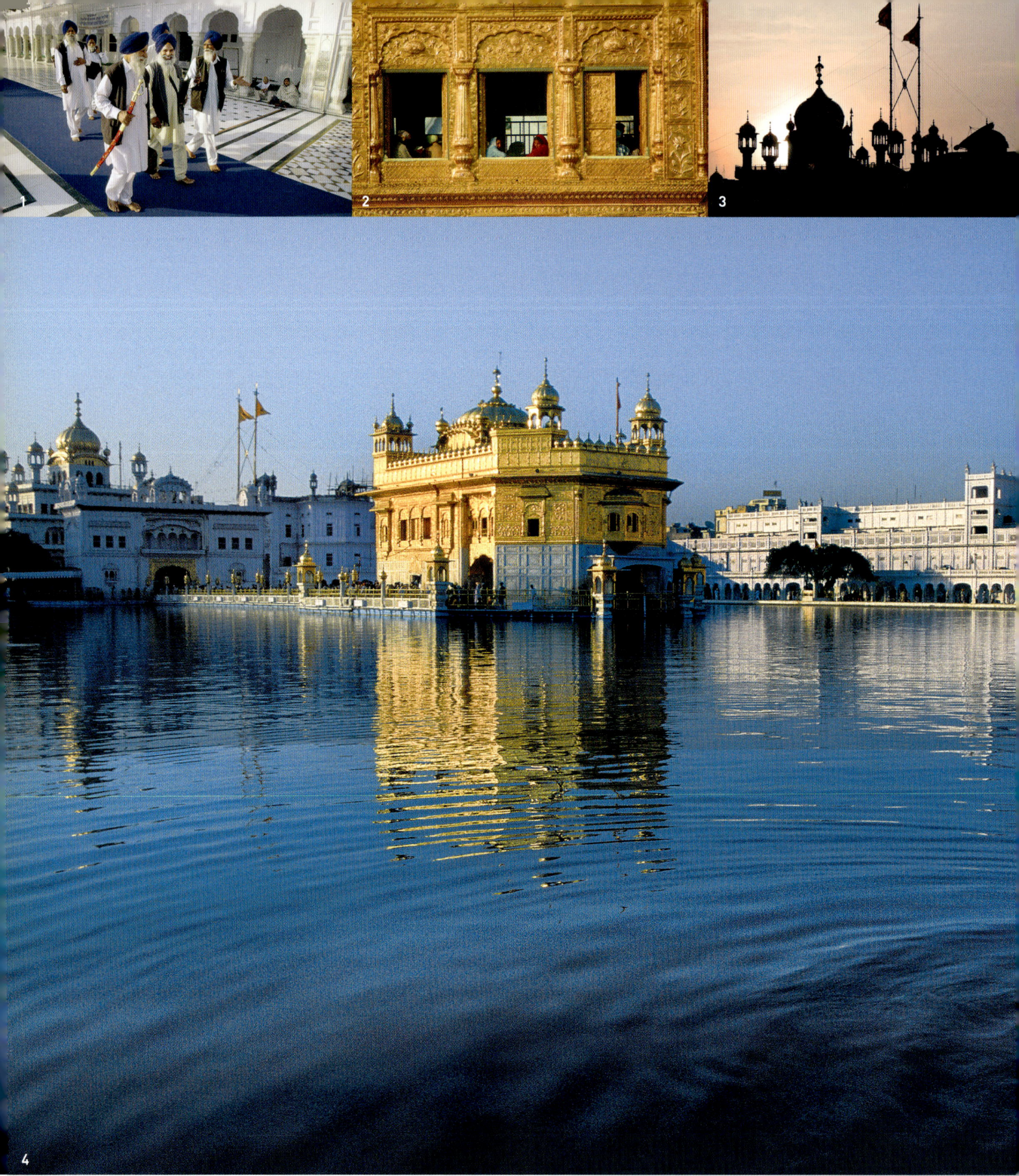

Ein Tempel so golden wie keiner
Bei den Sikhs in Amritsar

Die Zeiten blutigen Aufruhrs und wilden Zerstörens sind lange vorüber. Die Hauptstadt des Punjab ist wieder Ziel Abertausender friedlicher Sikh-Pilger geworden, die hier ihr höchstes Heiligtum verehren. Gäste sind im Goldenen Tempel willkommen!

Bewegt und voller Erwartung kamen wir das erste Mal nach Amritsar, in den Achtzigerjahren. Amritsar ist die Stadt des Goldenen Tempels, eines der schönsten und kostbarsten Gebäude der Welt. Aber auch das Zentrum einer Religion voller menschlicher Widersprüche zwischen dem Streben nach Ausgleich, Heiligkeit, Versenkung – und dem Entschluss zur gewaltsamen Behauptung, der Gefahr des Fanatismus der Irregeleiteten.

Die Landschaft, durch die man auf Amritsar zufährt, ist weit und fruchtbar, belebt von moderner Landwirtschaft und effektiv planenden Menschen. Der Punjab gehört zu den indischen Bundesstaaten mit dem höchsten Pro-Kopf-Einkommen. Weiße Bauten glänzen in den Dörfern und Städten, die nicht den gewohnten Tempeln Indiens gleichen. Es sind die Gurudwaras, die Tempel der vor bald fünf Jahrhunderten gegründeten Sikh-Religion.

Sikhs sind auf den ersten Blick zu erkennen: Sie tragen sorgfältig gebundene Turbane oder, wenn sie sehr jung sind, einen Haarknoten in einem Tüchlein auf dem Kopf. Sie glauben an einen einzigen Gott und verehren ihr heiliges Buch, Granth Sahib, eine Sammlung von Liedern und Lehren der zehn historischen Gurus (Gründer) ihrer Religion. Der erste, Guru Nanak, strebte eine Verschmelzung islamischer und hinduistischer Glaubenslehren an, erkannte den Weg zum Einssein mit Gott in Uneigennützigkeit, Selbstbeherrschung und Mäßigung; die Hindu-Gliederung der Gesellschaft in Kasten gibt es bei den Sikhs nicht.

Unter dem Druck blutiger Verfolgung während der Mogulherrschaft verpflichtete der zehnte und letzte Sikh-Guru, Gobindh Singh (1675–1708), seine Anhänger zur wehrhaften Hingabe an Gott (Khalsa) und zu den fünf »K«: Kesha (ungeschnittenes Haupt-und Barthaar), Kangha (Kamm), Kara (stählernes Armband), Kachi (Kniehosen) und Kirpan (Dolch). 1984 erschütterte der Terrorismus im Streit um die Gründung eines Sikh-Staats Kalistan den indischen

1 Mit dem Schwert auf Pilgerschaft – die ursprünglich gewaltlose Sikh-Religion verpflichtete unter dem Druck der Gegner ihre Anhänger zur Wehrhaftigkeit. 2 Jedes Fenster goldgerahmt: Blick aus dem »Hari Mandir«, dem Goldenen Tempel. 3 Filigran: die Tempelsilhouette. 4 Den Tempel im See statt am Ufer zu errichten, war 1573 bei Baubeginn ein neues Konzept. 1604 begann der Gottesdienst.

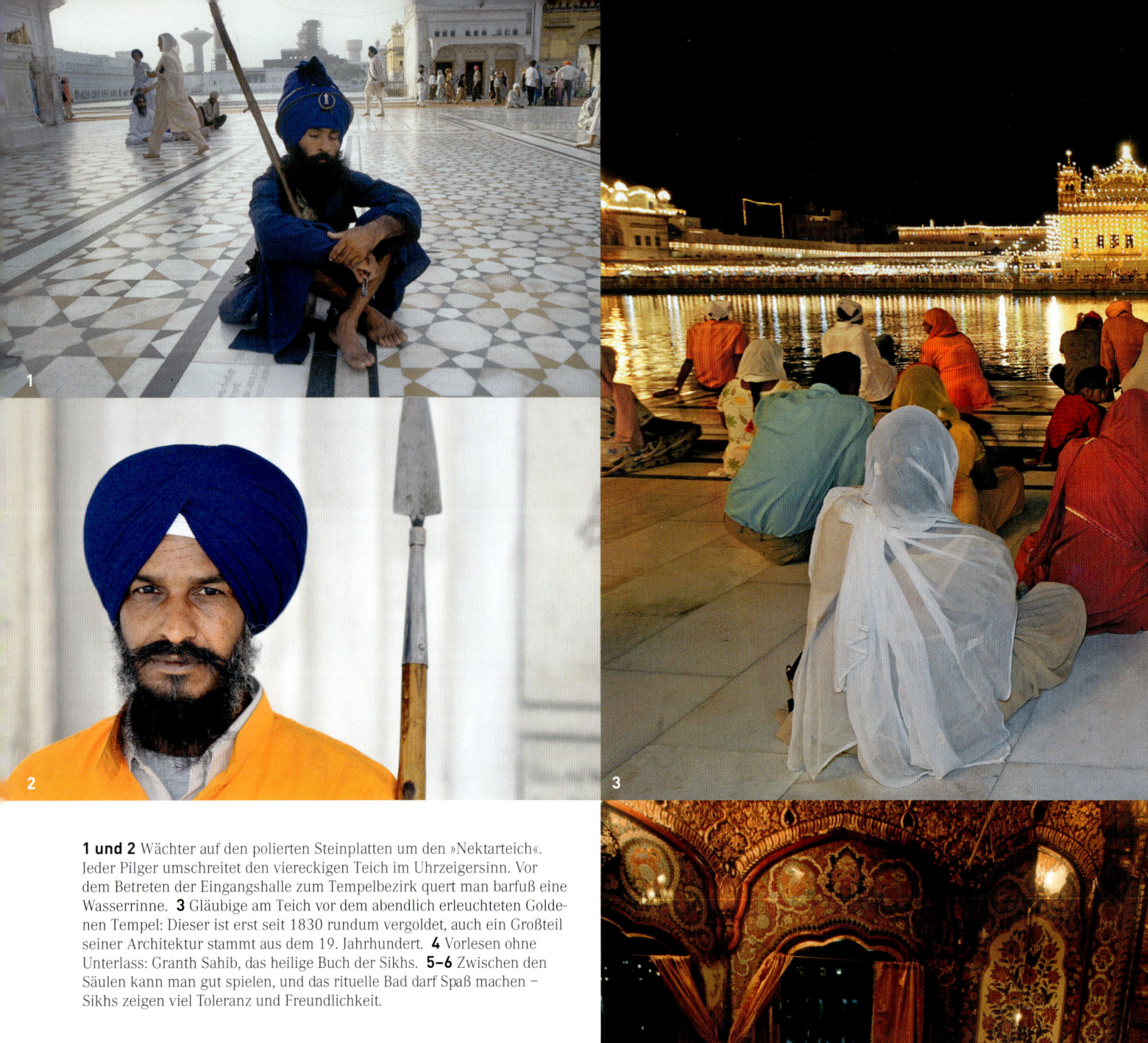

1 und 2 Wächter auf den polierten Steinplatten um den »Nektarteich«. Jeder Pilger umschreitet den viereckigen Teich im Uhrzeigersinn. Vor dem Betreten der Eingangshalle zum Tempelbezirk quert man barfuß eine Wasserrinne. **3** Gläubige am Teich vor dem abendlich erleuchteten Goldenen Tempel: Dieser ist erst seit 1830 rundum vergoldet, auch ein Großteil seiner Architektur stammt aus dem 19. Jahrhundert. **4** Vorlesen ohne Unterlass: Granth Sahib, das heilige Buch der Sikhs. **5–6** Zwischen den Säulen kann man gut spielen, und das rituelle Bad darf Spaß machen – Sikhs zeigen viel Toleranz und Freundlichkeit.

Staat, es kam zu einer bis dahin undenkbaren Eskalation. Der Goldene Tempel, in dem sich Separatisten verschanzt hatten, wurde von indischem Militär gestürmt. Die Ende der Achtzigerjahre noch deutlich sichtbaren Spuren der Kämpfe rund um das Tempelgelände sind inzwischen verschwunden.

Jeder Besucher erlebt diesen extremen Kontrast: Eben noch hat man im verkehrsüberlasteten Gassengewirr der Altstadt gesteckt, eingekeilt zwischen Fahrradrikschas, Bussen, Lastwagen und Lastträgern – und Minuten später findet man sich umfangen von einer Atmosphäre der Schönheit, der inneren Ruhe und zugleich gesteigerter Wachheit und Wahrnehmungskraft.

Der Goldene Tempel ist offen für jeden. Barfuß durchschreitet man das klare Wasser in einer Marmorrinne, geht durch eine Eingangshalle, hört schon Musikklänge – und steht vor einem der schönsten Anblicke, die Indien bieten kann.

Das Weiß des Marmors, das Gold des Tempelkubus über der silbrigen Wasserfläche, das Grün von drei heiligen Bäumen und viele bunt gekleidete Pilger und Pilgerinnen auf dem Geviert der breiten Marmorpromenade um den »Nektarteich« sind eine Augenweide. Die Raumproportionen von Tempel, Wasserbecken und den Arkadengängen der weiß strahlenden umgebenden Gebäude erfüllen Seele und Sinne mit Wohlgefühl.

Den ganzen Tag umhüllt eine Klangwolke meditativer Musik, von Gesang, Trommeln und Saitenspiel den Tempel und seine Besucher. Über einen Marmorsteg mit vergoldeten Laternen geht man mit der stetig voranschreitenden, in den Tempel drängenden Reihe der Pilger. Das Untergeschoss ist aus Marmor, darüber glänzt alles in Gold – Gesims, Baldachine, Fensterbögen und Kuppeln. Das ist die islamische Prägung des Sikhismus: keine Götterbilder, aber Blüten und Fruchtkörbe in kostbarer Einlegearbeit in Marmor, seidene Teppiche und Vorhänge und bemalte Wände. Unablässig liest ein Priester aus dem Granth Sahib vor, dem heiligen Buch, das auf seidene Decken

gebettet liegt. Blüten und Geldgaben werden von den Gläubigen davor niedergelegt.

Der Goldene Tempel stammt in seiner heutigen Gestalt aus der Zeit des Sikh-Herrschers Ranjit Singh, der das Gebäude nach 1803 mit vergoldeten Kupferplatten bedecken ließ. Allein die Mittelkuppel soll mit 100 Kilogramm reinem Gold bedeckt worden sein. Die Vergoldungen werden immer wieder restauriert, reiche Sikhs aus aller Welt spenden dafür. Spenden finanzieren auch die hallengroßen Küchen und Speisesäle. Man glaubt es kaum: Bis zu 40 000 Mahlzeiten werden dort täglich gratis und ohne Unterschied der Religion ausgeteilt. Modern ist der Tempel auch: Jeden Tag stehen im Internet Worte des Gurus.

Welches Erlebnis beim Goldenen Tempel ist das schönste? Die Antwort ist leicht: die langen, feierlichen Riten der Gesänge und Lesungen in einer Vollmondnacht, wenn um das Goldlicht des Tempels auch der Mond und Lampen sich vielfach im schwarzen Wasser widerspiegeln. Unvergessliche Verzauberung!

Alles übrige in der Stadt verblasst vor der Pracht des Goldenen Tempels, doch mehrere Hindu-Tempel, der Park des Maharajas und etliche Basarviertel lohnen zusätzliche Tage. Den Lärm und die Staurisiken des hektischen Verkehrs muss man in Kauf nehmen.

1

2

Ein Wermutstropfen in all der Schönheit ist die Erinnerung an den mörderischen Übergriff der britischen Kolonialmacht: Im Jallianwal- lah Bagh, einem ummauerten Garten, ließ am 13. April 1919 Gene- ral Dyer sechs Minuten lang in eine dicht gedrängte Menge schießen, die friedlich zu einem Fest versammelt war und keinerlei Fluchtmöglichkeit hatte. 379 Inder starben, über tausend wurden verwundet, auch viele Frauen und Kinder. Die Untat ist bei der Ge- denkstätte dokumentiert, im Jahr 2000 wurden Garten und Memo- rial neu gestaltet. Statt die Opposition einzuschüchtern, hatte der Massenmord gegenteilige Wirkung: Indiens Freiheitsbewegung ge- wann umso mehr Sympathien und Zulauf.

Eine Probe demonstrativer indisch-pakistanischer Koexistenz, wie sie heute trotz des Kaschmirkonflikts praktiziert wird, ist das all- abendliche Einholen der Fahnen an der Grenzstation der Straße zwi- schen Amritsar und Lahore, der Hauptstadt des pakistanischen Punjab. Hunderte von Indern nehmen eigens dazu eine halbe Stunde Anfahrt von Amritsar in Kauf, Hunderte von Pakistani kom- men von Lahore. Im knallenden Stechschritt absolvieren die hoch- gewachsenen Grenzer hüben und drüben ihre exakt synchron eingeübte Fahnenchoreografie. Offensichtlich ist die intensive Zusammenarbeit beider Seiten bei der Vorbereitung des Zeremo-

niells – doch zugleich unüberhörbar das wilde Geschrei und Brüllen von Parolen auf den Tribünen diesseits und jenseits der Grenze: krasse Ausbrüche von Nationalismus, jeden Abend wieder.

Um so erfreulicher ist die menschliche Wärme und praktische Ver- nunft, mit der in »Mrs. Bhandari's Guesthouse« die Chefin von ihrer »Commando Bridge« aus – der Küche nämlich – humorvoll resolut den weitläufigen Hausstand dirigiert und den Gästen in jedem Detail alles zum Besten richtet. Längst wäre eine Ehrenmedaille vom Tou- rismusministerium fällig! Mrs. Bhandari, die sich in Deutschland im Hotelfach ausbilden ließ, bringt in ihrem Garten Kinderspielplatz, Swimmingpool und Gemüsebeete unter, ihre Gäste finden in einfa- chen Bungalows alles Notwendige vor, und am Rand des Grund- stücks stehen zwei Büffelkühe für den Milchbedarf. Den Grundstein zu diesem Muster eines indischen Gästehauses legte übrigens schon Mrs. Bhandaris Mutter; sie erwirkte als unzureichend ver- sorgte Witwe eines Bürgermeisters die Erlaubnis, inmitten eines Grünareals mit Offizierswohnungen eine Pension aufzumachen. Zieht man dem Gartenparadies der Bhandari-Ladys dennoch ein Hotel vor, ist »Ranjits Svaasa« zu empfehlen, eine 250 Jahre alte He- ritage-Adresse mitten in der Stadt in dichtem Grün und mit seinem Innenhof gut lärmgeschützt.

Zeit für Amritsar

Anreise und Reisezeit

Flug: Der Rajasansi Airport ist 15 km entfernt vom Stadtzentrum. Verbindungen u. a. mit Neu-Delhi.

Bahn: Verbindung u.a mit Neu-Delhi (ca. 6 Std.), mit Pathankot (ca. 2,5 Std.), Lucknow (ca. 16,5 Std.), Varanasi (ca. 22 Std.), Mumbai (ca. 32,5 Std.).

Bus/Leihwagen: Delhi (ca. 450 km), Shimla (ca. 380 km), Dharamsala (ca. 200 km), Chandigarh (ca. 225 km), Pathankot (ca. 110 km).

Beste Reisezeit: September bis März, im Januar/Februar jedoch manchmal empfindlich kalt.

Unterkunft

** Mrs. Bhandari's Guesthouse (H1). Fließend Deutsch sprechende Eigentümerin. Gutes Essen für Hausgäste, kein TV, kleiner Pool, familiäre Atmosphäre. Keine Kreditkarten! 9 Zi. mit AC und Bad, im Winter Heizmöglichkeit. 10. Cantonment, Amritsar-143001, Tel. 183-222 85 09, Fax: 22 23 90, E-Mail: bgh10@gmail.com, frühzeitig reservieren!

** Ritz (H2). Gute Lage in der Neustadt, neu eingerichtet. 50 Zi. mit AC, helles Restaurant, Bar. Plaza 45, The Mall, Tel. 183-22 66 06, Fax: 56 60 27, E-Mail: ritz@del3.vsnl.net.in (In der Nähe des Goldenen Tempels nur wenige, meist einfache Hotels).

Sehen und Erleben

Der Goldene Tempel (Hari Mandir) steht jedem offen. Von der Straße isoliert durch die zum Tempel gehörenden Gebäude, die den Tempelteich umgeben; nur von dessen Ufern aus ist Fotografieren erlaubt. Aus dem heiligen Buch wird tagsüber ununterbrochen vorgelesen; um etwa 22 Uhr (winters 21 Uhr) wird es in feierlicher Prozession in das Akal Takht, den Sitz des obersten Sikh-Gremiums, und morgens um 4 bzw. um 5 Uhr zurück in den Tempel getragen. Jallianwallah Bagh, Park und Gedenkstätte des Massakers britischer Truppen an Hunderten von Indern. Etwa zehn Gehminuten vom Goldenen Tempel entfernt.

Lakshmi-Narayan-Tempel, nach dem Vorbild des Goldenen Tempels erbaut, nebenan Durgiana-Tempel aus dem 16. Jh.

Ram Bagh, Park mit seltenen Pflanzen und einem kleinen Museum in einem Sommerhaus des früheren Maharajas, nördlich der Altstadt.

Ziele in der Umgebung

Taran Taran, schöne feierliche Atmosphäre um einen älteren Sikh-Tempel mit Teich in einer kleinen Stadt (25 km südlich).

Auskunft

Das **Information Office** am Eingang des Goldenen Tempels ist gut organisiert und sehr hilfreich.

Kompetente Führer vermittelt auch Mrs. Bhandari im gleichnamigen Guest House (siehe oben), Tourist Information Centre, Palace Hotel, Tel. 183-240 24 52

3

1 Mrs. Bhandari auf der Wendeltreppe ihres Wohnhauses – schon ihre Mutter gründete das »Guest House«.- 2 Beim Frühstück zwischen Haus und Garten: Gäste aus Norddeutschland, die zur Sikhgemeinschaft übergetreten sind. 3 Für Blumen wie für Nutzpflanzen hat Mrs. Bhandari in ihrem Garten Platz, angenehm und praktisch, wie auch ihr »Guest House« eingerichtet ist.

Das Dorf Tetha im Zanskar-Tal im südlichen Himalaya.

Der Norden

Im Land der hohen Pässe
Ladakh: vom Industal ins Königreich Zanskar

»Klein-Tibet« bietet mit großen Gebirgshorizonten und friedlichem Dorfleben intensive Himalaya-Erlebnisse für Kultur- und Wanderfreunde – ladakhische Gastlichkeit inbegriffen.

Der Flug nach Leh ist spektakulär und im doppelten Sinn atemberaubend, liegt doch die Hauptstadt Ladakhs 3500 Meter über der Gangesebene. Scheinbar unüberwindlich stellen sich bald nach dem Abflug von Delhi oder Chandigarh die Gipfelriesen des Himalaya in den Weg. Höher und höher zwingen sie das Flugzeug, das schließlich nur wenige Hundert Meter über den höchsten Schneehängen dahingleitet. Je nach Flugroute ist dem Reisenden ein Blick auf das mächtige Nun-Kun-Massiv gegönnt – mit über 7000 Metern die höchste Erhebung Ladakhs.

Kurz vor der Landung ändert sich die Landschaft dramatisch. Die Bergketten weichen dem Industal, das sich rund um Leh, die Hauptstadt Ladakhs, zu einem breiten Becken ausdehnt. Noch ein Blick aus der Höhe auf das Kloster Spituk, und man betritt eine andere Welt – nur gut eine Flugstunde von Delhi entfernt.

Das oberste Gebot lautet nun: Akklimatisierung! Die Luft hier oben ist trocken und sauerstoffarm. Der Körper braucht einige Tage, bis er sich umstellt. Die wenigsten haben Zeit und Muße, auf einem drei Wochen währenden Trek von Manali nach Leh zu wandern. Eine doch mit gewissen Unbequemlichkeiten verbundene Alternative ist die 485 Kilometer lange Straße von Manali nach Leh. Zwei Tage braucht der Bus.

So wichtig die indischen Impulse für die kulturelle Entwicklung und das religiöse Leben Ladakhs waren, dominierend blieb bis heute der Einfluss Tibets.

Leh war als Kreuzungspunkt der Himalaya-Karawanenrouten von großer strategischer Bedeutung. Die Zeiten der großen Karawanen sind längst vorüber, Lehs strategische Bedeutung ist geblieben. Heute ist die Stadt einer der Hauptstützpunkte der indischen Air Force. In den Gassen der Stadt merkt man davon wenig. Mit gut 10 000 Einwohnern ist Leh ein größeres Dorf, das sich inzwischen bestens auf die Bedürfnisse der wachsenden Besucherscharen eingestellt hat. Immer wieder vernimmt man ein freundliches »Jhulee«, den ladakhischen

1 Gelukpa-Mönche (Gelbmützen) unterwegs in Zanskar. 2 Ein Wildbach wie ein Wasserfall – hinüber muss der Trekker, samt Rucksack. 3 Ein Schmuckstück unter den Lastwagen – mit Passagieren auf dem Dach. 4 Im Kloster Lamayuru (124 km westlich von Leh) wird ein Tempelfest gefeiert, die Priester und Mönche, dem lamaistischen Buddhismus zugehörig, haben ihre prächtigsten, farbenreichsten Gewänder angelegt.

Willkommensgruß. Gelegentlich folgt der Hinweis auf eines der vielen kleinen Guest Houses mit Familienanschluss. Wer etwas vom Alltag der Ladakhis mitbekommen möchte, ist dort gut aufgehoben. Beim gemeinsamen Abendessen – vielleicht hat die Hausfrau Momos, eine Art tibetische Ravioli, oder Thukpa, Nudelsuppe mit Fleisch, zubereitet –, mag ein Becher Chhang (Hirsebier) die kulturelle Kluft zwischen Ost und West überbrücken und allerlei Wissenswertes für Gast und Gastgeber zutage fördern. Dölma, die stets gut gelaunte Wirtin einer besonders gemütlichen Herberge, erzählt von Sengge Namgyal, dem berühmtesten König Ladakhs, der Anfang des 17. Jahrhunderts die Hauptstadt endgültig nach Leh verlegte. Der Löwenkönig – Sengge heißt Löwe – ließ den neunstöckigen Palast erbauen, der wuchtig und mit schräg ansteigenden Mauern auf einem steilen Felsen oberhalb der Stadt thront. Das ganz in der tibetischen Architekturtradition verwurzelte Gebäude erinnert mit seinen über 100 Räumen nicht nur zufällig an den Potala in Lhasa. Dölma weiß zu erzählen, dass die gewaltige Residenz der Dalai Lamas erst ein halbes Jahrhundert später entstanden und von Sengge Namgyals »Geschenk an Leh« beeinflusst wurde.

Leh eignet sich ausgezeichnet als Ausgangspunkt für Tagesausflüge zu den Klöstern im Industal. Die Gompa (Kloster) von Thikse beispielsweise liegt nur 19 Kilometer südöstlich der Hauptstadt auf einem Hügel inmitten der Indusebene. In dem gleichnamigen Dorf sieht man Ungewöhnliches: Die Frauen und Mädchen tragen Kopftücher. Der Grund dafür ist, dass gut ein Drittel der Bewohner Muslime sind, deren Vorfahren im 16. Jahrhundert nach Ladakh einwanderten, als der damalige König Jamyang Namgyal eine Prinzessin aus Baltistan (im heutigen Pakistan) heiratete.

Thikse hinterlässt einen bleibenden Eindruck. Weiß getünchte Chörten, Gedächtnisschreine, stehen am Fuß des Klosterbergs. Sie sind bis heute wichtige Kultobjekte. Oft werden die sterblichen Überreste und Habseligkeiten großer Lamas dort aufbewahrt. Andere sind leer und sollen den Gläubigen an den erleuchteten Geist Buddhas erinnern. Auf halber Höhe des Klosterbergs schmiegen sich die Wohnungen der gut 100 Mönche an den Hang, darüber erhebt sich das mächtige, um 1450 gegründete Gelbmützenkloster. Ein gewundener Pfad führt hinauf in den Klosterhof. Ein Novize mit einer großen Kanne Buttertee im Arm ist auf dem Weg zur Morgenmeditation, die gerade begonnen hat. Der Versammlungsraum ist erfüllt vom vielstimmigen Gemurmel der Mönche. Über zwei Stunden rezitieren die Gelukpas (Mönche vom Orden der Gelbmützen) ihre Gebete, immer wieder wird Buttertee und Tsampa (geröstetes Getreide) gereicht. Kaum zu glauben, dass diese Szenen sich nicht in Tibet abspielen, sondern in Indien.

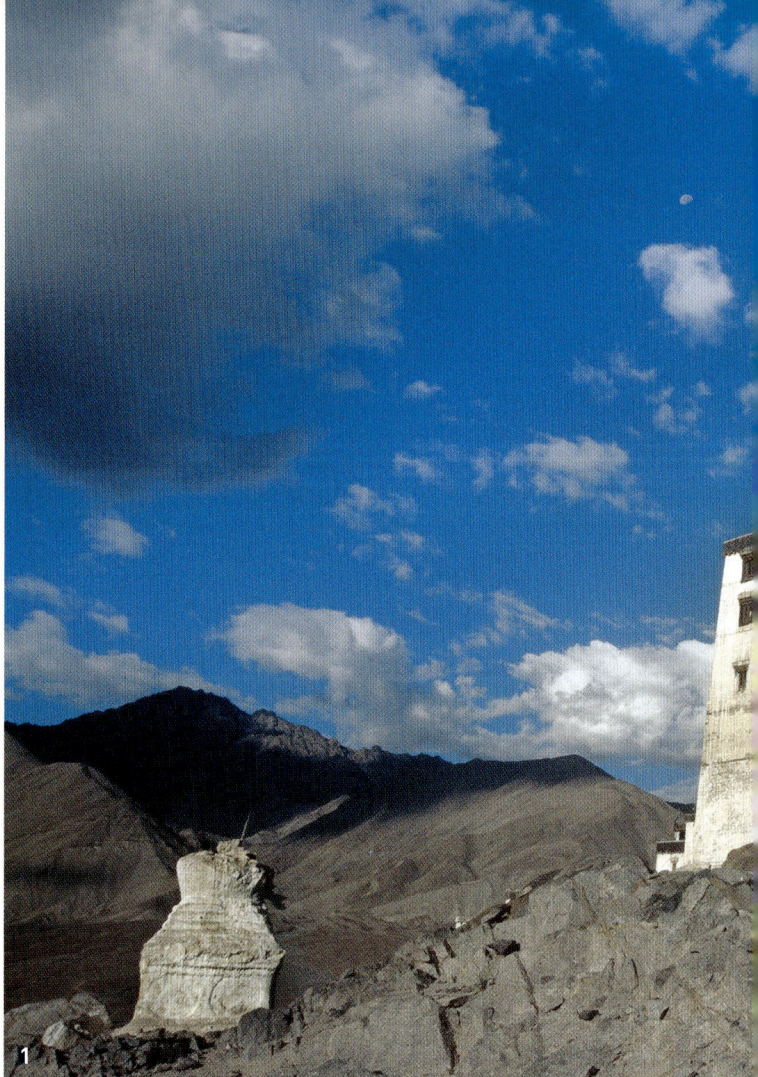

1

Von Leh aus kann man – mit Trägern und einem Führer, im Gepäck Zelte, Schlafsäcke, Lebensmittel und eine verlässliche Wanderkarte – in die Hochtäler Zanskars weiterziehen, in das einstige winzige Königreich, das jahrhundertelang mehr Mythos als Wirklichkeit zu sein schien. Nur wenige wussten, dass es überhaupt existierte. Verborgen hinter schwer zugänglichen, mehr als die Hälfte des Jahres verschneiten Pässen leben die 8000 Bewohner von November bis Juni auch heute noch in völliger Abgeschiedenheit.

Das Leben in den drei Tälern Zanskars ist hart, aber von tiefer Naturverbundenheit und Gelassenheit geprägt. Bevor sich in Zanskar der tibetische Buddhismus ausbreitete, hing die Bevölkerung der Bön-Religion an. Die Menschen glaubten an eine beseelte Natur, in der Bäume, Steine und Seen von Göttern bewohnt sind. Medial veranlagte Schamanen konnten im Trancezustand diese Götter beherrschen. Auch nach Einzug des Buddhismus wurden alte Vorstellungen bewahrt und in die neue Religion übernommen.

Die Fahrt nach Padum, Hauptort Zanskars und Ausgangspunkt für eine Trekkingtour, ist mühsam und nur in mehreren Tagesetappen zu bewältigen. Unterwegs mit Jeep, Bus und auf dem letzten Teilstück sogar auf einem Truck, kann man Station machen in Lamayuru, mit Glück dort vielleicht ein buntes Tempelfest erleben und

1 Hoch über dem Talgrund von Leh: Kloster Spituk, im 11. Jahrhundert gegründet. Zum Klosterbesitz gehören Masken und Bilder, die aus dem Potala-Palast in Lhasa gerettet werden konnten.

in Mulbekh, nahe Kargil, das über 1300 Jahre alte Relief des Maitreya-Buddha besichtigen. Die Wanderung ist anstrengend, eine wirkliche Herausforderung, auch eine Erholung für Körper und Geist. Die grandiose Bergwelt strahlt große Ruhe aus und hilft dem reizgeschädigten Geist, im Angesicht der Naturschönheiten zur Konzentration zu finden. Hier werden die Dimensionen zurechtgerückt. Hier scheint der Mensch göttlicher Inspiration näher als irgendwo sonst, hier begreift auch der letzte Egomane, dass der eigenen Herrlichkeit Grenzen gesetzt sind.

»Wenn ein Tal nur über einen hohen Pass zu erreichen ist, kommen lediglich gute Freunde oder schlimme Feinde.« Diese alte tibetische Weisheit versteht man erst, wenn man auf dem 5150 Meter hohen Shinggo La steht, dem Grenzpass zwischen Zanskar und Himachal Pradesh – zwischen Erschöpfung und Euphorie, mit schmerzenden Lungen und glühendem Gesicht. Doch aller Anstrengung zum Trotz: Hier zu stehen und den unvergleichlichen Ausblick genießen zu dürfen, ist Belohnung genug.

Olaf Krüger

Zeit für Ladakh

Anreise und Reisezeit

Flug: In der Hauptsaison (Juli und August) täglich von Delhi, Chandigarh (3 Flüge/Woche), Jammu (1 Flug) oder Srinagar (3 Flüge) mit Indian Airlines. Rechtzeitig buchen!

Bus: Von Delhi bis nach Manali (14–18 Std.) und weiter nach Leh (entweder direkt in 24–26 Std. oder mit Übernachtung in zwei Tagen. Die Anreise über Srinagar nach Leh ist wegen der politischen Situation in Kaschmir nicht zu empfehlen.

Beste Reisezeit: Mitte Mai bis Mitte Oktober. Die Passstraße von Manali nach Leh ist meist nicht vor Ende Juni befahrbar.

Unterkunft

** Shambala. Beste Adresse, familiäre Atmosphäre. 20 Gehminuten (1,5 km) von der Stadt im Vorort Skara. Ruhige, angenehme Umgebung, Terrasse, 6 Zi. und vier Cottages, Multicuisine-Restaurant. 26 Zi., Tel. 35 92-252-240, Fax: 51100, E-Mail: ladakh_shambala@vsnl.com

** Galden Continental. Zentral, gepflegte Gartenanlage, ordentliche Zimmer. Post Box No. 47, Leh Ladakh-194101, Tel. 19 82-52173, Fax: 19 82-53330.

** Omasila Hotel. 10 Gehminuten vom Stadtkern im Vorort Changspa-194101, schöner Garten. 30 Zi. und 5 Suiten, Tel./Fax: 19 82-5 21 19.

Sehen und Erleben

Palast und Namgyal Tsemo Gompa. Shanti Stupa mit bestem Blick über Leh und Umgebung (oberhalb des Vororts Changspa). Ökologie-Zentrum, Sitz der Ladakh Ecological Development Group, die auf die Wasserknappheit, Bodenerosion und Abholzung aufmerksam macht und sich für den Erhalt der ladakhischen Kultur einsetzt; mit Handwerkszentrum und Bibliothek, Videovorführung. Ladakh Artist Society: Tanz- und Musikvorführungen im Sommer unterhalb des Palastes.

Ziele in der Umgebung

Gelukpa-Kloster Spituk (13 km westlich). Weltberühmte, 1000 Jahre alte Tempel in Alchi (64 km westlich). Kloster Lamayuru in spektakulärer Lage (124 km westlich). In Mulbekh (190 km westlich): Felsskulptur des Maitreya Buddha (7. Jh.). Tibetisches Flüchtlingslager Sonamling in Choklamsar mit Teppichweberei (9 km südöstlich). Königspalast von Shey (16 km südöstlich). Kloster Thikse mit Maitreya-Figur und Ausblick auf die Indusebene, (19 km südöstlich). Kloster Hemis, grösstes und reichstes Kloster Ladakhs (45 km südöstlich). Zanskar: Südlich an Ladakh angrenzende Region, Anreise mit Jeep bzw. Bus über Kargil oder zu Fuß in ca. 9 Tagen von Lamayuru nach Padum. Die Region bietet ausgezeichnete Trekkingmöglichkeiten.

Auskunft

Tourist Office, 3 km südlich vom Stadtzentrum Richtung Flughafen, Tel. 19 82-5 229 7, Tourist Counter neben dem Tourist Bungalow an der Fort Rd.

Im Angesicht des Himalaya
Kangra-Tal: Sommerpaläste und das erste Heritage-Dorf

Fast 7000 Meter hoch steigt die »Schneewohnung«, der Himalaya, an. Am Fuß der Bergriesen wachsen Dattelpalmen und Banyanbäume, Bambus und im Frühling frische Erdbeeren – Kontraste der Natur, die in Himachal Pradesh immer neu bezaubern.

Dreifach kann man in einem Urlaub die hinreißend schöne Himachal-Pradesh-Landschaft erleben, in drei Heritage-Hotels, jedes ist mit einem ausgeprägten eigenen Charakter. Reist man von Neu-Delhi oder Chandigarh aus an, stehen wie ein starker Torriegel die Mauern und Zinnen vom »Fort Nalagarh« in den Ausläufern des Himalaya über der Ebene. Die Chandela-Rajputen, verwandt mit den Herrschern von Khajuraho (siehe Seite 70 ff.), erbauten sich die an einen Hang gelehnte opulente Palastfestung in fünf Wohnebenen. Das begann im frühen 15. Jahrhundert; fast ein halbes Jahrtausend später fügte der gegenwärtige Raja einen ungewöhnlich großen Swimmingpool hinzu, ließ den Diwan-i-Khas, die Audienzhalle von 1618, zum Speisesaal umgestalten und Gärtner die Höfe in Oasen voller blühender Bougainvilleen verwandeln.

Kommen Granada- und Alhambra-Erinnerungen auf? Von Erkern und Balkonen genießt man weite Ausblicke, die Zimmer sind komfortabel im historischen Ambiente, diskret mit Klimaanlage und Fernsehgerät ausgestattet. Die Badezimmer verwöhnen teils mit luxuriösen Ausmaßen von 32 Quadratmetern, teils muss man in kleinere Gemächer einige Stufen hinabsteigen. Naturfreunden seien Wanderungen im waldigen Hügelland, Picknick-Ausflüge im Wagen zu einem benachbarten Fort mit Himalaya-Fernblick und Bootsfahrten empfohlen.

Wer von Chandigarh mit dem Auto kommt, kann eine Pause in einem der schönsten Mogul-Gärten Nordindiens einlegen, in Pinjore. Oder in Chandigarh selbst moderne Bauten kennenlernen wie nirgendwo sonst in Indien, nämlich die Schalen- und Rampen-Architekturen, mit denen Le Corbusier (1887–1965) nach der Teilung des Punjab zwischen Indien und Pakistan die neue Punjab-Hauptstadt gestaltete, ein Symbol radikaler West-Orientierung im jungen unabhängigen Indien. Vielen Kritikern missfallen die genormten Stadt- und Wohnstrukturen bis heute, und sie polemisieren heftig und ausdauernd gegen die als kalt und technokratisch empfundene

1 Immer wieder überrascht, wie stark die Farben in der reinen Luft der Himalaya-Vorberge leuchten: Gebetsfahnen beim Kloster Tashijong, im oberen Kangra-Tal. **2** Tigerfell im »Taragarh Palace«, heute ein Heritage-Hotel der WelcomGroup. **3** Das buddhistische Symbol »Rad der Wiederkehr« am Tashijong-Kloster der Exiltibeter. **4** Herrenhaus-Atmosphäre im Heritage-Hotel »The Judge's Court« in Pragpur.

Stadt vom Reißbrett. Chandigarh ist heute Doppelhauptstadt der beiden Bundesstaaten Punjab und Haryana. Von den Bürgern, das weiß man aus mehreren Befragungen, wird Le Corbusiers Schöpfung zumeist jedoch hoch geschätzt – wegen des vielen Grüns, wegen der Überschaubarkeit, wegen der Luft, die so viel besser ist als in den meisten Städten Indiens. Eine Hauptlast trägt aber auch Chandigarh wie die anderen indischen Städte: Auch hier ist die Übervölkerung ein großes Problem – und darunter leidet die Lebensqualität enorm.

Wieder ganz anders ist das Dorf Pragpur – von Nalagarh 150 Kilometer weiter im Norden – mit dem Heritage-Hotel »The Judge's Court« zu erleben: nämlich dörflich und ländlich inmitten des fruchtbaren Kangra-Tals. Der Beas-Fluss, der bei Manali im Kullu-Tal entspringt, strömt nicht weit vom Dorf silbrighell über Sand- und Kiesbänke durchs Hügelland. Nicht nur der alte Familiensitz »The Judge's Court« inmitten seiner Obstgärten am Rand des Dorfes ist als »Heritage Country Manor«, als »Kulturerbe-Landsitz« qualifiziert, Pragpur darf sich sogar »Indiens erstes Heritage-Dorf« nennen. Weil das Dorf Pragpur, wie die Regierungsurkunde von 1997 bescheinigt, »mit seiner Architektur … eines mittelalterlichen Ambientes von höchstem Wert für das Kulturerbe und den Tourismus« ist. Genau besehen: vielleicht nicht gerade mittelalterlich, aber tatsächlich von außerordentlichem ästhetischen Rang. Das Steingitterdekor der Fenster, die kopfstein-gepflasterten Gassen, die Bambusstäbe der »Digbals«, der Schutz-götter, an den Fassaden, der ummauerte *tank*, der Dorfteich mit seinen Fischen, die Dorfläden und eine für verwaiste Mädchen ge-stiftete Schule, dazwischen immer wieder Gärten – Pragpur ist eine Ausnahme-Schönheit unter Indiens Dörfern.

Vielleicht ist der Ort von günstiger Energie bestrahlt? Die uralte Stadt Kangra soll schon in den Kriegsberichten von Alexander dem Gro-ßen erwähnt worden sein, das Königreich Kangra sich neben Kasch-mir als das stärkste im West-Himalaya behauptet haben. Später usurpierten fremde Mächte das paradiesische Tal unter den Schneegraten der Dhauladhar-Kette: die Mogulkaiser, der Sikh-Herrscher des Punjab, Ranjit Singh, und die Briten.

Die Gründer des Dorfes Pragpur, sagt die Überlieferung, wählten im 17. Jahrhundert den Platz im Kraftfeld dreier »Shaktipeeth«-Tempel, also »Energie aussendender Stätten«: des vergoldeten Jawalamukhi-Tempels, der Lichtgöttin gleichen Namens geweiht, des nach dem Erdbeben von 1905 neu erbauten Brajeshwari-Deva-Tempels im einst legendär reichen Städtchen Kangra (rund 35 Kilometer nörd-lich von Pragpur) und des Chintpurni-Tempels.

1 Kostbare Architektur am Rand des Städtchens Baijnath: der Vaydinatha-Tempel aus dem 8. Jahrhundert. 2 Werkstatt der Schriftschnitzer im Tas-hijong-Kloster, eine Entdeckung für Liebhaber des Holzschnitts. 3 Herrliche Weite, wunderbare Stille der morgendlichen Landschaft im oberen Kangra-Tal. Im Hintergrund: die Dhauladhar Range. 4 Ein Maha-raja-Schlösschen, um 1930 als Sommersitz erbaut: »Taragarh Palace«, heute ein gepflegtes Heritage-Hotel. 5 Jagdtrophäen im »Taragarh Pa-lace«. 6 Ein Kronleuchter im Art-déco-Stil.

Aus Pragpurs Gründerfamilie, die ihren Stammbaum von den Kuthiala Sud über drei Jahrtausende hin aus vedischen Zeiten ableitet und bis heute das Gut »The Judge's Court« besitzt, stammt auch jener Richter Jai Lal (geboren 1878), der in der britischen Ära eine außerordentliche Karriere in Shimla und Lahore machte. Dort gehörte Jai Lal dem High Court des Punjab an, bewohnte aber in seinen freien Wochen den Landsitz bei Pragpur, der Schreibtisch steht noch an seinem Platz. Gut dokumentiert sind die Arbeiten jener Jahrzehnte, die mit Röhren-leitungen die Wasser-Fernversorgung des Dorfes sicherten. Stahl-rohre aus England ersetzten die offenen Holzleitungen.

Spricht man über Pragpur mit Vijai Lal, dem gegenwärtigen Eigentü-mer des als »Heritage Country Manor« klassifizierten Hotels »The

Judge's Court«, lernt man einen eleganten und liebenswürdigen Herrn kennen, der wechselnd im Kangra-Tal und in seiner Stadtwohnung in Neu-Delhi lebt. Nach der Restaurierung des über hundertjährigen Herrenhauses ist er rund um die Uhr beschäftigt mit Aktivitäten für sein Gut, das Dorf – wo er noch in einem zweiten historischen Gebäude Gäste aufnimmt, auch der Dalai Lama nächtigte schon dort – und für den Kangra-Tourismus.

Seine Gäste finden bei ihm manches, was sie fast überall sonst in Indien zurzeit noch vermissen: zum Beispiel Beschreibungen von Wanderungen im Stunden- und Tages-Umkreis, anschaulich und genau. Auf verwandtem Gebiet, aber für Automobilisten, war ein anderes Familienmitglied tätig: Unter der Fülle von silbergerahmten Erinnerungsfotos in den Salons von »The Judge's Court« entdeckt man einen großen Chef der indischen Automobilindustrie, der den ersten erfolgreichen indischen Geländewagen produzierte, den »Mahindra«.

Vijai Lal, diesen Eindruck nimmt man mit, wird noch viel für die Heritage-Idee bewegen, über seinen Nahbereich hinaus, wo er Sponsoren für das Heritage-Dorf motiviert, das Dorfkomitee berät und den Webern und Silberschmieden hilft. Er hat auch den Fremdenführer des Dorfes ausgebildet – wieder ein Kapitel für sich, ein sehr indisches, denn das gab dem Mann, der tragisch seinen Sohn, seine

1 Die Bar: schwere Polstermöbel und satirische Gesellschaftsporträts.
2 Waisenmädchen in ihrer Schule in Pragpur. 3 Der Aufstieg zum Tempelhügel über dem Fort Nalagarh wird belohnt: mit dem Blick über die Vorgebirge des Himalaya und die nordindische Ebene. 4 Am Dorfteich von Pragpur im Kangra-Tal, des ersten »Heritage Village« in Indien.

Frau und seinen Beruf verloren hatte, einen neuen Lebensanfang. Weil Indiens Denkmalschutzbestimmungen bis jetzt nicht sehr streng sind, Eigner nicht zur Erhaltung gezwungen werden können und noch manches Haus im Heritage-Dorf verfällt (siehe auch Seite 154 f.), ist das Arbeitspensum, das auf die Freunde der überlieferten Kultur wartet, insgesamt ziemlich gewaltig.

Pragpurs Gästebuch ist jedenfalls Seite um Seite des Lobes voll: »One of the last paradises of Asia's wonderful nature, great mountain view, a place really to relax and enjoy«, schreibt jemand aus Köln, und aus Passau: »Wir haben den Aufenthalt bis zur allerletzten Sekunde genossen!«

Wo die königliche Familie von Kaschmir ihr Quartier aufschlug und Jawaharlal Nehru als Ministerpräsident den Garten genoss, werden sich sicher auch moderne Reisende wohlfühlen. »Taragarh Palace« zählt nicht zu den alten Maharaja-Palästen, wurde erst um 1930 als Sommerschlösschen erbaut, strahlt aber mit seinen historischen Gemälden, Gartenschaukeln und üppigen Jagdtrophäen den Charme der alten Adelswelt aus.

Noch großartiger, weil viel näher gerückt als in Pragpur, sind von Taragarhs Terrassen die Ausblicke auf die riesigen Schneeflanken über den leuchtend grünen Feldern und den dunkleren bewaldeten Hügelketten zwischen Tal und Hochgebirge. Wanderlust rührt sich, wenn nicht gleich zu den Viereinhalbtausend-Meter-Pässen des Dhauladhar-Gebirges, dann doch auf Tageswanderungen zu den Dörfern und Tempeln des Kangra-Tals.

Eine Stunde östlich von Taragarh ist am Rand des Städtchens Baijnath der seit etwa 800 n. Chr. bestehende Vaidynatha-Tempel erhalten, mit großem Nandi-Bullen und einem der zwölf Jyotirlingams, die aus Shivas Energie geschaffen worden sein sollen. Über der Talbreite auf der anderen Seite des Flusses haben Exiltibeter sich ein Dorf und einen bunten Tempel, den Tashijong Gompa, gebaut. In ihrer Druckerwerkstatt kann man meisterlich geschnitzte Druckstöcke erwerben, heute auch in Indien eine Seltenheit.

Auf schmalen Straßen fährt man an den Hügelflanken entlang in andere Nebentäler, so mediterran und reich an Gräsern, Blüten, Bü-

1 Frühstück beim Obstgarten des »Judge's Court«. 2 Ein beispielhaft renoviertes Herrenhaus im Dorf Pragpur, das dem Welcom-Heritage-Hotel »The Judge's Court« angeschlossen ist.

schen und Bäumen wie mancher Winkel im Toskana-Frühling. Kunst und Kunsthandwerk blühen hier auch. In dem Dorf Andretta lebte der Maler Sardar Sobha Singh und hinterließ ein Ein-Raum-Privatmuseum mit seinen hyperrealistischen oder romantisch verklärenden Porträts und Landschaftsbildern. Zehntausendfach sind sie fürs indische Publikum reproduziert worden.

Zwei Ecken weiter in Andretta wohnt das indisch-britische Künstlerpaar Mansimran und Mary Singh. In ihrem Garten und Atelier unterrichten sie ihre Schüler, nicht nur Touristen, sondern auch Dörfler, und stellen ihre »studio pottery« von großer, einfacher Schönheit und die vom All India Handicrafts Board geförderte »village pottery« in ihrem Museum aus. Schon Mansimran Singhs Vater, Sardar Gurcharan Singh, geboren 1896, war einer der kreativsten Erneuerer der uralten indischen Keramiktradition, ein großer Künstler und Lehrer. Sein Werk setzen Mansimran und Mary Singh fort, seit nun schon bald zwei Jahrzehnten in der arkadischen Landschaft

zu Füßen der Himalayaketten. Wer auf dem Weg zum professionellen Keramiker ist, kann sich in Andretta zu einem Kurs von zwei bis drei Monaten anmelden.

Seit über 40 Jahren residiert hoch in einem Gebirgstal nördlich von Kangra der XIV. Dalai Lama, der »Papst des Ostens«, wie manche ihn nennen. Am 17. März 1959 musste der Dalai Lama, damals ein junger Mann von 24 Jahren, vor den chinesischen Truppen fliehen, die in Tibets Hauptstadt Lhasa und in drei großen Klöstern nach einem Volksaufstand ein Blutbad angerichtet hatten. Das Exil im Doppelort Dharamsala-McLeod Ganj, das Indiens Ministerpräsident Jawaharlal Nehru dem jungen Dalai Lama damals anbot, ist seither ein neues geistiges Zentrum von weit über 100 000 geflüchteten, in verschiedenen Regionen Indiens ansässigen Tibetern geworden. Tempel und Klöster, wissenschaftliche und soziale Institutionen des tibetischen Buddhismus in Dharamsala öffnen ihre Türen bereitwillig auch Besuchern aus der nichtbuddhistischen Welt. Noch immer wächst der Strom der Touristen nach Dharamsala. Das Bergdorf McLeod-Ganj, das sich im Hochtal auf rund 1750 Metern Höhe an den Waldhängen und steilen Straßenserpentinen ausbreitet, war ein idyllischer Ort. Doch inzwischen ist McLeod-Ganj zum Opfer geworden – ausgeliefert einem

Bauboom und Shopping-Gedränge, sodass die spirituelle Ruhe von einst dahin ist. Das Herz wird einem schwer, wenn man die kahl geschlagenen Hänge, die fast ausnahmslos herabgewirtschafteten Hotels vor Augen hat, vier- und fünfstöckige gesichtslose Billig-Neubauten.

Die Berge im Umkreis bewahren ihre Schönheit, und besuchenswert bleiben der Kalachakra-Tempel und das Namgyal-Kloster bei der Residenz des Dalai Lama. Wo die aus ihrer Heimat geflohenen Tibeter bauen, entsteht Tibetisches auf indischem Boden. Beste handwerkliche Arbeit, kräftige, leuchtende Farben zeichnen Baugestalt und Innenarchitektur aus – zum Beispiel im 1995 zur Erhaltung der tibetischen Kultur eröffneten Norbulingka Institute. Nicht ganz leicht ist es abseits der Straße zu finden, bietet aber genug für einen halben Tag oder viel länger: Tempel, Thangka-Malschule, ein Museum tibetischer Kostüme und Kunsthandwerk-Abteilungen, Bibliothek, Gästehaus und Forschungszentrum.

Wohnt man lieber in luftigen Höhen und in der Nähe der Dalai-Lama-Residenz in McLeod-Ganj, ist die beste, ja die vielleicht einzig wirklich empfehlenswerte Adresse derzeit das »Chonor House Hotel«. Es ist dem Norbulingka Institute angeschlossen, schön ausgestattet und wird tadellos unterhalten.

Zeit für das Kangra-Tal

Anreise und Reisezeit

Flug: Günstigster Flughafen Chandigarh (35 Min. von Neu-Delhi). Der Flughafen Gaggal war 2001 noch geschlossen.

Bahn: Nächste Bahnhöfe Chandigarh und Pathankot. Eine Schmalspurbahn verbindet die Orte des Kangra-Tals.

Leihwagen: Beste Anfahrt von Chandigarh oder Neu-Delhi, auch von Shimla und Amritsar.

Beste Reisezeit: März/April bis September/Oktober.

Unterkunft

** The Fort Nalagarh (H1) (WelcomHeritage). Palast im Himalaya-Vorgebirge, Pool, Tennis. 15 Zi., District Solan, Himachal Pradesh-174 101, Tel. 0 17 95-2 30 09, Fax: 2 30 21, E-Mail: fortresort@satyam.net.in, Sales Office Neu-Delhi, S.Bharti Marg, E-Mail: sales@fortnalagarh.in

/** The Judge's Court (H2) (WelcomHeritage). Landsitz, erbaut um die Wende zum 20. Jh., familiäre Atmosphäre, Reiten, Angeln. Gemüse und Obst aus eigenem Anbau. 10 Zi., Pragpur, District Kangra, Himachal Pradesh-177107, Tel. 19 70-45035, Fax: 453 35, Webseite: www.judgescourt.com, E-Mail: eries@vsnl.com, oder über WelcomHeritage, s.o.

**** Taragarh Palace (H3) (WelcomHeritage). Sommerschloss aus den Dreißigerjahren des 20. Jhs., in Waldgelände und Teegärten in ca. 1000 m Höhe, Mountainbike-Verleih. 16 Zi. und Suiten, P.O. Taragarh, District Kangra, Himachal Pradesh-176081, Tel. 18 94-6 30 34, Fax: 6 35 23, E-Mail: taragarh@vsnl.com

*** Chonor House Hotel (H4). Nahe dem Tempel des Dalai Lama, sehr gut geführt, Restaurant mit tibetischer Küche, Garten. 12 Zi., Dharamsala, Thekchen Choeling Rd., Tel. 18 92-2 10 06, Fax: 2 14 68, E-Mail: chonorhs@vsnl.com

Sehen und Erleben

Trekking, Reiten, Angeln. Heritage-Dorf Pragpur. Kangra mit Brajeshwari-Deva-Tempel und Fort. Jawalamukhi-Tempel. Vaidynath-Tempel (9. Jh.) in Baijnath. Tashijong Gompa. Andretta mit Museen: Keramik-Museum von Mansiran und Mary Singh und Gemälde-Museum zum Andenken an Sardar Sobha Singh.

Ziele in der Umgebung

Dharamsala: Tempel bei der Dalai-Lama-Residenz und Norbulingka-Zentrum. Trekking im Dhauladhar-Gebirge. Bei der Anreise von Süden Chandigarh (Le Corbusier) und Gärten von Pinjore.

Auskunft

In den genannten Hotels und im Norbulingka-Insitut: www.norbulingkainstitute.org

1

2

3

4

Wo Kipling und Vizekönige wohnten
Waldluft weht um Shimlas Höhen

Von einem Dorf zur Großstadt ist die einstige Sommerhauptstadt der Kolonialregierung gewachsen und dabei nicht schöner geworden. Warum lohnt die Reise nach Shimla trotzdem wieder?

Der Architekt, der den Grand Plan für Neu-Delhi entwarf, Sir Edwin Luytens, kam in den Zwanzigerjahren nach Shimla, tat nur einen Blick auf die Stadt und brach los: »Wenn einem jemand sagte, Affen hätten das gebaut, könnte man nur antworten: was für wunderbar verrückte Affen – wenn sie's noch einmal machten, müsste man sie erschießen.« Seither ist Shimla, gern auch »Queen of the Hill Stations« genannt, in die Jahre gekommen und hat Slums angesetzt. Zum »Ersatz-England«, das der Höhenort mit seiner erfrischenden Kühle für viele Briten bis zur indischen Unabhängigkeitserklärung geworden war, taugt Shimla nicht mehr.

Über hunderttausend Menschen haben ihre Wohnungen in drangvoller Dichte an den Steilhängen, und die Zuwanderer werden noch immer mehr. Die Arroganz der Kolonialherren ist von der Rücksichtslosigkeit der Spekulanten abgelöst worden, die sich um Bauvorschriften, Erdbebenschutz und Hygiene offensichtlich keinen Deut scheren. Zeitweise stockt der gesamten Stadt in einem einzigen Verkehrsstau der freie Atem, und die Nerven von Fahrern, Anwohnern und Polizisten werden dünn geschliffen. Stundenlange Stromausfälle verschärfen die Situation. Warum soll man gerade Shimla als Reiseziel vorschlagen?

Die Schönheit der Landschaft in den Vorgebirgen des Himalaya ist der eine Grund, ihre immer noch ursprünglich anmutenden Waldgebirge vor dem schneeglitzernden Panorama der Himalaya-Ketten. Der andere Grund ist die historische Rolle als »Summer Capital« der britischen Generalgouverneure und Vizekönige, die der abgelegenen Bergsiedlung in jedem neuen Sommer zu Hauptstadtrang verhalfen. Das Shimla von heute lädt zur Spurensuche ein. Wer mit eigenen Augen mehr über die britische Kolonialherrschaft erfahren will, als er in Büchern liest, ist in Shimla an der richtigen Stelle. Vor allem links und rechts der Mall, die entlang des Höhenkamms zum Rückgrat und zur Lebensader Shimlas wurde, nur ihrer Länge wegen in »Eastern Mall« und »Western Mall« geteilt.

1 Eisenbahntechnische Meisterleistung: Seit 1903 dampft der »Toy Train« nach Shimla hinauf. **2** Die Großeltern des heutigen »Woodville Palace«-Hausherrn in den Dreißigerjahren. **3** Im Schatten turmhoher Kiefern: der »Woodville Palace« der Maharajas von Jubbal, einer der ältesten Familien Indiens. **4** Schwimmbad im jüngst mit großem Aufwand erneuerten Oberoi-Hotel »The Cecil« in Shimla.

Die ersten Briten schlugen ihre Zelte vor bald 200 Jahren auf, um 1815/16. Schon um das Jahr 1830 wurde um den 2455 Meter hohen Stadthügel Mount Jako über der Eastern Mall von Männern aus dem Gebirge die noch heute benutzte Straße zum Gipfel und dem Hanuman-Tempel droben gebaut. 1840 speisten britische Sommergäste bereits schottischen Lachs und Sardinen aus dem Mittelmeer in Shimla und plauderten über die Frühjahrsmode in London – kaum mehr als hundert Europäer, umgeben von mindestens 3000 Angehörigen der Bergstämme. »Manchmal wundere ich mich, dass sie uns nicht allen die Köpfe abschlagen, ich will nicht mehr sagen«, steht im Tagebuch-Brief Emily Edens, einer Schwester des Generalgouverneurs Auckland. Ihr sechsjähriger Aufenthalt fiel in die Zeit der britisch-afghanischen Konflikte, und ihre Anmerkung über das Köpfeabschlagen war nicht nur spaßig gemeint.

1864 hatten sich die britische Vormacht und Shimlas bescheidene Infrastruktur dann so vorteilhaft entwickelt, dass die unter Kalkuttas Hitze stöhnende Regierung das Experiment wagte, mit ihrem zehn Meilen langen Tross nach Shimla umzuziehen. Die Mühsal der Reise – über 2000 Kilometer! – war härter als heute auch nur vorstellbar, der Aufenthalt in den Bergen anfangs mehr ein Feldlager als eine Sommerfrische. Aus dem Experiment wurde trotzdem eine feste

Gewohnheit (bis 1939!), trotz allen Klagens und Höhnens der Presse, wie unerträglich schwerfällig und unergiebig die Regierung arbeite. Die feuchte Hitze in Kalkutta war nicht auszuhalten, bis zur Erfindung des künstlichen Klimas.

In Shimla dagegen lebte es sich immer besser und bald so gut, dass bei den in der Ebene zurückgebliebenen Briten der Verdacht aufkam, droben in Shimla werde von April bis Ende Oktober nur gefeiert statt regiert. Einer, der mitspielt in dieser Szene aus Polospiel und Flirts, Tennis und Tratsch und zugleich als unbestechlicher Augenzeuge agierte, war der junge Rudyard Kipling. Aus Lahore, wo er als Redakteur bei der *Civil and Military Gazette* mit Arbeit überhäuft war, bekannte er einem Freund seine Indien-Faszination: »Ich bin in dieses Land verliebt, und schreiben will ich darüber, ... (über) meinen Platz, wo ich die Hitze und die Gerüche und die Öle und Gewürze erlebe, und Gewölk vom Räucherwerk der Tempel, und Süße und Dunkelheit, Schmutz, Lust und Grausamkeit, und über allem unzählbare Dinge voller Wunder und Faszination.«

Für einen Monat durfte er aus der sommerlichen Glut Lahores in die Himalaya-Kühle Shimlas ausweichen, und im August 1883 schrieb der später berühmte Autor des *Dschungelbuch* aus Shimla nach England: »Der Monat war ein Karussell von Picknicks, Tanze-

1 Einst trutzige Sommerresidenz des britischen Vizekönigs: die 1888 erbaute Viceregal Lodge auf einer Anhöhe über Shimla, heute vom Indian Institute of Advanced Sciences genutzt. 2 Im Umkreis der Mall: unter spitzen Giebeln Erinnerungen an Merry Old England. 3 Blick auf die Universitätsstadt Shimla mit ihren farbenprächtigen Häusern. 4 Very british – stilvolle Teestunde mit Blümchen-Porzellan und Gebäck . 5 Eine der wenigen Fußgängerzonen Indiens: Shimlas Mall, Schauplatz zahlloser Anekdoten aus der Kolonialzeit. 6 Grüner Talgrund westlich von Shimla.

reien, Theaterspielen und so fort – und ich flirtete mit der aufgestauten Energie eines Jahres.« Frauen waren in der Gesellschaft Shimlas in der großen Überzahl, viele Offiziers-Strohwitwen, deren Gatten von ihrem Dienst festgehalten wurden.

Zu den Hotels, die Geschichten erzählen könnten, gehört das »Woodville Palace Hotel« in seinem Park unter turmhohen Baumkronen ganz im Südosten der Mall. Ein moderner Anbau entstand, das Haupthaus jedoch blieb wie ein Museum alter Zeiten erhalten, mit steinernen Balustraden draußen und Jagdtrophäen drinnen, kuriosen Sammlerstücken und einer Kollektion von Prominentenfotos, die bei Sammlern blassen Neid provozieren kann, zum Beispiel mit dem Widmungsbild

Clark Gables für die Großmutter des Hausherrn oder dem Foto Marlene Dietrichs, das sie einmal nicht als blauen, sondern als »schwarzen Engel« zeigt. Der Eigner ist Maharaja von Jubbal und ein guter Erzähler der Geschichten seines überaus traditionsstolzen Hauses. Ein Waldspaziergang auf das umtriebige Zentrum zu führt auch zu zwei Hotels, die an die Anfänge von Indiens brillantester Hotelkarriere erinnern. Im heutigen »Cecil's« fand 1922 der junge Mohan Singh Oberoi auf der Flucht vor einer Cholera-Epidemie seine erste Anstellung, im »Oberoi Clarke's Hotel« wurde er Partner des Besitzers – so begann der Aufstieg der Oberoi Group. Im Jahr 2001 war der 103-jährige Mohan Singh noch immer ein aktiver Oberoi-Chef. Nach jahrelangem Leerstand verwöhnt das »Cecil's«, glanzvoll renoviert, wieder seine Gäste – modern hinter denkmalgeschützter Fassade, in bester, autofreier Stadtlage. Wer in Bach J. Karkarias Oberoi-Biografie *Dare to Dream* nachliest, findet die Anfänge des späteren Hotel-Tycoons Rai Bahadur Mohan Singh Oberoi nicht sehr weit von der klassischen Vom-Tellerwäscher-zum-Millionär-Karriere. Im schon damals berühmten Hotel »Cecil's« fragte er nach einem Job und wurde vom Portier vor die Tür gesetzt, mit dem Bescheid: »Nichts frei«. Doch fing Oberoi den Manager ab, der zur Mittagspause aus dem Hotel trat. Oberoi machte eine gute Figur, erklärte, über jede Art von Job im »Cecil's« froh zu sein, und wurde zum Vorstellungsgespräch am Nachmittag bestellt. Erst eine halbe Stunde später fiel ihm ein, dass er nicht einmal seinen Namen gesagt hatte. Wie sollte er den Portier dazu bewegen, ihn beim Manager zu melden? Auch das gelang, und für 50 Rupien im Monat bezog Mohan Singh Oberoi seine erste eigene Wohnung, ein Zimmer von 3 mal 2,70 Meter am Fuß des Stadthügels.

Kaum zu glauben, aber Tatsache: Oben auf dem Hügel halten Shimlas Bewohner ihre Mall als eine der vorerst noch wenigen Fußgängerzonen Indiens frei von dem Autoverkehr, der den Rest der Stadt verstopft und vergiftet. Das war so schon zu Vizekönigs Zeiten, als nur ihm, dem obersten Militärchef und dem Gouverneur des Punjab Wagen erlaubt waren. Zu hoffen steht, dass die teils noch originalen und pittoresken Häuser längs der Mall in nächster Zeit wieder frischere Farbe erhalten, wenn das Geld schon nicht zur denkmalschutzgerechten Renovierung reicht. Schon wegen der vielen Honeymooner, die sich Shimla als Ziel ihrer Hochzeitsreise wählen …

Direkt zur Mall trägt die Besucher von der Unterstadt übrigens ein Lift mit Zwischenstation hinauf. Und seit 1903 dampft der »toy train«, eine Schmalspurbahn (Schienenbreite 76 Zentimeter!) gemächlich durch 103 Tunnel, über 800 Viadukte, durch 900 Kurven und ge-

1 Eine neue Luxusadresse: »Wildflower Hall«, erbaut am selben Platz, an dem Lord Kitchener einst seine Residenz gleichen Namens hatte – hier die Empfangshalle, sie bietet auch eine gemütliche Bar und eine Tea Lounge. **2** Gemütlichkeit wie in Merry Old England – Einfahrt zum »Hotel Chapslee«. **3** Lichterfüllt, großzügig: die Architektur der neuen Halle im »Cecil's«-Hotel. **4** Gepflegte Eleganz im »Wildflower Hall«-Speisesaal. **5** Vorhalle des »Cecil's«-Restaurants. **6** »Cecil's«-Zimmer zeichnen sich durch schlichte Eleganz und noblen Komfort aus.

winnt auf 95 Kilometer Streckenlänge über 1400 Meter Höhendifferenz. Damals, um 1900, ist in einem zeitgenössischen Lexikon nachzulesen, hatte Shimla, »seit 1864 ständige Hauptstadt des britisch-indischen Kaiserreichs (…) auf einem schön bewaldeten Bergrücken des zentralen Himalaya, (…) im europäischen Stil gebaute Häuser, einen schönen Palast des Vizekönigs, ein Stadthaus etc., mehrere Kirchen, ein Kloster, höhere Schulen für Knaben und Mädchen, Hospital, ein magnetisch-meteorologisches Observatorium, 2 Brauereien, 3 Banken und 13 836 Einwohner (8484 Hindu, 2489 Mohammedaner und 1587 Christen), im Sommer 30 000.« Entworfen wurde dieses fast noch dörfliche Shimla für vielleicht 25 000 Einwohner, heute zählt es rund 150 000.

1 Jagdtrophäen und Kuriositäten dekorieren Treppenhaus und Halle im »Woodville Palace«. **2** Suite im »Woodville Palace« mit überbreitem Bett und Perlen aus der Bilderkollektion der Maharajas,

Der Bahnhof der Schmalspurbahn liegt nur wenige Schritte unterhalb der Mall, sodass man diese Höhenzone relativen Wohlstands auf den Schienen Richtung Neu-Delhi verlässt, ohne mit der Armut der Unterstadtgassen konfrontiert zu werden. Dennoch sollte man einmal durch die Unterstadt spazieren oder zumindest fahren, um die andere, weniger romantische Seite Indiens nicht zu vergessen: den harten Alltag des Großteils der indischen Bevölkerung.

Letzter Fixpunkt eines Mall-Spaziergangs ist im Westen nicht weit vom »Cecil's« der bewaldete Observatory Hill, 1888 mit der »Viceregal Lodge« bebaut, einem trutzigen Stück Old-England-Architektur im Elisabethanischen Stil, das der Vizekönig sommers bewohnte. Von seinen vergoldeten Stühlen, dem Silberthron ist nichts mehr zu sehen, erhalten blieb jedoch der »Partition Table« (Tisch der Teilung) in der Ausstellung über die Shimla-Konferenzen von 1945/46. Damals trafen sich Vizekönig Lord Wavell, der Kongressparteiführer Jawaharlal Nehru, Gandhi und der Führer der Muslims Mohammed Ali Jinnah am Verhandlungstisch. Jinnahs Weigerung im Namen der Muslime, in einem hindu-dominierten Staat zu leben, führte zur verhängnisvollen Teilung in Indien und Pakistan. Was übrig blieb von der gescheiterten Shimla-Konferenz sind Anekdoten, zum Beispiel über Mahatma Gandhi, der zur Teestunde im Salon der Vizekönigin, der sehr britischen Lady Wavell, nur mit einem Tuch um die Hüfte erschien, korrekt nach Hindu-Brauch. Peter Coats, Privatsekretär Lord Wavells, beschreibt auch Gandhis Gewohnheit, einen Tag der Woche kein Wort zu sprechen: »Es half ihm nicht nur geistig«, sagte er mir, »sondern auch ganz praktisch. Er konnte sicher sein, dass die Leute ihn wenigstens an diesem einen Tage nicht in Atem halten würden und er seine Ruhe zum Nachdenken, zum Schreiben und für seine Korrespondenz hätte. Gandhis Schweigetag wurde von seinen Anhängern pflichtgemäß respektiert und wurde zur festen Einrichtung.«

Als am Ende dieses Sommers 1945 für Shimlas britische Bewohner der Tag des Auszugs kam, wurde zum ersten Mal die Mall für Fahrzeuge freigegeben. Ein langer, langer Wagenzug sammelte sich im Morgendämmer mit Bussen, Traktoren und allem, was Räder hatte. Sämtlichen Europäern war geraten worden, sicherheitshalber nach Neu-Delhi zu gehen. Eine Ironie der Geschichte nennt Peter Coats die Tatsache, dass es Gurkhas waren, die zum Schutz des Konvois

Anreise und Reisezeit

Flug: Jabbarhatti-Flughafen, tägliche Verbindung mit Neu-Delhi, Kullu und Ludhiana.

Bahn: Schmalspurbahn »toy train« Shimla-Kalka (nördlich von Chandigarh), ca. 5 Std., Kalka–Delhi mit »Himalayan Queen«, etwa 6 Std.

Bus/Leihwagen: Zahlreiche Busverbindungen mit Himalaya-Orten, auch mit Neu-Delhi (ca. 300 km).

Beste Reisezeit: April bis Mai und September bis Oktober (im Juli und August starke Regenfälle).

Unterkunft

*****/****** Wildflower Hall (H1) (Oberoi). Traumhafte Lage, 85 Zi. (je ca. 42 qm), Suiten (85 qm), Lord-Kitchener-Suite (110 qm), zwei Restaurants, Spa, Butler-Service, Helikopter-Landeplatz. Mashobra, Reservierung Corporate Marketing Division, 7 Sham Nath Marg, Delhi-110 054, Tel. 69-9 45 19 24 43, Fax: 3 89 05 82.

*** The Cecil's (H2) (Oberoi). Inmitten der Stadt, großartige Himalaya-Blicke, innen kreativ modernisiert. 79 Zi. und Suiten, Restaurant, Spielcenter für Kinder, Health Club. Grand Heritage Hotel, Chaura Maidan, Shimla-171 001, Tel. 177-2 80 48 48, Fax: 177-17 72 81.

** Woodville Palace Hotel (H3) (WelcomHeritage). Seit 1977 ist der Heritage-Palast der Maharajas von Jubbal ein Hotel, jüngst neu ausgestattet und die Zahl der Zimmer und Suiten auf 31 verdoppelt (Raj Bhawan Road). Tel. 177-2 62 39 19, Fax: 177-2 62 30 98, Website: www.woodvillepalacehotel.com, E-Mail: woodvillepalacehotellyahoo.com

** Oberoi Clarke's Hotel (H4) (Oberoi). Zentrale Lage nahe dem Lift. 39 Zi. und Suiten, Restaurant. The Mall, Shimla- 171 001, Tel. 01 77-2 51 01 05, Fax: 21 13 21.

Sehen und Erleben

Eastern und Western Mall mit Läden und Restaurants. Christ Church (1844), Gaiety Theatre (1887) State Museum (Skulpturen, Miniaturen der Kangra-Schule, Textilien und Juwelen). Viceregal Lodge (1877). Bergwandern und Vogelbeobachtung. Golf, Eislauf, Skilaufen je nach Jahreszeit.

Ziele in der Umgebung

Spaziergänge zu den Nahzielen Summer Hill (1983 m), Mount Jako (2455 m), Prospect Hill (2175 m), Tempel Tara Devi (1851 m). Exkursionen nach Chail (mit Patiala-Sommerpalast, Kricket-Platz, Vogelschutzgebiet, 45 km süd-östlich), Naldera (vermutlich Indiens ältester Golfplatz, Mahung-Tempel, im Juni Kunsthandwerker-Markt, 26 km nördlich).

Auskunft

HPTDC Tourist Office, The Mall, Tel. 177-26 52 61, Fax: 2 65 83 02, E-Mail: shimla@hptdc.in

antraten – nämlich Nachfahren ebenjener Gurkhas, die hier von den Briten anderthalb Jahrhunderte zuvor bekämpft und bekriegt worden waren, vor der Gründung Shimlas.

Draußen in den Waldgebirgen von Mashobra gibt es eine andere spektakuläre Stätte britisch-indischer Vergangenheit: Wildflower Hall, die ehemalige Residenz Lord Kitcheners. Vor langer Zeit war sie bereits in ein Hotel umgewandelt worden, dann abgebrannt. Dort eröffnete im Frühjahr 2001 das Oberoi-Luxushotel »Wildflower Hall«. Man kann es symbolisch verstehen: Aus einer Residenz kolonialer Herrschaft wurde ein Haus indischer Gastlichkeit. »Wildflower Hall« führt noch eine Marmorstufe höher hinauf auf der Treppe des Oberoi-Wohlfühl-Konzepts.

Der Private Butler Service, der Hubschrauberlandeplatz für die Gäste, die von Neu-Delhi per Helikopter anreisen, auch die Aura der Geschichte, die hier die Erinnerung an den Kolonialherrn Lord Kitchener beschwört – dergleichen können schon andere Oberoi-Hotels aufweisen. Die neue »Wildflower Hall« in ihrer klassizistischen Eleganz kristallener Kronleuchter hoch in den Waldbergen über Shimla bietet noch mehr, nimmt einen Platz von romantischer Traumschlossqualität ein. Zugleich probiert das Haus wieder etwas Neues, Praktisches: das erste Kinderrestaurant in einem Oberoi-Hotel.

Paradies an der Ganga-Schlucht
Sanfter Luxus im »Ananda« und die Pilgerstadt Rishikesh

Verjüngung verheißt seinen Gästen das im Jahr 2000 eröffnete Hotel »Ananda«, ein Luxus-Spa, wie es zuvor noch keines in Indien gab. Ein wunderbarer Ort, die Schönheit der Welt zu genießen!

If you must drink and drive, drink Himalaya juices«, raten die Straßenrand-Reklamen zu Saft aus knackigen Bergäpfeln. Die reine, sommerwarme Märzluft gibt es gratis dazu, wie die Fernblicke auf die polarweißen Himalaya-Kämme. In das Kieferngrün setzen blühende Mangobäume ihr üppiges Gelb, rosafarbene Tempelkuppeln wie aus Erdbeereis schimmern im lichten Buschwald, Affen springen zu Hunderten im Geäst. Nach Foto- und Imbisspausen und einem Reparaturstopp – Ausfall der Hupe, die ist unentbehrlich wie die Bremsen – nimmt der »Tata Sumo« gerade noch rechtzeitig die Serpentinen über Rishikesh: zum üppigsten Farbspektakel des Tages, dem riesigen roten Schwall des Sonnenuntergangs über der Ganges-Ebene. Indien in Glanz und Ruhe, fernab von den Großstadtmillionen, von Lärm und Not.

Rishikesh am Ufer des Ganges, wo »Mutter Ganga« kristallhell aus dem Gebirge in die Ebene strömt, ist ein wichtiger, ein immer geheiligter Ort gewesen, so tief Hindu-Erinnerung in die Vergangenheit reicht. Kein Rishikesh-Führer, der seinen Touristen nicht den Namen übersetzt: »Stadt der Seher und Sänger«. Unter den Baumschatten am Gangesufer teilte Gott Brahma ihnen die Weisheit der Veden mit. Brahmanen-Priester trugen die Sanskrit-Lieder und Erzählungen von Mund zu Mund weiter, über drei Jahrtausende.

Sollten wir gleich in einen Ashram fahren, bei einem Guru in die Lehre gehen, einem der vielen, die in Rishikesh ihre Weisheit anbieten? Nein, unser Ziel an diesem Abend ist ein anderes. 800 Meter über dem Grund der Gangesschlucht öffnen sich im Abenddämmer schmiedeeiserne Portale, salutieren Torhüter in Livree, glänzen Brunnen und Blumenrabatten im Streulicht schlanker Kandelaber. Der Maharaja-Palast, Baujahr 1895, einer der jüngeren Indiens, ist heute das noble Empfangsgebäude des Hotels »Mandarin Oriental Ananda, The Himalayas«. »Bitte, geben Sie uns Ihre Pässe, unterschreiben Sie hier« – die besseren Herbergen behelligen ihre Gäste nicht lang mit Anmeldeformularen, lassen sie lieber den Begrüßungscocktail kosten.

1 In den Höhen über der Pilgerstadt: der Maharaja-Palast, der zum Empfangsgebäude des Luxus-Resorts »Mandarin Oriental Ananda. The Himalayas« wurde. **2** Pilgerin im Gebet. **3** Andacht am Ganges in Rishikesh. **4** Pilger aus Rajasthan auf der »Laxman Jhoola Bridge am Nordrand von Rishikesh, unterwegs zu Tempeln und Ashrams.

Woraus war der doch gemixt? Am nächsten Morgen ist der exquisite Geschmack von Zitrone und Ingwer wieder da: Statt Early-morning-Tea wird ein Becher fruchtiger Fülle und sanfter Süße serviert, mit einem Schuss belebender Bitterkeit. Schon beginnt man es fast zu glauben: Gesunder und jünger als man gekommen ist, wird man wieder abreisen. »Rejuvenation begins at once«, ist auf dem Büttenkärtchen am Begrüßungs-Früchtekorb zu lesen.

»Wir wollen niemandem etwas aufdrängen, wir sind kein Krankenhaus«, lächelt Jayanth Rangan, Resort-Manager, »wir sind glücklich, wenn Sie sich selbst etwas auswählen« – nämlich aus den Wellness-Therapien indischer, thailändischer und europäischer Heilkunst, die das »Ananda« nach kostenloser ärztlicher Beratung bietet – in diesem Umfang und in diesem edlen Rahmen als erstes Spa in Indien. Mit rund zwei Dutzend Ayurveda-Therapien mit Massagen, Ölgüssen und Kräuterpackungen, mit Sauna und Dampfbad, auf Wunsch auch mit ayurvedischem Speiseplan helfen die »Ananda«-Gesundheitsspezialisten bei Leiden wie Arthrose und Arthritis, Übergewicht oder Cellulitis. Aber auch gegen Lebensplagen wie Schlaflosigkeit, Depressionen und Burn-out-Syndrom werden die altindischen Reinigungs- und Entgiftungstherapien wirksam, die »Beauty and Harmony Packages« und das »Himalayan Spring Water Ritual«. Die hauseigene mineralstoffhaltige Quelle ist schon seit der Zeit der Maharajas als heilkräftig bekannt.

»Lange hat mir nichts mehr so gut getan wie diese drei Tage hier!«, verabschiedet sich ein überarbeiteter Bankdirektor von Mr. Rangan. Immer öfter reisen Manager aus Delhi für eine Kurzkur zur Erneuerung ihrer Bio-Energie an. Aus den oberen Chefetagen schweben sie auch schon mal per Hubschrauber ein.

Viele Gäste bleiben länger als drei Tage, und die meisten um des puren Genießens willen. Verjüngung? Hat augenscheinlich noch nicht jeder nötig. Aber was für vitale Sensationen hält die indische Physiotherapie mit ihren Bädern und Massagen auch für die Jungen und Gesunden bereit – welch ungewöhnliches Hautgefühl unter all den Kräuterölen, welche erlösende Hitze-Empfindungen, welch überraschende Geruchserlebnisse! Paaren bietet das Spa eine gemeinsame Massage mit zwei Therapeuten in einer Luxussuite an, eineinviertelstündig, samt anschließendem Jacuzzi-Bad.

Auch die modernsten Geräte der Hydrotherapie stehen hier zur Verfügung. Die Hochdruck-Jet-Dusche empfiehlt sich zur zwanzigminütigen Anwendung gegen »Übergewichtszonen«, auf gut Deutsch also Fettpolster, die Jet-Lag-Hydromassage entspannt Muskeln und steife Gelenke. Wohltaten für die Haut spenden altindische Natur-

1 Manche langbärtigen Sadhus, Asketen und Gottsucher trifft man mit ihrer exotischen Haartracht. 2 Priesterin bei der Kumbh-Mela, dem grössten Fest an den heiligen Strömen Ganges und Godavari, hier in Hardwar bei Rishikesh. 3 1998 strömten mehrere Millionen Pilger zusammen. 4 Junge Frau mit großem Angebot: Pilger-Souvenirs. 5 Hindu-Gelehrte. 6 Das Bad im Ganges bei Rishikesh hat nicht den gleichen rituellen Wert wie in Varanasi, aber alle Generationen tauchen in die bergkühlen Fluten, deren frische Sauberkeit kaum zu übertreffen ist.

kosmetika, sanfte Einreibungen mit Honig- und Sandelholzessenz oder der »body polish« mit einer entgiftenden Lotion aus grüner Papayafrucht, Orangenschalen und Mandeln.

Letztlich stimmen sogar manche der astronomisch anmutenden Preise: Sie sind nicht überhöht, wenn man erst alle »Ananda«-Qualitäten zusammenzählt. Wer das rasen- und baumgrüne Panorama-Grundstück umwandern wollte, bräuchte leicht eine Stunde. Fast lautlose, luftig-schattige Elektrowägelchen sind rasch zur Stelle. Sie übernehmen die Beförderung zwischen der Toreinfahrt, dem ehemaligen Maharaja-Palast – mit seiner prächtigen Bar, dem Billardsalon (der Billardtisch ist ein echter »Lazarus« aus Kolkata/Kalkutta, also von einem der ältesten Spezialfabrikanten Indiens, authentisch res-

1 Das Hotel »Ananda« bietet seinen Gästen eine weite Parklandschaft, großartige Ausblicke, blühende Natur – hier die Gartenseite des Palastes mit der »Vice Regal Suite«, 220 Quadratmeter groß. 2 Das Amphitheater des »Ananda«. 3 Palasttor und Palast thronen wie ein Traumbild hoch über der nachtdunklen Gangesebene. 4 Ein Lazarus-Billardtisch aus Kolkata, ein Produkt bester Handwerksarbeit. 5 Liebevolle Dekoration bis ins Detail: Öllämpchen und Blüten in einer Wasserschale. 6 Auch in den exklusiven Badezimmern des »Ananda« ist dafür gesorgt, dass sich die Gäste rundum wohlfühlen.

tauriert), Bibliothek und Ballsaal – und weiter zu den Gästetrakten, dem luftigen Restaurant mit offenem Pyramidendachgebälk und umgrünter Frühstücksterrasse, dem Spa und dem tadellos gepflegten Swimmingpool, den Suitenvillen mit ihrem eigenen Pool. Ober- und unterhalb der gepflegten Wege: Wiesen und Baumgruppen, die Säulen eines Konzertpavillons, ein Amphitheater, eine Squashhalle – und Gärten mit hohem Bambusgehölz und Springbrunnen. Lastwagen schaffen täglich zusätzlich 150 000 Liter Wasser herauf, möglichst jeder Tropfen Brauchwasser wird hier wiederaufbereitet.
Zu den Gästezimmern geht es über eine schwingende Brücke. Die Einrichtung: gediegen bis kostbar mit besten Materialien, Teakholz

und Seide in fein abgestimmtem Design. Bilder und kleine Skulpturen setzen Akzente konzentrierter Schönheit und Meditation. Alle Zimmer – jedes 45 Quadratmeter, Suiten 85 bis 220 Quadratmeter – haben Balkon und guten Ausblick, zu den waldigen Bergen hinauf lockt es die Wanderer. Wohl doch am schönsten ist ein »Valley View Room«; das Badezimmer hat eine fast wandgroße Glasfront. Im wohlig warmen, nach wunderbaren Essenzen duftenden Wasser schaut man über grüne Forsten weit hinunter auf die Ganges-Landschaft, sieht Wolken steigen und die Erde flimmern. Oder – unvergleichliche Stunde! – man zündet nachts die Kerzen im schweren hohen Silberleuchter an, und im Nachtdunkel draußen glänzt ein Netz aus den Tausenden von Lichtern Rishikeshs auf, golden und silbern in der Tiefe ausgebreitet.

»Ananda« heißt so viel wie »Glückseligkeit, innerer Friede«, und »Ananda« hieß auch ein Jünger Buddhas, jener, der Buddhas Predigten, so sagt die Überlieferung, wörtlich der Nachwelt weitergab. Spiritualität, schöne Natur, Komfort und freundliche Zuwendung – all das strömt zusammen in einer Wohlfühl-Atmosphäre. Wünsche, kaum geäußert, werden von freundlichen Helfern sofort erfüllt – mit so herzlichem Lächeln als Zugabe, dass der Ausdruck »Service« als ein zu nüchternes Wort der Technik-Sprache erscheint.

Wer verlässt freiwillig ein solches Paradies? Doch draußen warten Naturschönheiten, die man zum Beispiel auf einer leichten Wander-Exkursion hinauf in die benachbarten Berge erkunden kann. Auch Mountainbike- und Trekkingtouren bieten sich an, und Angler finden hier viele gute Plätze. Für Abenteuerlustige gibt es – in Indien noch nicht so häufig – Gelegenheit zum Wildwasser-Rafting. tief unten in der engen Schlucht des Ganges, Schwierigkeitsgrad nach Wahl. Unmittelbar bei Rishikesh erlaubt der Fluss den nassen Rafting-Spaß ohne jede Gefährdung.

Rishikesh ist ein Ort, den im Westen viele zumindest dem Namen nach kennen. Denn in den Sechzigerjahren haben sich die Beatles da leibhaftig im Ashram des Maharishi Mahesh Yogi aufgehalten und inspirieren lassen, musikalisch und meditativ. Ein Treffpunkt der Touristen heute ist die Hängebrücke Laxman Jhoola: Man schaut hinunter auf die zartgrünen Wasser, entdeckt als exotische Absonderlichkeit noch oberhalb der Brücke eine »German Bakery« mit Blätterteig und Streuselkuchen, gut organisiert in indischer Hand. Am östlichen Ufer ist der zwölfstöckige Tempel mit dem Zungenbrecher-Namen Trayambakeshwar zu ersteigen, aufgeteilt in viele kleine Nischen mit Götterbildern und noch weit mehr Verkaufskammern. Rishikesh zeigt sich in zweierlei Gestalt: Westlich vom Fluss

1

2

ein schon großstädtisches Basargedränge von Tausenden von Menschen und Fahrzeugen, im nahezu autofreien Kontrast dazu am Ostufer auf schmalem Raum zwischen Ganges und Gebirge die bunte Reihe der Ashrams, Tempel und Souvenirshops.

Bonbons oder Kekse nicht vergessen: Die vielen bettelnden Kinder freuen sich darüber, und ein paar Rupienmünzen sollte man bereithalten, die man Kranken und Alten in die ausgestreckte Hand legen kann. Ein Sadhu, jung, mit langem Pilgerstab, den Leib mit Asche grau eingerieben, will vorerst nichts dergleichen, will nur über seine Freunde in aller Welt plaudern. Andere Sadhus stehen in aller Morgenfrühe betend im Fluss, gießen sich aus einem Messingschälchen das heilende heilige Wasser über das Haupt.

In das stromab nur 20 Kilometer entfernte, mit seinen Tempelstätten noch heiligere Hardwar drängen sich zur großen Kumbh-Mela alle zwölf Jahre Millionen Gläubige. Dass es gelungen ist, die Versorgung und Sicherheit dieser Menschenmengen zu erreichen, ist ein logistisches Meisterstück, das seinesgleichen in aller Welt sucht. Im Dreijahresrhythmus wird die Kumbh-Mela wechselnd in Hardwar bei Rishikesh, in Nashik (Maharashtra), Ujjain (Madhya Pradesh) und Allahabad (Uttar Pradesh) veranstaltet, in Erinnerung an den mythischen Kampf Vishnus mit den Dämonen, bei dem auf jeden dieser

Orte ein Tropfen himmlischen Nektars fiel. Hardwar und Rishikesh sind auch Durchgangsstationen unterwegs zu den heiligen Himalaya-Stätten von Kedarnath, Bandrinath und Gangotri.

Lust, es den Pilgern nachzutun, kommt jeden Wanderer an, wenn er vom Panorama des Garhwal-Himalaya um das auf 3046 Metern Höhe gelegene Gangotri hört. Unter diesen Sechs- und Siebentausendern gilt der grandiose Shivling als einer der schönsten Berge der Erde. Er ist dem Matterhorn in seiner markanten Dreieckskontur ähnlich, mit 6543 Metern aber noch gut 2000 Meter höher. »Har, Har Ganga« (Heil, heil Ganges) singen bei ihrer Rast die keuchend nach Gangotri aufsteigenden Pilger, »Bol Ganga Mai ki Jai« (Sage Sieg für Mutter Ganga), antworten andere. Seit der uralte Pilgerpfad von Rishikesh in den Achtzigerjahren zur Autostraße ausgebaut wurde, lärmen freilich Hunderte von Maruti- und Tata-Wagen bergan, gern mit voll aufgedrehtem Autoradio. Sehr zu empfehlen ist es, eine geführte Tour inklusive Transport bis Gangotri zu buchen.

Auf einer mehrtägigen Wanderung ist das ultimative Pilgerziel »Gomukh« (Kuhmaul) zu erreichen, ein Gletschertor in 3970 Metern Höhe, durch das der Ganges-Quellfluss Bhagirathi ins Freie schießt. Das Wasser trägt Eisbrocken, Pilger nehmen ihr rituelles Bad. Auch sie suchen darin: Glückseligkeit und inneren Frieden, »Ananda«.

Zeit für Rishikesh

Anreise

Bahn: Von Delhi nach Hardwar (4 Std.), von dort mit dem Wagen nach Rishikesh resp. zum Ananda-Hotel (etwa 45 Min.).

Flug: Flughafen Dehradun (45 km, Flüge von Delhi mehrmals wöchentlich), Dehradun-Rishikesh mit dem Wagen (1–2 Std.).

Auto: Von Delhi nach Rishikesh 260 km (etwa 6 St.). Schöne Höhenstraßen führen nach Shimla (Entfernung und Zeit wie Delhi-Rishikesh).

Beste Reisezeit: Oktober bis Mai, auch im Monsun im Sommer möglich.

Unterkunft

*****/****** Ananda in the Himalayas und Rishikesh (H1) Preise werden wöchentlich genannt, einschließlich der in Anspruch genommenen Ayurveda- und Yoga-Programme (Behandlung eine Stunde: etwa 50 Euro, Wochenpreis von 2600 Euro aufwärts in der Saison von Mitte Oktober bis Mitte April). Kosmetik- und Fitness-Zentrum, Bibliothek. 78 Zi. und Suiten. The Palace Estate, Narendra Nagar, District Tehri Garhwal, Uttaranchal-249 175, Tel. 13 78-22 75 00, Fax: 13 78-22 75 50, E-Mail: reservation@anandaspa.com

* Ganga Kinare (H2). Ruhig, direkt am Fluss gelegen, mit AC, Terrasse und schönem Blick (Zimmer zum Ganges reservieren!), aber 2001 noch renovierungsbedürftig. 38 Zi., 16 Veerbhadra Road, Rishikesh, 2 km vom Zentrum, Tel. 80-030 66 30 66, Fax: 43 52 43.

Sehen und Erleben

Rishikesh mit seinen Tempeln und Ashrams ist mit dem Taxi oder dem Bus vom »Ananda« rasch erreichbar. Trekking, Rafting, Mountainbiking, Paragliding, Angeln.

Ziele in der Umgebung

Hardwar (ca. 20 km). Rajaji National Park mit Elefanten, Leoparden und Tigern (ca. 6 km). Viele Exkursionen und Trekkingtouren im Garhwal-Himalaya. Vom »YATRA Office of Garhwal Mandal Vikas Nigam« (siehe unter »Auskunft«) werden bis zu zwölftägige Packagetouren angeboten, auf Wunsch auch individuelle Programme. Zu den wichtigsten Pilgerzielen zählen Yamunotri (Ganges-Quelle), Uttarkashi, Kedarnath und Badrinath. Theri, einst Residenz des gleichnamigen Fürstentums, ist vom Bau des Theri-Staudamms bedroht, der trotz negativer Gutachten zu Ökologie, Wirtschaftlichkeit und Sicherheit mit deutscher Finanzhilfe noch erhöht werden soll.

Auskunft

Garhwal Mandal Vikas Nigam (GMVN), Kailash Gate, By Pass Road, Rishikesh, Tel. 136-43 03 72, Fax: 43 17 83.

1 Marmorbrunnen im Spa. **2** Ayurveda-Behandlungen, hier der »Stirnguss« (»Sirodhara«), der das Gedächtnis stärken, Versteifungen beheben und insgesamt verjüngend wirken soll. **3** Im Restaurant gleich beim Swimmingpool werden Menüs aus dem eigenen Ökogarten bereitet, auch mit Fleischgerichten.

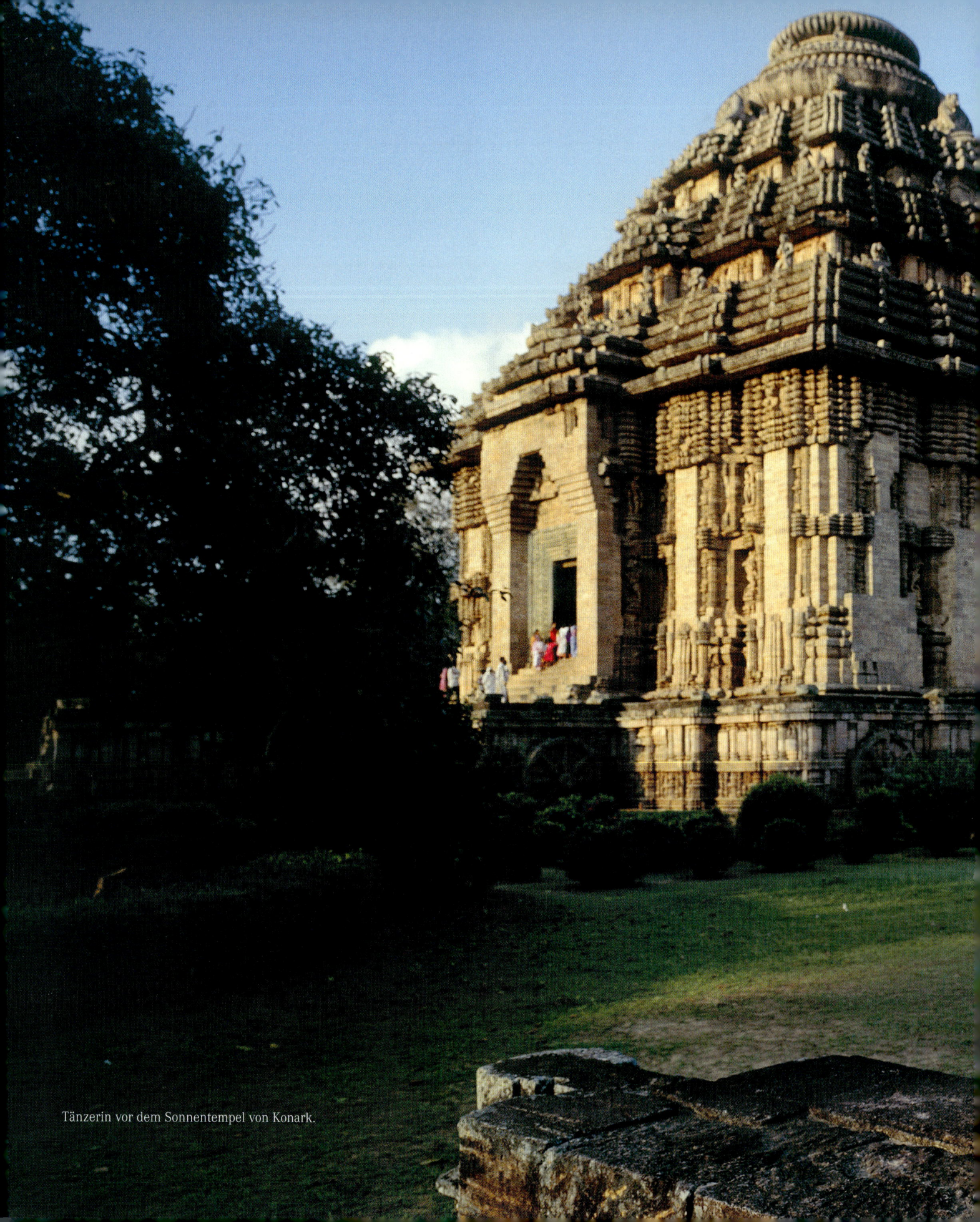

Tänzerin vor dem Sonnentempel von Konark.

Der Osten

Indiens Osten am Golf von Bengalen
Am Sonnentempel von Konark

Orissa hat einige der schönsten Tempel Indiens und ist berühmt für die feinsandigen Strände seiner fast 500 Kilometer langen Küste am Golf von Bengalen. Sehr gefragt ist Orissas Kunsthandwerk.

So viele Kunsthandwerkerdörfer wie in Orissa findet man wohl in keinem anderen indischen Staat. Zum Beispiel Raghurajpur, nur ein Dutzend Kilometer landeinwärts von der Pilgerstadt Puri abseits der Hauptstraße: Plötzlich erstrecken sich nicht mehr die exakt begrenzten Felder zu Seiten des Asphalts, sondern üppig wuchert tropischer Wald – Banyanbäume mit dem fantastischen Gehänge ihrer Luftwurzeln, Bananen, Palmen und dazwischen Bambus. Ein schmaler Fahrweg führt über einen Damm, Teiche und Wasserläufe glitzern, von Insekten umschwärmt.

Die Dorfbewohner sind besonders freundlich. Mit etwas Glück wird man eingeladen, in eines der Häuser zu treten, wo der Künstler stolz seine Bilder von Göttergeschichten entrollt, die in zarten Linien auf präparierte Palmblätter gemalt werden, eine Kunst, die »Pattachitra« heißt. Die Palmblätter werden getrocknet, die Streifen mit Muschelpulver eingerieben und zum gewünschten Format zusammengefügt; zum Transport und zur Aufbewahrung sind sie faltbar.

Andere Bilder sind mit hellen, frischen Farben auf fein gewebten Baumwollstoff gemalt, der durch eine Appretur kartonähnlich biegsam ist. Jedes Bild, ob Krishna mit der Flöte oder der elefantenköpfige Glücksbringer Ganesh, ist ein Einzelstück. Und nicht nur Bildermaler arbeiten unter den Palmen Raghurajpurs, andere Künstler bemalen Keramik oder haben sich auf farbige Masken spezialisiert.

Ganz anders als das stille, kreative Malerdorf ist Pipli, das direkt an der Hauptstraße liegt: mit einer Nähmaschine oder einigen großen bunten Gartenschirmen vor fast jedem Haus, denn Pipli ist das Zentrum der für Orissa typischen Applikationsarbeiten. Außer den Schirmen werden auch Kissen, festliche Lampenschirme und Wandbehänge bunt wie Blumengärten zusammengenäht. Die »Pipli-Works« sind begehrt. Sie werden an Ort und Stelle wie auch in den staatlichen Emporien in der Hauptstadt Bhubaneshwar und Neu-Delhi verkauft und in großer Stückzahl exportiert.

1 Reisfelder bei Cuttack im Hinterland Orissas. **2** Kunsthandwerk in leuchtenden Farben: Detail eines Gartenschirms in Applikationsarbeit in Pipli, nicht weit von Bhubaneshwar. **3** Eines von 24 riesigen Steinrädern am Sonnentempel von Konark/Konarak. **4** Reich geschmückt: Torbau vor dem über tausendjährigen Mukteshwara-Tempel in Bhubaneshwar, der Hauptstadt Orissas – 2000 Kilometer östlich von Neu-Delhi.

Uralt sind in Orissa die Künste der Steinschnitzerei und der Weberei, auch der Metallarbeit. In Balakati bei Bhubaneshwar produziert man kleine und größere Glocken. In Lalitgiri (östlich von Cuttack, einem Zentrum der Silberfiligran-Werkstätten), wo in einem Stupa Silber- und Goldobjekte gefunden wurden, kann man Steinbildhauern zuschauen. Wer noch etwas weiter reist, kommt in Orten wie Nuapatna und Maniabandha zu Meistern der Webkunst.

In Bhubaneshwar stehen ein elegantes Oberoi-Hotel und andere empfehlenswerte Hotels aller Klassen zur Wahl, doch für die Orissa-Besucher, denen es nicht um intensive Erkundung der tausendjährigen Tempelstätten geht, ist ein Quartier an den langen Stränden zwischen Puri, Konark (früher: Konarak) und Chilika-See günstiger. Als Regel gilt: Angenehmer, weil weniger verschmutzt als direkt bei Puri sind die Strände weiter östlich auf Konark und weiter westlich auf den Chilika-See zu. Dort ist eine riesige verlandende Lagune (etwa 800 Quadratkilometer groß), Rastgebiet von rund hundert Zugvogelarten; auch viele andere Vögel sind am Chilika-See heimisch. Allein schon von den Flamingos und Zwergflamingos – die sich wie so manche indischen Züge an keine festen Ankunftszeiten halten, nur mit Glück wird man sie bei kurzem Aufenthalt antreffen! – gibt es mehrere Tausend.

1 Löwenfigur vorm Haupteingang des Lingaraja-Tempels. 2 Odissi-Tänzerin vorm Tempel. 3 Noch als Ruine beeindruckend ist die Architektur von Orissas großartigstem Tempel, dem Sonnentempel von Konark/Konarak. 4 Einer von Tausenden von Priestern in Puri, wo Vishnu als »Jagannatha«, als Herr der Welt, verehrt wird. 5 7000 Hindu-Tempel, heißt es, waren einst in Bhubaneshwar zu bewundern, Dutzende sind es heute. Markant und reich gegliedert ragt der 54 Meter hohe Turm des Lingaraja-Tempels auf, erbaut um 1000 n. Chr. 6 Die steinernen Wächter-Elefanten.

Wer Spaß an Zahlen hat, mag sich in dem rund 125 000 Einwohner zählenden Puri an ihnen berauschen: In dem geheiligten Komplex um den 65 Meter hohen Jagannath-Tempel stehen 30 oder mehr kleinere Schreine hinter einer sechs Meter hohen Umfassungsmauer, für Touristen gibt es einen Einblick vom Dach-Ausguck. Allein Hindus dürfen den etwa 200 x 200 Meter großen Bezirk betreten, sie sollen drei Tage und drei Nächte in seiner Nähe bleiben. 6000 Priester empfangen die Pilger aus ganz Indien, und mehr als 10 000 andere Menschen leben in Puri von dem an Festtagen gigantisch anschwellenden Pilgerstrom. Als verlässlich geltende Publikationen berichten von rund 250 000 Essensportionen, die an solchen Tagen von den Tempelküchen verteilt werden.

Kontrast Konark: Die grandiose Ruinen-Skulptur des Sonnentempels von Konark ist für Hindus offiziell kein heiliger Ort mehr, sondern ein historischer und touristischer, von der UNESCO in die Liste des Weltkulturerbes aufgenommen. Der Überlieferung nach waren es Abgesandte der Moguln, die im frühen 17. Jahrhundert den Bau entweihten. Seit seiner Entstehung im späten 13. Jahrhundert – die Zeit, in der in Europa gotische Kathedralen gebaut wurden – war der ursprünglich wohl rund 70 Meter hohe Sonnentempel auch eine Landmarke (genannt »Schwarze Pagode«) für die Seefahrer. Dann hob die Küste sich,

sodass die majestätische Tempelruine mit ihren fast doppelt mannshohen Steinrädern jetzt deutlich landeinwärts steht.

Diese steinernen Räder sind ein unvergesslicher Anblick. Mächtig in ihrem Ausmaß (297 Zentimeter Durchmesser!), sind sie im Detail ihres Ornaments von filigraner Schönheit. Jede der acht Hauptspeichen, die Nabe und den Radkranz, haben die Steinschnitzer mit einem feinen Reliefgespinst überzogen. Schon ein einziges dieser Räder ist eindrucksvoll. Der königliche Bauherr Langula Narahimsa Deva ließ aber 24 davon schaffen. Dann spannten die Bauleute die sieben Pferde des Sonnengottes Surya in monumentalen Skulpturen vor den Tempel, und das sakrale Steingebirge war ein Götterwagen geworden (vermutlich mit Bezug zu den riesigen, bis zu 13 Meter hohen Prozessionswagen des Rath-Yatra-Festes in Puri, die von Tausenden von Menschen gezogen werden).

Der »Sonnenwagen« von Konark erinnert auch an die hinduistische Vorstellung, dass nicht nur Surya, der Hindu-Helios, auf seinem Sonnenwagen unterwegs ist, sondern alle ihre Götter »Fahrzeuge« haben, mit denen sie über die Erde und durch die Lüfte schweben. Meist sind es Tiere wie Vishnus Vogel Garuda mit menschlichem Kopf, wie der Tiger der Göttin Durga/Kali. Ganesha, der elefantenköpfige Sohn Shivas, hat als Begleittier gar eine Ratte.

1 Empfangshalle von »Toshali Sands«; außer den Bungalows im Garten-grün, dem »Ethnic Village Resort«, gibt es ein mehrstöckiges Gebäude mit Apartments samt Küche. 2 Rattanmöbel, kräftige Farben: Zimmer im »Toshali Sands«. 3 Schon seit den 60er-Jahren ist das »Toshali Sands Re-sort« ein Wunschziel von Orissa-Reisenden, die nah am Strand und weit von städtischem Getriebe ihr Urlaubsquartier haben möchten, mit guter Restaurantküche. 4 Eine Autoviertelstunde entfernt: Puri – hier die auto-freie Zufahrt zum Jagannath-Tempel.

Leider stürzte der Riesenbau des Sonnentempels nach der Mitte des 19. Jahrhunderts ein, beim Einsturz wurde auch das Sanktuarium, die Halle des Kultbilds, zerstört. Erst seit 1903 ließen britische Archäo-logen das Innere des Tempels mit Schutt und Gestein auffüllen, um weitere Einstürze zu verhindern – eine raue Methode. Später wurden Stützstrukturen eingezogen, auch Bauteile ersetzt, jedoch ohne den Figurenschmuck, der alle erhaltenen Fassaden überzieht. Wie glatte Felswände heben sich die Rekonstruktionen von der Fülle der Apsaras (himmlische Nymphen), Yakshas (Naturgötter) und Nagas (Schlan-gengötter) ab, von den Tänzern und Musikanten und den Mi-thunas, den himmlischen Liebespaaren. Konarks Tempelkunst feiert ähnlich wie die Tempel der Chandela-Könige von Khajuraho ein gro-ßes Fest der Schönheit, der Zärtlichkeit und geschlechtlichen Verei-

Anreise und Reisezeit

Flug: Nächster Flughafen ist Bhubaneshwar (ca. 60 km von Puri). Verbindungen u.a. mit Kolkata/Kalkutta, Neu-Delhi, Chennai/Madras und Mumbai/Bombay.

Bahn: Verbindungen u.a. mit Bhubaneshwar (ca. 1,5 Std.), Kolkata (ca. 11 Std.), Neu-Delhi (ca. 32 Std.).

Bus/Leihwagen: Konark-Puri ca. 35 km, Bus ca. 1 Std. (Minibus schneller), Bhubaneshwar (ca. 60 km), Kolkata (558 km).

Beste Reisezeit: Dezember bis Februar/März (im November und Dezember häufig Stürme, im Frühjahr Regenschauer).

Hotels

**** Toshali Sands (H1). Ein kleines Paradies unter Palmen. Pool, gutes Restaurant, nahe am Strand. 13 Villas, 42 Zi. in Cottages, 53 Deluxe-Zi., Zentrale in Bhubaneshwar: Tel 67 52-25 05 71-74, E-Mail: bbsr@toshali.in

**** Hans Coco Palms (H2). Strandhotel mit Palmen-Restaurant, sehr freundlich (frühzeitig reservieren!). 74 Zi. und Suiten, Gourbari Sahi Swargadwar, Puri, westlich vom Zentrum, Tel. 67 52-23 00 38, Fax: 67 52-23 01 65, Website: www.hanshotels.com, E-Mail: info@hanshotels.com

*/** Yatri Niwas (H3). Beim Konarak-Tempel, OTDC (Orissa Govt. Hotel), E-Mail über Reiseagentur: booking@konark.org

Sehen und Erleben

Puri: Jagannath-Tempel, Rath Yatra, »Wagenfest« (Juni/Juli). Konark: Sonnentempel. Kreuzfahrt auf dem Chilika-See.

Ziele in der Umgebung

Künstlerdörfer Raghurajpur (12 km), Pipli und Balakati (beide an der Straße Puri–Bhubaneshwar). Bhubaneshwar: einige berühmte und viele kleine Tempel. Tempelhöhlen von Udaygiri und Khandigiri. Kunstsammlungen im Orissa State Museum, außerdem Tribal Museum of Man und Handicrafts Museum. An der Straße Bhubaneshwar–Cuttack: Zoo (weiße Tiger!), Botanischer Garten (Nandan Kanan, ca. 20 km).

Auskunft

Orissa Tourist Office, Station Road, Puri, Tel. 67 52-2 26 64. www.orissatourism.org//travel-to-orissa.puri
Tourist Counter am Bahnhof, Tel. 2 35 36.

nigung. Die Zone von Krieg und Gewalt liegt unter der Tempelterrasse – an den Friesen dort ziehen Krieger entlang, Pferde und Elefanten – und am Torbau: Riesig wirft sich ein Löwe über einen Elefanten, der einen Menschen unter sich begraben hat. Im Sonnenlicht leuchtet der teils grünliche, teils grauschwarze, teils rötliche Stein honig- und rosafarben auf, abends wird der Tempel oft angestrahlt.

Pläne für eine Hotelzone nahe bei den Tempeln von Konark sind bisher vom »Archaeological Survey of India« und den Ministerien immer abgelehnt worden. Man muss mit schlichten Unterkünften vorlieb nehmen oder auf die Errichtung der schon genehmigten Hotels in drei Kilometer Entfernung warten. Einzig das Bungalowdorf »Toshali Sands« bietet seit Jahrzehnten eine Autoviertelstunde nordöstlich von Puri komfortable Quartiere mit Swimmingpool – und nur wenige 100 Meter vom breiten, noch unbebauten Meeresstrand. Denn sein Erbauer Banambar Patra besaß alte Rechte einer Fischerfamilie und durfte »Orissa's Ethnic Village« gründen, mit Götter- und Tierkeramiken, bunten Folklore-Textilien und Bootsausflügen auf dem Nua-Nai-Fluss, dazu mit Tennisplatz und Fitness-Center. Seither ist in der Nachbarschaft des Bungalowdorfs ein mehrstöckiges Toshali-Apartment-Gebäude entstanden, und die »Toshali Resorts International« führen auch in Shimla ein Hotel, das »Royal View«.

Gut zu wissen – praktische Hinweise

3

Verkehr im Land
Flüge – immer mehr Angebote

Längst ist die Zeit vorüber, zu der die staatlichen Linien Air India und Indian Airlines praktisch konkurrenzlos unter Indiens Himmel unterwegs waren. Im internationalen Verkehr spielen Lufthansa und die Golfstaaten – die Emirate, Quatar – Hauptrollen, doch auch Jet Airways sind beteiligt.

Da es kein Nachtflugverbot gibt, kommen Flüge aus Europa oft zwischen Mitternacht und Frührot in Delhi an. Zu empfehlen: Hotelbuchung für den Rest der ersten Nacht schon von Europa aus!

1 2

Innerindische Flüge sind nach europäischen Maßstäben preisgünstig, für die Strecke Delhi-Kolkata zahlt man umgerechnet etwa 70 Euro.

Die wichtigsten Fluglinien:
Air India, Büro Deutschland: Tel. 069-25 60 04-0, Fax: 25 60 04-45, Website: www.airindia.de
Indian Airlines, Büro Neu-Delhi: Tel 00 91-11-5 69 69 50, Fax: 5 66 57 18, Website: www.indian-airlines.nic.in
Jet Airways, Büro London: 00 44-20-89 70 15 25, Fax: 79 70 15 34, Website: www.jetairways.com

Bahn– langsam, doch unersetzlich

Gandhi fuhr mit dem Zug durch ganz Indien, um das Land wirklich kennenzulernen. Der Fortschritt hat einige Bequemlichkeit, Schlaf- und Liegewagen, Schlafsessel, Klimaanlagen möglich gemacht. Das Schlafwagen-Zweibettabteil kommt kaum billiger als Flugtickets, insgesamt sind Bahntickets aber viel preisgünstiger als in Europa. Fahrpläne: Die Broschüre »Trains at a Glance« ist sehr nützlich (zu kaufen an größeren Bahnhöfen).
Viele Bahnhöfe haben spezielle Touristenschalter. Für Frauen gibt es extra Schalter – oder sie können einfach vorne in die Reihe gehen, das ist so üblich. Für Platzreservierungen ist oft ein zweiter Schalter aufzusuchen. Also: Zeit mitbringen! Die Stunden vergehen schnell beim Fahrkartenkauf. Ein »Indrail-Pass« kann schon zu Hause erstanden werden, kostet harte

Währung, ist teuer, aber erspart die Mühe des Fahrkartenkaufs und der Reservierung. Auskünfte bei den Government of India Tourist Offices.
www.indianrail.gov.in oder www.indianrailway.com. Antwort auf Fragen auch telefonisch, Nr.1330 wählen (Auskunft englisch). Fahrkarten kann man sich auch per online-booking besorgen.

Busse

Extrem unterschiedlich in der Qualität, aber relativ schnelle Verkehrsmittel. Die Fahrer steuern ihre Gefährte auch über schlechte Straßen in rasendem Tempo, man wird gnadenlos durchgeschüttelt, oft auch in »luxury coaches«. Dröhnend laute Videofilmmusik durchdringt auch Ohrstöpsel. Aber: Wenn man Humor hat, gibt es auf einer Busfahrt besten Erinnerungs- und Erzählstoff!

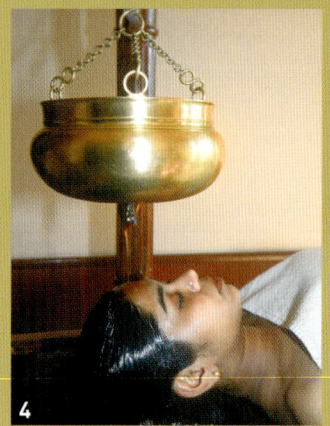

4

Mietwagen – bestgeeignetes Transportmittel

Es gibt sie in der Regel nur mit Fahrer, denn indische Verkehrssituationen und indischer Fahrstil sind anders als in der westlichen Welt. Internationale Agenturen sind teuer, verlässliche indische Agenturen haben meist sehr gute, Englisch sprechende Fahrer und sind auch preislich zu empfehlen. Wichtig für die Reiseplanung: Durchschnittsgeschwindigkeit kaum über 40 km/h, doch wächst das Netz der vier- und sechsspurigen Autobahnen. Von den geplanten rund 6000 Kilometern des »Golden Quadilateral« Delhi-Mumbai-Kolkata-Chennai-Delhi sind voran 1400 Kilometer Delhi-Mumbai fertiggestellt. Verlässliche Adresse: Metropole Tourist Service, auch mit Unterkunft »Tree of Life«: Nr.244, Defence Flyover Market, Neu-Delhi-110 024, Tel.11-24310313 und 24312212, E-Mail: ash71@bol.net.in

Hotels

Die Sterne der empfohlenen Hotels entsprechen folgenden Preis-klassen, incl. Steuern für zwei Personen im Doppelzimmer, meist ohne Frühstück. Ab *** ist u.a. eine Klimaanlage (AC) üblich.
* 25-50 Euro
** 50-100 Euro
*** 100-200 Euro
**** 200-300 Euro
***** über 300 Euro
Die Angaben sind ohne Gewähr, die Preise können sich durch ver-änderte Steueraufschläge erhöhen oder verringern. Vor allem in oberen Klassen kann bei längerem Aufenthalt über Preise verhan-delt werden, und es gibt Sonderangebote.

Reservierungszentralen der wichtigsten Hotelketten:
cghEARTH Group, Kochi-682 003 Kerala, India,
Tel. 00 91-4 84-6 68 21, Fax: 66 80 01, E-Mail: cghearth@vsnl.com
HRH Group of Hotels, Udaipur-31 3001 Rajasthan, India,
Tel. 00 91- 294-52 80 08, Fax: 52 80 12, E-Mail: hrhindia.com,
Website: www.hrhindia.com
Indian Heritage Hotels Association, Jaipur-302 001 Rajasthan,
India, Tel. 00 91-141-37 20 84, 37 11 94, 37 41 30, 37 41 12,
Fax: 37 20 84, 36 36 51, E-Mail: info@indianheritagehotels.com,
Website: www.indianheritagehotels.com
Karni Group of Hotels, The Management, Karni Bhawan, Palace Rd., Jodhpur-342 006 Rajasthan, India, Tel. 00 91-02 91-51 21 01, 51 21 02, Fax: 51 21 05, E-Mail: karnihotels@satyam.net.in,
Website: www.karnihotels.com
Kempinski, Tel. Reservierung in Deutschland: 0 08 00-
42 63 13 55 (gebührenfrei), Website: www.kempinski.com
Marudhar Hotels, Jodhpur-342 000 Rajasthan, India, Tel. 00 91-
291-43 33 16, Fax: 63 53 73, Website:
www.heritagehotels.com/marudharhotels.com
Oberoi Hotels and Resorts, Neu-Delhi-110 003, India,
Tel. Reservierung in Deutschland: 01 30-82 42 22 (gebührenfrei),
oder: 08 00-8 52 11 00, Fax 069-13 88 51 40,
Website: www.oberoihotels.com

Taj Hotel Resorts and Palaces, Mumbai-400 001, India,
Tel.-Reservierung in Deutschland: 08 00-1-85 26 15 (gebührenfrei),
Website: www.tajhotels.com
WelcomHeritage, Neu-Delhi-110 017, India,
Tel. 00 91-11-6 86 89 92 (-3), Fax: 6 86 89 94, E-Mail:
welcom@ndf.vsnl.net.in, Website: www.welcomheritage.com

Indisches Fremdenverkehrsamt und Reiseagenturen
Comtour Communication and Tourism (Reiseagentur, speziell für Indien, auch für Individualreisen), Ruhrstr.40, D-45219 Essen-Kettwig, Tel. 0 20 54-9 54 70 Fax: 95 47 11, E-Mail: info@com-tour.de, Website: www.comtour.de

Indisches Fremdenver-kehrsamt, Baseler Str. 46, D-60329 Frankfurt/M., Tel. 069-24 29 49-0, Fax: 24 29 49-77, E-Mail: info@india-tourism.com, Web-site: www.india-tourism.com
Metropole Tourist Service, Luxury Car Rentals (auch normale Mietwagen, Individualreisen), No. 244, Defence Flyover Market, Neu-Delhi-110 024, India, Tel. 0091-11-4 31 03 13 und 4 31 22 12, Fax: 4 31 18 19, E-Mail: metropole@vsnl.com

Telefonieren/Zeitverschiebung
Die Vorwahl von Deutschland nach Indien ist 00 91.
Vorwahl von Indien nach Deutschland 00 49, in die Schweiz 00 41, nach Österreich 00 43.
In allen Städten gibt es preisgünstige private Telefonagenturen.
Die Zeitverschiebung beträgt im Winter + 4,5 Stunden, im Som-mer + 3,5 Stunden (wegen der Sommerzeit in Europa).

Einkaufen
Hoffentlich haben Sie Platz im Koffer! Es gibt so viele herrliche Dinge – Seide, Metallarbeiten, Schnitzereien, handgeschöpfte Pa-piere … Wenn kein Platz da ist: Die State Emporiums in Mumbai und Delhi und die Ladenarkaden der Spitzenhotels schicken die Einkäufe überallhin. Auf dem Landweg ist es nicht zu teuer, dauert aber ca. drei Monate. Vorsicht bei kleineren Läden: Sicherer Ver-sand wird zugesagt, aber schwarze Schafe verpacken statt des er-worbenen Objekts Billigeres oder sparen sich die Sendung ganz. Auch selbst versandte Pakete treffen zu Hause ein, doch das Ab-schicken ist umständlich (Ausfüllen von Formularen). Übrigens sind laut Zollabkommen indische Kunsthandwerk-Artikel zollfrei.

1 Warten auf Kunden: Rikscha-Fahrer in Kolkata. **2** Verlässlichkeit in Person: Mietwagenfahrer in Delhi. **3** In manchen Zügen gibt es Extra-Waggons oder Abteile für Frauen. **4** Ayurveda-Behandlung: Stirnguss. **5** Früchte des Südens: Laden in Kerala. **6** Delikat: Tiger-Prawns im »Mandarin Oriental Ananda«, dem Luxus-Resort bei Rishikesh.

Essen und Trinken

Keine Angst vor indischem Essen! Eine Vielfalt von Geschmacks-
erlebnissen erwartet den Gast. Da ist die raffinierte Mogul-Küche
des Nordens mit sahnigen, üppigen Gerichten, in denen Rosinen
und Nüsse sich mit Gewürzen und zartem Fleisch treffen, da gibt
es Köstlichkeiten vegetarischer Art in den Thalis von Gujarat mit
ihren vielen kleinen Schüsseln, da reizt die Schärfe der südindischen Speisen die Zunge, und der Gast lernt, dass nicht Wasser,
sondern milder Joghurt (Raita) sofort Hilfe leistet. Indischer
Cognac, Whisky, importierte Weine und Spirituosen sind sehr viel
teurer. Spezialitäten sind u. a. der Fenny in Goa (Schnaps aus
Cashew oder anderen Früchten), und der gleichfalls südindische
Toddy, aus dem Saft von Palmen.

Gesundheit und Ayurveda

Man erkrankt in Indien nicht schwerer und häufiger als in anderen
tropischen und subtropischen Reiseländern. Vorausgesetzt, man
erlaubt seinem Körper eine Zeit der Gewöhnung, sowohl bei Anstrengungen (Bergtouren, Nachtleben) als auch beim Essen. Zu-

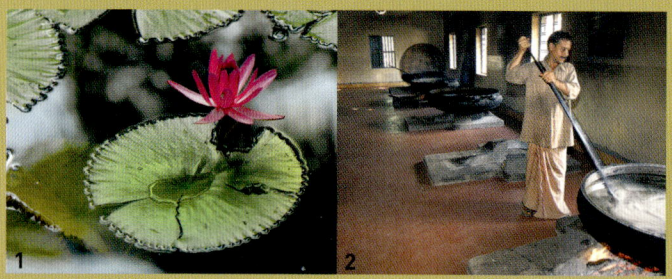

nächst sollte man nur gekochte Speisen in sauberen Restaurants,
Markengetränke aus original verschlossenen Flaschen und ge-
kochten Tee zu sich nehmen. Viel trinken, mehr als man Durst hat
– bei Hitze müssen Wasser und Mineralien ersetzt werden. Nach
einer Gewöhnungsphase kann man auch gewaschenes Obst,
Salat aus geschältem Gemüse o. Ä. genießen.
Impfungen sind nicht Pflicht (es sei denn, man reist aus Gelbfie-
ber-Gebieten ein), doch empfohlen wird Impfschutz gegen Hepati-
tis B, gegen asiatische Hirnhautentzündung, gegen Tetanus und
Polio. Wegen der Malariaprophylaxe, die schon lange vor
Reiseantritt beginnen sollte, sollte man seinen Hausarzt fragen.
Was tun, wenn ärztliche Hilfe gesucht wird? Die Hotels, vor allem
die der Ober- und Spitzenklasse, haben »doctor-on-call«-Service
und geben Adressen zuverlässiger Ärzte, auch an Touristen, die
nicht im Hotel wohnen.
Immer mehr Reisende kommen wegen spezieller ärztlicher Behandlung nach Indien, die von vielen guten Hotels angeboten
wird. Ayurveda, die indische Heilkunst, ist auch im Westen populär
geworden. Eine Alternative zur westlichen Apparate-Medizin ist die
häufig angebotene »holistic medicine«, die östliche und westliche
Therapien verbindet. Freilich dauert die Heilbehandlung von Krankheiten länger als ein normaler Urlaub; die in den Hotels angebotene Ayurveda-Behandlung dient meist der Erholung und »rejuvenation«, der Verjüngung.

27 Destinationen – und die besten Kombinationen

Vielleicht entdecken Sie gleich Ihren »Hier fühl ich mich wohl, hier
bleibe ich«-Ort. Oder möchten Sie noch mehr erleben? Diese Seite hilft Ihnen beim Kombinieren, ohne dass Sie überlange Stre-
cken von einem Wunschziel zum nächsten zurücklegen müssen.
Die Herausforderung großer Distanzen stellt die Tour nach Sikkim
und Konarak (Orissa), auf die Himalayahöhen und die Strände am
Golf von Bengalen zu erleben sind. Alle Tourenvorschläge sind
nach Belieben zu verkürzen oder zu teilen.

Der Süden:
I Kerala
Chowara-Strand (S. 10–15), Backwaters (S. 16–21), Kochi
(S. 22–27), Periyar-Nationalpark (S. 28–33), Munnar (S. 34–37).
Anreise: Thiruvananthapuram über Mumbai, Rückflug: vom neuen
Flughafen Kochi, über Mumbai. Transfer von Chowara bei Thiruva-
nanthapuram zum Hausboot: ca. 75 km, Transfer vom Hausboot
nach Kochi: ca. 60 km, Abstecher Periyar-Nationalpark von Kochi:
ca. 140 km, Abstecher nach Munnar (östlich Periyar): ca. 110 km.
Alles mit Leihwagen, auch Bus möglich.
Weitere Kombinations-Möglichkeit: **II Karnataka/Kerala**.

II Karnataka/Kerala
Mysore (S. 38–43), Belur und Halebid (S. 44–49), Vijayanagara
(Hampi) (S. 50–53) Anreise/Rückflug: Bangalore, Transfer nach
Mysore: ca. 150 km, Transfer Mysore-Belur-Halebid: 165 km,
Transfer Vijayanagara: 350 km.
Alles mit Leihwagen, Bahn oder Bus möglich.
Weitere Kombinations-Möglichkeit: **I Kerala**.

Der Westen und die Mitte:
III Rajasthan/Madhya Pradesh/Uttar Pradesh
Jaipur (S. 86–93), Ranthambore Nationalpark (S. 96–99), Abste-
cher nach Orchha und Shivpuri (S. 68–73), Khajuraho (S. 74–79),
Taj Mahal (S. 80–85).
Anreise/Rückflug: Neu-Delhi, Transfer Neu-Delhi-Jaipur:
ca. 260 km, Transfer Jaipur-Ranthambore: 160 km, Transfer Ran-
thambore-Orchha-Shivpuri: ca 280 km, Transfer Orchha-Shivpuri-
Khajuraho: 160 km, Transfer Khajuraho-Agra: ca. 450 km,
Transfer Agra-Neu-Delhi: ca. 220 km.
Alles mit Leihwagen, teils auch mit Bahn oder Bus möglich. Delhi,
Jaipur, Agra und Khajuraho haben Flugverbindung.
Weitere Kombinations-Möglichkeit: **V Rajasthan**.

IV Rajasthan

Jaipur (S. 80–87), Jodhpur, die Wüste Thar und Fort Khimsar
(S. 120–129), Abstecher nach Jaisalmer (S. 124–129), Ranakpur
(S. 108–113), Udaipur (S. 98–107), Bundi (S. 92–97).
Anreise/Rückflug: Neu-Delhi, Transfer Neu-Delhi-Jaipur:
ca. 260 km.
Transfer Jaipur-Jodhpur: ca. 330 km, Abstecher nach Jaisalmer:
ca. 320 km, Transfer Jodhpur-Ranakpur: 160 km, Transfer Ranak-
pur-Udaipur: ca. 100 km, Transfer Udaipur-Bundi: 260 km, Trans-
fer Bundi-Neu-Delhi (über Jaipur): 460 km.
Alles mit Leihwagen, teils auch mit Bahn oder Bus möglich.
Neu-Delhi, Jodhpur und Udaipur haben Flugverbindung.
Weitere Kombinations-Möglichkeit: **IV Rajasthan/Madhya Pra-
desh/Uttar Pradesh**, und **VI Rajasthan/Punjab**.

V Rajasthan/Punjab

Jaipur (S. 80–87), Mandawa und im Shekawati-Land (S. 136–141)
Bikaner (S. 130–135), Amritsar (S. 142–147).
Transfer Neu-Delhi-Jaipur: 260 km, Transfer Jaipur-Mandawa:
ca. 250 km, Transfer Mandawa-Bikaner: ca. 240 km, Transfer
Bikaner-Amritsar: ca. 480 km, Transfer Amritsar-Neu-Delhi:
450 km.
Alles mit Leihwagen, teils auch mit Bahn und Bus möglich. Jaipur
und Amritsar haben Flugverbindung.
Weitere Kombinations-Möglichkeit: **V Rajasthan**, und
VI Punjab/Himachal Pradesh.

Der Norden:
VII Punjab/Himachal Pradesh/Uttaranchal
Rishikesh (S. 177–183), Shimla (S. 168–175), Kangra-Tal
(S. 160–167), Amritsar (S. 148–153).
Anreise/Rückflug: Neu-Delhi, Transfer Neu-Delhi-Rishikesh:
260 km, Transfer Rishikesh-Shimla: 260 km, Transfer Shimla-
Pragpur: ca. 220 km, Transfer Pragpur-Amritsar: ca. 250 km,
Transfer Amritsar-Neu-Delhi: ca. 450 km.
Alles mit Leihwagen, teils auch per Flug, Bahn oder Bus möglich.

VII Ladakh/Himachal Pradesh
Ladakh (S. 150–153), Kangra-Tal (S. 154–161).
Anreise/Rückflug: Neu-Delhi, Transfer Neu-Delhi-Leh: Flug,
Leihwagen oder Bus: ca. 690 km, Transfer Leh-Kangra-Tal:
ca. 280 km, Transfer Kangra-Tal-Neu-Delhi: 450 km.
Die Passstraße Manali-Leh ist von der Jahresmitte bis etwa Ende
September offen, sonst nur Flugverbindung (mit Delhi und Chan-
digarh). Aufenthalt in Leh wegen der Klimabedingungen nur von
Juli bis September zu empfehlen.

Do's and Dont's

Bitte ja!

In den Koffer packen: Ein Moskitorepellent, ein Medikament für
Malariaprophylaxe (nur Wüste und Zentren von Großstädten sind
99 Prozent moskitosicher), auch ein Moskitonetz sind zu empfehlen. Ausreichender Vorrat von allem, was zu Hause benutzt wird:
Medikamente etc., Sonnenschutzcreme und Salbe gegen Juckreiz
bei Insektenstichen. Wer unbegrenzte Lebenslust liebt: Ausreichender Vorrat von Kondomen ist ein Muss – europäische Produkte sind verlässlicher. Die AIDS-Ansteckungsgefahr ist groß.

Flughafen-Taxi: In Delhi, Mumbai und anderen großen Städten
nimmt man ein Prepaid -Taxi, das schon am Flughafen bei Nen-
nung des Zieles zentral vorausbezahlt wird, nach festem Tarif.

Klima-Anpassung: Warme Kleidung (Pullover, Wollsocken) und
Schlafsack mitnehmen, wenn man zwischen Oktober und Februar
nach Nordindien fährt. Luxushotels heizen gut und bieten Extra-
decken an, andere Hotels haben oft unzulängliche Heizung und
dünne Decken (Tagestemperaturen steigen aber bis zu 30°C).

Bitte nein!

Respektlos gegenüber religiösen Gefühlen: Schuhe an religiösen
Orten anzubehalten, ist ein Reinheitsverstoß. Und wenn im Privat-
haus der Gastgeber die Schuhe auszieht, tun Sie es auch.

Alles Fotografieren: Privatpersonen erwarten, dass man um Einverständnis bittet (gegebenenfalls durch Gesten). Im Allerheiligsten
von Tempeln, bei Gottesdiensten und Leichenverbrennungen ist
Fotografieren absolut tabu.

Missverständnisse unter Männern und Frauen: Touristinnen sollten
nicht mit fremden Indern flirten, wenn sie nicht wollen, dass
Freundlichkeit als Aufforderung zu mehr missverstanden wird.

Zärtlichkeiten in der Öffentlichkeit: Küssen, Arm in Arm gehen und
andere Zärtlichkeiten selbst zwischen verheirateten Paaren sind
außerhalb der Privatzimmer unerwünscht und anstößig.

Textilfrei: Nacktheit ist tabu, auch am Strand (sie ist nur religiösen
Asketen und bestimmten Sekten erlaubt). Schulterfreies und
Shorts trägt man nur im Gelände großer Hotels und Resorts.

1 Die Lotosblüte ist in Indien ein Symbol der Reinheit und Erleuchtung.
2 Blick in das Ayurveda Samajam Hospital in Kerala. **3** Das Taj Mahal,
von der Nordseite der Yamuna gesehen. **4** Willkommen im Spa des
Rajvilas in Jaipur. **5** Hindu-Pilger in Puri (Orissa). **6** Das muslimische
Lucknow: die Kuppeln der Bara Imambara.

Register

Impressum

Die Autoren

Edda und Michael Neumann-Adrian, Historiker und Publizisten mit zahlreichen Veröffentlichungen über Reiseländer Europas und Asiens, sind seit Jahrzehnten immer wieder in Indien unterwegs und schrieben mehrere Bücher über ihr »Traumland« – unter anderen »Rajasthan« und »Indien – Global« im C.J. Bucher Verlag, den Marco Polo-Reiseführer »Indien« sowie Artikel in »Merian«, »GEO« und »DAO«. Sie leben am Starnberger See.

Der Fotograf

Olaf Krüger ist Fotojournalist mit Spezialgebiet Indien. Er produziert Dia-Multivisionen zum Thema Indien, veranstaltet Vortragsreihen und veröffentlicht Reisereportagen. Seit vielen Jahren bereist er Indien jedes Jahr für mehrere Monate.

Danksagung

Unzählig vielen ist zu danken – ohne ihre Hilfe und Mitarbeit hätten wir die Erfahrungen langer Reisen nicht sammeln und dieses Buch nicht produzieren können. Als Autoren und Fotograf möchten wir zumindest einige unserer Helfer und Freunde nennen: Jacob Bailey, Thiruvananthapuram; Ashwani Bazaz und Familie, Neu-Delhi; Kamla Bhatnagar, Neu-Delhi; Ravi Bhootalingam, Neu-Delhi; Ragini Chopra, Neu-Delhi; A. N. Chowdhury, Neu-Delhi; Michael Dominic und Brüdern, Kochi; P. K. Dong, Gangtok; Susanne Elten, München; Ingmar Hörr, Hans-Joachim Hussong, Essen; Aabid Khan, Neu-Delhi; Steffen Korn, Rottenburg am Neckar; Chhaya Krüger, Tübingen; Brigitte und Jürgen Krüger, Stuttgart; Vijai Lal, Pragpur/Neu-Delhi; Deepak Lalvani, Mumbai; Delna Mistry, Mumbai; V. Krishna Moorthy und Familie, Thiruvananthapuram; Om P. Munchal, Neu-Delhi; Capt. C. P. Krishnan Nair, Mumbai/Thiruvananthapuram; Lalit K.Panwar, Neu-Delhi; Mr. und Ms. Rao, Bangalore; Khuman Singh, Ranakpur; Rajendra Singh Shekhawat, Bikaner; Sunil Sikka, Neu-Delhi; V. K. Soman, Thiruvananthapuram; Axel Spitzner, Rottenburg am Neckar; Thakur Sunder Singh und Familie, Jodhpur/Jaipur/Pokaran; Jigme Tenzin Gyaltshen, Gangtok; Babu Varghese, Thiruvananthapuram; BPS Walia, Neu-Delhi, und Stefan Weymar, Lübeck.
Olaf Krüger dankt besonders den Fluggesellschaften Northwest Airlines und KLM sowie NIKON für die Unterstützung.

Einbandfotos

Vorderseite: großes Bild: Deogarh Mahal, Heritage Hotel Rajasthan; oben: Elefant im Periya-Nationalpark, Taj Mahal, Gläubiger im Tempel. Rückseite: Moschee in Kovalam, Strand in Kerala, am City Palace von Mysores.

Bildnachweis:

Michael Neumann und Archiv Oberoi Group: S. 58/59, 66/67, 76 o., 78 o, 79 o., 117 u., 138 o., 146 o.,156 u.,176, 177 o., 180 o. (2),184 o. (2).

Alle anderen Aufnahmen stammen von Olaf Krüger, Stuttgart.
Alle Karten des Bandes zeichnete Kartografie Hermes, Göttingen.

Alle Angaben dieses Bandes wurden von den Autoren sorgfältig recherchiert und vom Verlag auf Stimmigkeit und Aktualität geprüft. Allerdings kann keine Haftung für die Richtigkeit der Informationen übernommen werden. Für Hinweise und Anregungen sind wir dankbar. Zuschriften an den Bruckmann Verlag, Produktmanagement
Postfach 400209
80702 München

Die Deutsche Nationalbibliothek verzeichnet diese Publikation in der Deutschen Nationalbibliografie; detaillierte bibliografische Daten sind im Internet über http://dnb.d-nb.de abrufbar.

Produktmanagement für diese Ausgabe: Dr. Birgit Kneip, Joachim Hellmuth
Konzeption: Edda und Michael Neumann-Adrian, Joachim Hellmuth, Gesche Wendebourg
Grafische Gestaltung: BUCHFLINK Rüdiger Wagner, Nördlingen
Herstellung: Bettina Schippel

Technische Produktion:
Repro Ludwig, Zell a. See

Printed and bound in Italy by Printer Trento

© 2012, vollständig überarbeitete und aktualisierte Ausgabe
Die Erstausgabe erschien 2002 im Bucher Verlag.

© Bruckmann Verlag GmbH, München
Alle Rechte vorbehalten

ISBN 978-3-7654-5612-1

Unser komplettes Programm:

www.bruckmann.de